高职高专新商科系列教材

选品与采购

李红 侯秀芬 ◎ 主编

吴静 孙淑晶 周鑫 ◎ 副主编

清华大学出版社

北 京

内 容 简 介

本书以教育部颁布的《高等职业学校物流管理专业教学标准》为依据,按照商品采购岗位工作内容,设计了商品认知、互联网+商品质量辨识、商品选择、商品采购、采购商品库存管理、商品包装与养护实施六个项目。本书以采购人员典型工作任务为载体,将实践工作内容与理论知识紧密结合。

本书紧跟高等职业教育教学改革的新方向,结合物流电商行业发展的新知识、新方向、新案例,在教材内容的设计上形式多样、内容新颖。该书内容具有非常强的实用性,不仅可以作为高职高专院校物流管理、电子商务等相关专业的教材,也适合作为电商经营者、物流采购员、电商公司采购人员的实战培训指南和高等院校相关专业师生的教学参考书。

本书封面贴有清华大学出版社防伪标签,无标签者不得销售。

版权所有,侵权必究。举报:010-62782989,beiqinquan@tup.tsinghua.edu.cn。

图书在版编目(CIP)数据

选品与采购/李红,侯秀芬主编. —北京:清华大学出版社,2024.3
高职高专新商科系列教材
ISBN 978-7-302-65460-5

Ⅰ.①选… Ⅱ.①李… ②侯… Ⅲ.①选购-高等职业教育-教材 Ⅳ.①F713.2

中国国家版本馆 CIP 数据核字(2024)第 043295 号

责任编辑:刘士平
封面设计:张鑫洋
责任校对:刘 静
责任印制:刘 菲

出版发行:清华大学出版社
      网　　　址:https://www.tup.com.cn,https://www.wqxuetang.com
      地　　　址:北京清华大学学研大厦 A 座　　邮　　编:100084
      社 总 机:010-83470000　　邮　　购:010-62786544
      投稿与读者服务:010-62776969,c-service@tup.tsinghua.edu.cn
      质量反馈:010-62772015,zhiliang@tup.tsinghua.edu.cn
      课件下载:https://www.tup.com.cn,010-83470410
印 装 者:三河市人民印务有限公司
经　　销:全国新华书店
开　　本:185mm×260mm　　印　　张:17.5　　字　　数:408 千字
版　　次:2024 年 4 月第 1 版　　印　　次:2024 年 4 月第 1 次印刷
定　　价:49.00 元

产品编号:088285-01

伴 随着经济全球化趋势,企业间的竞争日益激烈。采购作为获取资源的主要手段,是企业竞争优势的重要来源。如何选择商品、实施有效的采购管理、选择企业真正需要的物品,是每个企业必须解决的问题。

本书依据教育部《高等职业学校物流管理专业教学标准》,并参照中国物流与采购联合会《高等职业学校物流管理专业课程标准》编写。本书编写过程始终贯彻"做中学、做中教"的行动导向教育理念,大胆创新,尝试新的职业教育教学方法,课程内容更加接近企业实际。本书编者由多所职业院校教学一线资深教师和行业企业专家、学者组成,力图将教学改革的成功实践有机融入本书的创作之中,并分享给全国各地的物流专业及相关专业师生。

本书由6个项目组成,每个项目又分若干任务,每个任务由以下板块构成。

学习目标:明确通过本项目的实施所要达成的学习成效和目标。

导入案例:通过在典型案例中创设职业情境引入具体任务。

启示:旨在帮助学生按岗位需求展开任务,主动学习。

知识结构图:帮助学生明确本项目的教学内容,并系统地掌握相关知识点。

实战演练:介绍学生在完成具体任务过程中应该具备的理论知识和具体实践技能,并阐明小组活动内容、活动要求、活动步骤等。

任务评价:阐明具体教学活动如何考核。

知识拓展:用生动的案例或行业相关知识介绍,为学有余力的学生提供课堂自主学习素材。

思考与练习:完成每个任务后的思考与练习,通过单选、多选、判断及思考等题型的习题,帮助学生巩固所学知识,自我检查任务完成情况。

本书由烟台文化旅游职业学院李红、山东商业职业技术学院侯秀芬任主编;烟台文化旅游职业学院吴静、烟台文化旅游职业学院孙淑晶、山东商业职业技术学院周鑫任副主编;烟台文化旅游职业学院邹晓静、马春莲、王春燕任参编。

由于编者水平和时间有限,书中难免存在不妥之处,还要不断完善,望请广大读者批评指正。

编　者
2024 年 1 月

项目 ①

商品认知

学习目标

知识目标

1. 理解商品的概念。

2. 掌握商品的构成及属性。

3. 掌握商品的分类方法。

4. 熟悉常用商品的分类标志。

5. 了解商品编码的种类。

6. 了解互联网＋商品发展趋势。

能力目标

1. 能对常用的商品进行分类。

2. 能描述商品分类的原则。

3. 能用正确的方法进行商品分类。

4. 能分析识别商品条码内容。

5. 能有效识别互联网＋商品分类编码。

素质目标

1. 能够对学习进行总结反思,能与他人合作,进行有效沟通。

2. 通过实战演练,能够明确商品基础知识在采购工作中的重要性,加强课余练习。

导入案例

从一个例子说起——为什么要认知商品

餐饮界近年出现了一个有趣的品牌,被称为"网红牛腩"。吃过网红牛腩的顾客大多感到后悔,但是它的生意依然非常火爆,这是为什么?

我们先以传统的商业模式思考。如果一家饭店,不但不好吃,还让顾客吃不饱,顾客体验过几次后,可能再也不会光顾了。但是在互联网时代,如果产品不好,价格又高,生意照样可以做。所有吃过"网红牛腩"的人都在吐槽:量太少,味道不好,服务员蒙黑纱,一上来八道茶云云。你的朋友听到这些后,他的第一反应很可能是"我也去尝尝"。这就是互联网效应。

在移动互联网时代,人们关注的不仅是产品,更多的是产品所带来的附加价值,包括使用产品时和使用产品后的体验、服务等更多情感上的感受。"网红牛腩"的产品虽然不好,但是饭前免费赠送的八种不同品种和口味的茶,让顾客有一种赚到的感觉,而且蒙着黑纱的服务员,让人感到很有趣,这一切都给人一种非常愉悦的身心体验。而过去那种只关注商品的功能、质量及价格的做法,已经行不通了。客户体验感正逐渐成为评价商品的标准,在移动互联网时代,只有在用户体验上下功夫,给用户差异化的身心感受,才能长久立足。那么,接下来的问题就是如何精准认知商品。

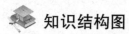 **启示**

在移动互联网的潮流冲击下,其实不管是传统企业,还是互联网公司,精准定位商品结构和认知是抓住消费者心理需求的关键,也是商品采购的必备环节。

知识结构图

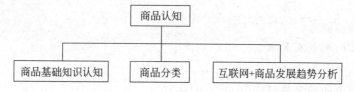

学习任务 1.1　商品基础知识认知

任务目标

1. 了解商品的发展趋势。
2. 了解商品的特征。
3. 明确商品的构成。
4. 理解商品的概念。

学习活动 1.1.1　商品发展趋势分析

 想一想

1. 你对商品的发展史有哪些了解呢?
2. 经过劳动生产的产品都是商品吗?你能列举几个例子证明你的观点吗?

一、商品的产生与发展

我国是世界文明古国之一,商业的历史十分悠久,对商品的研究也有相当长的历史。据记载,春秋时期师旷所著《禽经》,晋朝时期戴凯之所著《竹谱》,都是我国较早的商品知识书籍。古代商品如图 1-1 所示。

商品是为了出售而生产的劳动成果,是人类社会生产力发展到一定历史阶段的产物,是用于交换的劳动产品。恩格斯对此进行了科学的总结:商品"首先是私人产品。但是,只有

图 1-1 远古时代商品

这些私人产品不是为自己消费,而是为他人的消费,即为社会的消费而生产时,它们才成为商品;它们通过交换进入社会的消费"。一切商品对它们的所有者是非使用价值,所有者把使用价值作为交换手段,用它们去换回自己需要的使用价值。但商品对它们的非所有者是使用价值。因此,商品必须全面转手。这种转手就形成商品交换。

二、商品交换

商品交换就是商品所有者按照等价交换的原则相互自愿让渡商品所有权的经济行为。商品的使用价值是对社会的有用性,生产者只有有偿地让渡商品的使用价值而得到价值,才能以此获得自己需要的使用价值。如图 1-2 所示。

图 1-2 商品交换

社会分工和不同所有者的存在,是商品生产的一般基础,也是商品交换的一般基础。最早发生的商品交换是在原始共同体之间(大约发生在原始社会出现第一次社会大分工之前)进行的剩余产品的交换,采取物物交换,即商品—商品(W-W)的形式,相交换的商品之间的比例也是偶然形成的。

一方面,从物质内容来说,商品交换是一种使用价值的一定量换另一种使用价值的一定量。但不同质的使用价值是无法形成等量关系的,所以商品交换实际上是商品彼此作为价值发生关系并作为价值来实现的。这就是说,商品在能够作为使用价值让渡以前,必须先作为价值来实现。另一方面,商品在能够作为价值实现以前,又必须证明自己是使用价值,因为劳动只有耗费在对社会有用的形式上,才具有价值。劳动是否对别人有用,它的产品是否符合社会需要,只有在商品交换中才能得到承认。所以,商品交换是使商品本性中潜伏着的使用价值和价值的矛盾在外部表现出来并获得解决的过程,只要劳动产品成为商品,就必须经历商品交换过程。

三、互联网商品

（一）互联网商品的概念

互联网商品是从传统意义上的"产品"延伸而来的，是在互联网领域中产出而用于经营的商品，它是满足互联网用户需求和欲望的无形载体。简单来说，互联网商品就是指网站为满足用户需求而创建的用于运营的功能及服务，它是网站功能与服务的集成。

（二）互联网商品的分类

1. 按功能分类

在网站发展过程中，按商品所具有的功能，将其分为以下三类。

（1）主要商品。主要商品也称大众需求商品，是指网站为满足大众需求而创建的商品，这类商品的目标是为网站赢得公信力，并非盈利产品。例如，新浪的"新闻"、腾讯的"QQ"、网易的"邮件"、百度的"搜索引擎"，这些都是免费为大众服务的，用于增加网站流量，赢得公众信赖。

（2）盈利商品。这部分商品可能只满足一小部分用户的需求，也是为这一小部分用户而创立的，但它却有着很大的盈利空间，是网站的主要盈利产品。例如，腾讯的"宠物"、在线小游戏，百度的"推广"等付费服务。

（3）辅助商品。这类商品能为网站带来少量流量或收入，商品本身的势力相对较弱，用以辅助以上两种商品。辅助商品是网站中不可或缺的商品。

2. 按照服务对象分类

（1）面向用户（2C）的产品

面向用户的产品需要更多地注重用户体验。用户是感性的，通常对于一个新产品会根据其使用体验很快地给予主观评定，而产品的生死存亡也往往在这一瞬间就被决定了。因此，2C产品需要简单明了，同时富于特色，不仅要满足用户的一般期望，最好还要有突出特点，能够让用户用得"爽"。

（2）面向客户（2B）的产品

面向客户的产品需要更多地满足用户价值。用户价值，顾名思义就是该产品对于用户来说的价值体现。

3. 按照运行平台分类

（1）移动端商品

智能手机既是工具，又是人体器官功能的"延伸"，它让我们与互联网更紧密地结合在一起，重塑了我们的生活方式。成功的移动端产品一定是抓住了这一特性，在基于用户需求与使用情景的基础上，发挥了智能手机的各类特性，使用户更加便捷地操作相应功能模块，达成使用目的。例如，大众点评中的LBS使用户能快速地发现附近的店铺，微博能快速地上传即时拍摄的照片，高德地图的导航功能能根据GPS定位内置方向感应器为用户指明道路等。

（2）PC端产品

PC端有巨大的信息展示区域和丰富的外部连接设备，移动端的交互为触摸手势优先，PC端则是以鼠标键盘优先，后者在交互精度上有很大优势。因此，PC端非常适合一些即时性较低但信息量大,功能操作复杂的产品,如视频编辑类、图形绘制类、企业服务类产品。

4. 按照用户需求分类

（1）交易类产品

交易类产品主要就是为满足各类交易行为线上化而衍生的互联网产品形态。交易类产品是"离钱最近"的产品形态,商品的买卖,自然会带来交易流水,各类盈利模式也很容易被挖掘出来。最传统的生意,其实就是典型的交易,将其搬到线上并以互联网技术作为支撑,便成为交易类产品。交易类产品业务内容包括买卖实体商品、虚拟商品以及各类服务,业务模式有 B2B、B2C、C2C 以及衍生的 O2O 等。

（2）社交类产品

社交类产品主要就是满足人在社会生活中所衍生出的社交需求的产品形态。广义下包含了社交、社区、社群等各类人与人之间信息交互相关的互联网产品。社交类产品也可按照不同维度进行细分,比如,按是否相识可分为熟人、陌生人;按社交介质可分为文字、语音、图片、视频等;按用户共性可分为地域、人脉、兴趣等。社交产品的核心三要素为信息、关系链、互动。

（3）内容类产品

内容类产品主要是解决用户对于信息获取的需求,与社交类产品淡化用户角色,强调信息交互所不同的是,内容类产品通常存在明显的内容生产者和内容消费者。内容的产出方式一般分为 OGC、PGC、UGC,内容专业深度依次递减,用户参与程度依次递增。内容类产品的形态与技术进步和社会发展事实上是有相当大的关联,伴随着历次科技进步,我们接触信息的主要方式由文字变为图片,由图片变为视频,由视频又衍生出直播,其间演变周期越来越短,信息传播方式越来越高效、丰富、立体。

（4）工具类产品

工具类产品主要解决用户某种特定环境下的即时性需求,因而需求明确,产品逻辑比较简单。工具类产品的用户价值明确,用户使用目的性强,不用不来,用完即走,因此用户数可能会很巨大,但难于从中挖掘商业价值,找到变现渠道。而且为了降低用户获取门槛,对于新用户一般不会要求强制注册,因此用户画像不精准,数据海量但质量不高。对于以上劣势,工具类产品在获取大量用户后一般会通过以下几种方式进行弥补:简单的是通过引导用户注册后提供个性化增值服务,一方面提升用户体验,另一方面获取用户信息和使用习惯,并通过这些进行变现(具体参见信息/数据变现部分);高级的则是通过发展关联业务形成生态体系,最终转变为平台型产品。例如,支付宝最初本质上是一个担保支付工具,经过业务扩张和发展后,目前已经成为一个综合的金融及生活服务平台。

（5）平台类产品

平台类产品通常是为了满足在某一大领域内用户多个方面的需求,是一个较为复杂的综合体。互联网产品初期通常都是由单一痛点切入,在逐步发展的过程中,不断向相关业务领域拓展,最终形成一个生态化的平台型产品。平台类产品一般功能繁多,涉及业务复杂,对技术和业务理解的要求是各类型产品中最高的。平台类产品往往是多种产品形态的复合,既有 2C 端又有 2B 端,每个大的功能模块就是一个业务分支,它们相互协作,共同打造一个生态体系。

（6）游戏类产品

游戏类产品所满足的用户需求是复杂而多面的,马斯洛需求层次中除开吃饱穿暖的最基础生理需求无法满足,其他都可以在游戏中得到满足,可以说游戏创造了一个虚拟世界来满足玩家在现实世界中无法被满足的欲望。基于上述原因,游戏也成为一个特殊而独立的产品类型,经过长期的发展,游戏类产品衍生出了相当多的子类型,按运行平台可分为端游、手游、页游,按内容类型可分为动作、冒险、模拟、角色扮演、休闲等。

 实战演练

1. 想一想

请根据案例,找出互联网商品的盈利模式有哪些。

互联网商品盈利模式就是互联网产品通过什么方式来赚钱,在互联网产品野蛮生长的年代,企业一开始也不知道该如何盈利,就是闷头往前干,比如,刚起步的"小马哥"苦于找不到 QQ 的盈利模式就萌生了卖 QQ 的念头,后来增加了增值服务,腾讯 QQ 才走上正轨。我们把这种模式叫作自发式盈利模式,自发式盈利模式具有隐蔽性、模糊性,缺乏灵活性。随着现在互联网发展到"下半场",产品的盈利模式也变得更加清晰。一个产品在规划的时候就要提前想好产品的盈利模式有哪些,并随着产品的发展不断进行调整,我们把这种模式叫作自觉式盈利模式,自觉式盈利模式具有清晰性、稳定性、灵活性、针对性。目前互联网产品的盈利模式主要分为:广告、增值服务、佣金、手续费、销售、开发 API 等。

2. 画一画

请画出互联网商品分类的思维导图。

 知识拓展

互联网商品的产生

随着互联网技术的日新月异,各种虚拟产品应运而生。在发展初期,网站通常会提供许多基本产品:功能性网站的产品较少,可能只有一个;行业网站的基本产品比较多,可能多至十几个。随着网站的发展、用户数量的增多,需求也不断增长,由于用户的背景、教育程度等不同,需求的差异化越来越大,为了尽可能满足用户需求,保持原有浏览量,网站便会陆续对产品进行增加、分化。网站的产品增加了,但单个产品占有的资源却很少,产品得不到有效支持,从而直接导致网站整体停滞,甚至后退,这就形成了恶性循环。

思考与练习

一、填空题

1. _____就是商品所有者按照等价交换的原则相互自愿让渡商品所有权的经济行为。

2. 互联网商品是从传统意义上的"产品"延伸而来的,是在_____领域中产出而用于经营的商品,它是满足互联网用户需求和欲望的无形载体。

3. 商品首先是_____,但是只有这些私人产品不是为自己消费,而是为他人的消费。

二、判断题

1. 商品交换是使商品本性中潜伏着的使用价值和价值的矛盾在外部表现出来并获得解决的过程,只要劳动产品成为商品,就必须经历商品交换过程。　　　　　（　　）

2. 商品在能够作为使用价值让渡以前,必须先作为价值来实现。　　　　　　（　　）

3. 劳动只有耗费在对社会有用的形式上,才具有价值。　　　　　　　　　　（　　）

4. 劳动是否对别人有用,它的产品是否符合社会需要,只有在商品交换中才能得到承认。　　　　　　　　　　　　　　　　　　　　　　　　　　　　　　　　　（　　）

学习活动 1.1.2　商品特征与属性认知

想一想

1. 你的手机是不是商品?

2. 手机流量是不是商品?

一、商品的概念

商品是用来交换的劳动产品。

商品有狭义、广义之分。

狭义的商品即传统的商品,是指通过市场交换,能够满足人们某种社会消费需要的物质形态的劳动产品,是有形商品。

广义的商品,包括知识、劳务、资金、物质等形态。它是指通过市场交换,能够满足人们某种社会消费需要的所有形态的劳动产品。

二、商品的特征

(一) 商品首先必须是劳动产品

换句话说,如果不是劳动产品就不能成为商品。比如,自然界中的空气、阳光等,虽然是人类生活所必需,但是这些都不是劳动产品,所以它们不能叫作商品。

(二) 商品必须用于交换

商品总是与交换分不开的。也就是说,如果不是用来交换,即使是劳动产品,也不能叫商品。比如在古代,传统的男耕女织式的家庭种出来的粮食和织出来的布,尽管都是劳动产品,但不一定都是商品。

(三) 商品必须对他人或社会有用

没有用就不会发生交换,有用才能发生交换。

三、商品的属性

(一) 基本属性

商品的基本属性是价值和使用价值。价值是商品的本质属性,使用价值是商品的自然属性。

1. 价值

价值是凝结在商品中的无差别的人类劳动。价值是商品的本质属性。商品的价值是商品特有的。

2. 使用价值

使用价值是商品能够满足人们某种需要的物品的有用性。使用价值是商品的自然属性。

(二) 自然属性

自然属性包括商品的成分、结构、形态、化学性质、物理性质（力学、电学、热学、光学、声学等性质）、生物学性质、生态学性质等。

(三) 社会属性

社会属性包括商品的经济属性、文化属性（民族、宗教、审美、道德等属性）、政治属性和其他社会属性。如图 1-3 所示。

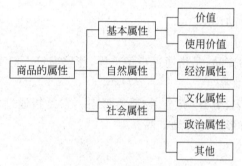

图 1-3　商品的属性

实战演练

1. 练一练

请列举商品和产品的不同。

2. 看一看

如图 1-4 所示，下面的图片中哪些是商品？请说明原因。

图 1-4　判断是否是商品

知识拓展

商品是人类社会生产力发展到一定历史阶段的产物,是用于交换的劳动产品。恩格斯对此进行了科学的总结:商品,首先是私人产品。但是,只有这些私人产品不是为自己消费,而是为他人的消费,即为社会的消费而生产时,它们才成为商品;它们通过交换进入社会的消费。会计学中商品的定义是商品流通企业外购或委托加工完成,验收入库用于销售的各种商品。在人教版必修政治书中的定义是用于交换的劳动产品。

思考与练习

一、填空题

1. 商品是用来_____的劳动产品。

2. _____是商品能够满足人们某种需要的物品的有用性。

3. 作为商品,首先必须是_____。

二、判断题

1. 在古代,传统的男耕女织式的家庭生产,种出来的粮食和织出来的布,尽管都是劳动产品,但不一定都是商品。 (　　)

2. 自然界中的空气、阳光等都是商品。 (　　)

3. 如果不是劳动产品,就不能称为商品。 (　　)

学习活动 1.1.3 商品构成描述

想一想

1. 一套住房作为商品是由什么构成的?

2. 一套住房延伸的商业、维修、保洁等能否构成商品整体不可缺少的部分?

一、商品整体的概念

商品整体是人们通过有目的、有效的劳动投入而创造出来的具体劳动产物,它是通过功能来满足使用者需要的。

人们通常理解的产品狭义上是指具有某种特定物质形状和用途的物品,是看得见、摸得着的东西。产品整体概念包含核心产品、有形产品、附加产品、期望产品和潜在产品五个层次。

二、商品整体的构成

实物商品的整体一般是由核心商品、有形商品、无形商品三部分构成。

(一)核心商品

核心商品是商品所具有的满足某种用途的功能,是消费者购买某种商品时所追求的利益。

（二）有形商品

有形商品是指实物商品体本身，如商品的名称、材料、结构、外观、商标、包装、标志、质量和安全卫生标志、专利标记、环境标志、检验合格证、使用说明书等。

（三）无形商品

无形商品是指消费者购买有形商品时所获得的附加利益和服务，如提供信贷、免费送货、售后服务、免费安装调试、免费培训等。无形商品是使企业的产品有别于竞争产品、实施差异化策略的有效途径。

 实战演练

1. 练一练

以一套住房为例，说明如何理解实物商品的整体构成。

2. 连一连

以手机为例，将以下内容进行连线，正确理解实物商品的整体构成。

手机品牌

核心商品　　　　手机造型

通话服务

有形商品　　　　三包服务

手机颜色

无形商品　　　　退换货

维修保障

 知识拓展

期望产品是指符合消费者喜好的，包括价格、方便性，以及产品功能表现等各个因素。也就是购买者购买产品时期望的一整套属性和条件。不同的人对这种期望是不同的。如对于旅店的客人，期望的是干净的床、香皂、毛巾、热水、电话和相对安静的环境等。顾客所得到的，是购买产品所应该得到的，也是企业在提供产品时应该提供给顾客的。对于顾客来讲，在得到这些产品基本属性时，并没有太多的偏好，但是如果顾客没有得到这些，就会非常不满意，因为顾客没有得到他应该得到的东西，即顾客所期望的一整套产品属性和条件。

潜在产品是指一个产品最终可能实现的全部附加部分和新增加的功能。许多企业通过对现有产品的附加与扩展，不断提供潜在产品，所给予顾客的就不仅仅是满意，还能使顾客在获得这些新功能的时候，感到喜悦。所以潜在产品指出了产品可能的演变，也使顾客对于产品的期望越来越高。潜在产品要求企业不断寻求满足顾客的新方法，不断将潜在产品变成现实的产品，这样才能使顾客得到更多的意外惊喜，更好地满足顾客的需要。

思考与练习

填空题

1. 实物商品的整体一般是由_____、_____、_____三部分构成。

2. _____是指实物商品体本身。

3. 作为商品,首先必须是_____。

4. 如图 1-5 所示,请正确标注每项内容属于实物商品整体构成中的内容。

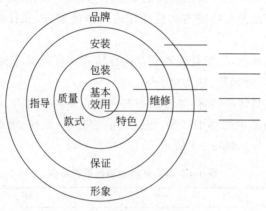

图 1-5　实物商品整体构成

学习任务 1.2　商 品 分 类

任务目标

1. 了解我国的商品分类体系。

2. 熟悉常用商品的分类标志。

3. 能够对常用商品进行分类。

学习活动 1.2.1　商品分类原则认知

想一想

1. 实际生活中,如何对商品进行分类才更有助于经营管理?

2. 我们实际生活中吃的水果、蔬菜是以什么为依据进行划分的呢?

商品种类繁多,据不完全统计,在市场上流通的商品有 25 万种以上。为了方便消费者购买,有利于商业部门组织商品流通,提高企业经营管理水平,必须对众多的商品进行科学分类。

一、商品分类的概念

商品分类是指为了一定目的,选择适当的分类标志,将商品集合总体科学地、系统地逐级划分为门类、大类、中类、小类、品类,以及品种、花色、规格的过程。

商品门类是按国民经济行业共性对商品总的分门别类。

商品大类是按商品生产和流通领域的行业来划分的,如五金类、百货类、纺织品类、食品类、日用工业品类等。

商品中类是若干具有共同性质或特征的商品总称,如塑料制品、针棉织品等。

商品小类是根据商品的某些特点和性质作进一步的划分,如针棉织品又可分为针织内衣类、针织外衣类等。

商品品类又称商品品目,是指具有若干共同性质和特征的商品种类的总称,它包括若干商品品种,如绿茶包括烘青绿茶、炒青绿茶等。

商品种类是指商品具体的名称,如食品中的酒类商品包括白酒、啤酒、黄酒、葡萄酒等。

商品细目是对商品品种的详细区分,包括商品的花色、规格、等级等,如12°长城牌白葡萄酒、53°飞天牌茅台酒等。如表1-1所示。

表 1-1　商品分类的类目层次举例

商品类目名称	举 例	
商品门类	消费品	
商品大类	食品	日用工业品
商品中类	饮料	家用化学品
商品小类	酒类	肥皂、洗涤剂
商品品类或名目	啤酒	肥皂
商品种类	黑啤酒	香皂
商品细目	洛阳宫黑啤酒	茉莉花型香皂

二、商品分类的意义

(1) 商品科学分类有助于国民经济各部门的各项管理的实施。

(2) 商品分类有助于商业经营管理。

(3) 商品分类是实行现代化管理的前提。

(4) 商品分类有利于了解商品特性。

(5) 商品分类有助于提高商品学的教学和科研工作。

三、商品分类的原则

商品分类必须明确要分类的商品所包括的范围。要从有利于商品生产、销售、经营习惯出发,最大限度地方便消费者的需要,并保持商品分类上的科学性。

选择的分类依据要适当。概括地讲,商品分类应遵循科学性原则、系统性原则、稳定性原则、协调性原则和唯一性原则。

(一)科学性原则

作为商品分类对象的商品名称要统一、科学、准确,同时还要防止一词多义或一种商品有多个名称,所选择的分类标志要能反映商品的本质特征,并具有明显的区别功能和稳定性,分类层次的划分要客观、合理。

(二)系统性原则

在分类过程中,应将待分类对象按照选择的分类标志进行分类,形成一个由若干子系统组成的逐级展开的大系统,各子系统之间相互联系、相互制约。

(三)稳定性原则

商品分类既要考虑现实状况,也应符合商品发展的客观规律,在分类目录发生变更时,不破坏整个分类结构,有不断补充新产品的余地。同时,在增加新的内容时,不需改变整个系统。

(四)协调性原则

商品分类体系应具有适应性、协调性,力求使分类结构合理。如国内分类编码既要参照国际分类编码体系,也要参照历史上各行各业已经形成的编码分类状况,把工业、仓储、运输、内贸、外贸等各行业编码和分类情况协调起来,达到信息沟通、交流方便的目的。

(五)唯一性原则

商品分类体系中的每一个分类层次只能对应一个分类标志。商品分类后,一种商品只能出现在一个类别里,不允许同时出现在两个或两个以上的类别中。

实战演练

练一练

请结合以下案例讨论:你希望的旅游产品是什么?你是如何对它们进行分类的?

中国的旅游商品分布很广,由于资源、经济发展和文化艺术的不同特点,各地形成了具有不同特色的产品。

北京在历史上工艺美术品行业就很发达,其中尤以玉、石、象牙雕刻工艺品,金属工艺品为佳。北京景泰蓝,誉满中外;地毯,雕漆,挑补绣品,料器,内画壶,戏剧脸谱及民间绢人、绢花等都很有特色。上海是中国最大的工业城市,轻纺工业发达,产品质量精良。上海顾绣、绒绣有优良传统,绒线编织品非常著名,其针法、花式、图案繁多,男女套衫、大衣、裙子、童装、鞋帽、围巾等服装,是春秋季节人们普遍欢迎的时令商品。杭州丝绸是很著名的旅游产品。杭州织锦精美华丽,西湖绸伞、王星记扇子以其鲜明的地方特色和装饰趣味,历来为游人所喜爱。古城西安,历史文物相当集中,大量出土文物的复制、仿制品是很受欢迎的旅游商品。唐三彩、兵马俑、瓦当汉砖、字画碑帖不可胜数。广东省的轻纺、巧妙的广州象牙球、华丽的广州彩瓷、名贵的端砚及新会葵扇、潮州麦秸贴画、石湾陶、枫溪瓷、广州针织服装、旅游小食品均负盛名。海南省的椰雕、牛角制品等体现了浓郁的地方和民族风情。

知识拓展

垃圾分类是指按一定规定或标准将垃圾分类储存、分类投放和分类搬运，从而转变成公共资源的一系列活动的总称。分类的目的是提高垃圾的资源价值和经济价值，力争物尽其用。

每个人每天都会扔出许多垃圾，在一些垃圾管理较好的地区，大部分垃圾会得到卫生填埋、焚烧、堆肥等无害化处理，而更多地方的垃圾则常常被简易堆放或填埋，导致臭气蔓延，并且污染土壤和地下水体。

垃圾无害化处理的费用是非常高的，根据处理方式的不同，处理 1 吨垃圾的费用在 100 元至几百元不等。人们大量地消耗资源，大规模生产，大量地消费，又大量地生产着垃圾。如此反复，后果将不堪设想。

从国内外各城市对生活垃圾分类的方法来看，大致都是根据垃圾的成分构成、产生量，结合本地垃圾的资源利用和处理方式来进行分类的。如德国一般分为纸、玻璃、金属和塑料等；澳大利亚一般分为可堆肥垃圾、可回收垃圾、不可回收垃圾；日本一般分为塑料瓶类、可回收塑料、其他塑料、资源垃圾、大型垃圾、可燃垃圾、不可燃垃圾、有害垃圾等。

垃圾在分类储存阶段属于公众的私有品，垃圾经公众分类投放后成为公众所在小区或社区的区域性准公共资源，垃圾分类转运到垃圾集中点或转运站后成为没有排除性的公共资源。从国内外各城市对生活垃圾分类的方法来看，大致都是根据垃圾的成分构成、产生量，结合本地垃圾的资源利用和处理方式来进行分类的。

2019 年 10 月 16 日至 11 月 13 日，北京市城市管理委起草《北京市生活垃圾管理条例修正案》公开征求意见，个人未将生活垃圾分别投放至相应收集容器拒不改正的，处 200 元罚款。

思考与练习

一、填空题

1. 商品分类的原则包括_____、_____、_____、_____、_____。

2. 在商品分类过程中，将待分类对象按照选择的分类标志进行分类，这是商品分类_____原则的体现。

3. _____原则要求商品分类既要考虑现实状况，也应符合商品发展的客观规律，在分类目录发生变更时，不破坏整个分类结构。

二、判断题

1. 科学性原则要求商品分类体系中的每一个分类层次只能对应一个分类标志。（　　）

2. 唯一性原则要求商品分类后，一种商品只能出现在一个类别里，不允许同时出现在两个或两个以上的类别中。（　　）

学习活动 1.2.2　商品分类方法选择

想一想

1. 实际生活中，你从超市购物回来，你会如何对购买的商品进行分类呢？

2. 你认为对商品进行分类有何意义？

在任一次商品分类中,可将任一商品集合总体逐次划分为包括大类、中类、小类、品类在内的完整的、具有内在联系的类目系统。这个类目系统即为商品分类体系。

一、商品分类层次

商品分类层次如图 1-6 所示。

图 1-6　商品分类层次

(1) 大类:体现商品生产和流通领域的行业分工,如五金类、化工类、食品类、水产类等。

(2) 中类(商品品类):体现具有若干共同性质或特征商品的总称,如食品类商品又可分为蔬菜和水果、肉和肉制品、乳和乳制品、蛋和蛋制品等。

(3) 小类(商品品种):对中类商品的进一步划分,体现具体的商品名称,如酒类商品分为白酒、啤酒、葡萄酒、果酒等。

(4) 商品细目:对商品品种的详尽区分,包括商品的规格、花色、等级等,更具体地体现商品的特征,如 60°高杯牌五粮液。

二、商品分类的基本方法

在实际工作中我们要对商品进行分类,通常会采用线分类法和面分类法两种方法。更多的是将两种方法结合起来使用,通常以线分类法为主,面分类法为辅。

(一) 线分类法

线分类法又称层级分类法,是将拟分类的商品集合总体,按选定的属性或特征逐次地分成相应的若干个层级类目,并编制成一个有层级的、逐级展开的分类体系。线分类体系的一般表现形式是大类、中类、小类等级别不同的类目逐级展开,体系中,各层级所选用的标志不同,各个类目之间构成并列或隶属关系。由一个类目直接划分出来的下一级各类目之间存在着并列关系,不重复,不交叉,如表 1-2 所示。

表 1-2　线分类法实例

大　类	中　类	小　类	细　目
服装	机织面料服装	棉布服装	普通棉布男服装
			普通棉布女服装
			普通棉布童服装
			棉布婴儿服装
			棉布学生服装
			棉布职业服装
			棉布民族服装
			其他棉布服装

(二) 面分类法

面分类法又称平行分类法,是将拟分类的商品集合总体,根据其本身的属性或特征,分成相互之间没有隶属关系的面,每个面都包含一组类目。将每个面中的一种类目与另一个面中的一种类目组合在一起,即组成一个复合类目。

服装的分类就是按面分类法组配的。把服装用的面料、款式、穿着用途分为三个互相之间没有隶属关系的"面",每个"面"又分成若干个类目。使用时,将有关类目组配起来。如纯毛男式西装、纯棉女式连衣裙等,如表 1-3 所示。

表 1-3　面分类法实例

服 装 面 料	式　样	款　式
纯棉		西装
纯毛		中山装
涤纶	男式	夹克
毛涤	女式	连衣裙
涤粘		衬衫

三、选择商品分类标志的原则

商品分类标志是编制商品分类体系和商品目录的重要依据。对商品进行分类可供选择的分类标志很多,在选择时应遵循以下基本原则。

(一) 目的性

分类标志的选择必须确保分类体系能满足分类的目的和要求,否则没有使用价值。分类标志本身含义要明确,能从本质上反映出每类商品的属性特征。

(二) 简便性

分类标志的选择必须保证建立起的商品分类体系在实际运用中操作简便,易于使用,便于采用数字编码和运用电子计算机进行处理。

（三）唯一性

同一层级范围内只能采用一种分类标志，不能同时采用几种分类标志。要确保每个商品只能出现在一个类别里，不得在不同的类别中重复出现。

（四）逻辑性

在分类标志的选择中，必须使商品分类体系中的下一层级分类标志成为上一层级分类标志的合乎逻辑的继续和具体的自然延伸。如汽油的分类从"汽油"到"车用汽油""航空煤油"这一层级，选用的分类标志是商品"用途"，再从"车用汽油"到"××号汽油"这一层级，选用的分类标志是商品的"规格"，其实质是商品（汽油）的具体使用性能，显然它是"用途"的自然延伸和合乎逻辑的继续。

四、商品分类依据

商品分类依据是分类的基础。商品的用途、原材料、生产方法、化学成分、使用状态等是这些商品最本质的属性和特征，是商品分类中最常用的分类依据。

（一）用途

一切商品都是为了满足社会上的一定用途而产生的，商品的用途是体现商品使用价值的标志，也是探讨商品质量的重要依据，因此被广泛应用于商品的研究、开发和流通。它不仅适用于对商品大类的划分，也适用于商品种类、品种的进一步详细划分。如根据用途不同，商品可分为生产资料和生活资料两大类。生活资料商品又按用途不同划分为食品、衣着用品、日用工业品、日用杂品等；日用工业品按用途可分为器皿类、洗涤用品类、化妆品类、家用电器类、文化用品类等。

按用途进行划分便于比较相同用途的各种商品的质量水平和产销情况、性能特点、效用，能促使生产者提高质量、增加品种，并且能方便消费者对比选购，有利于生产、销售和消费的有机衔接。但对贮运部门和有多用途的商品不适用。

（二）原材料

商品的原材料是决定商品质量和性能的重要因素，由于原材料的种类和质量不同，其成分、性质、结构也不同，使商品具有截然不同的特征。选择以原材料为标志的分类方法是商品的重要分类方法之一。此种分类方法适用那些原材料来源较多且对商品性能起决定作用的商品。例如，商品按商品原料来源可分为植物性商品、动物性商品和矿物性商品；呢绒按其原材料可分为全毛呢绒、混纺呢绒、交织呢绒和纯化纤呢绒；绒线（毛线）按使用原材料分为纯毛绒线、混纺绒线和纯化纤绒线三类。

以原料为依据分类不仅分类清楚，而且能从本质上反映出各类商品的性能、特点，为确定销售、运输、储存条件提供了依据，有利于保证商品流通中的质量。但对那些由多种原材料组成的商品如汽车、电视机、洗衣机、电冰箱等，不宜用原材料作为分类标志。

（三）生产方法

很多商品即便采用相同的原材料，由于生产方法不同，也会使商品具有不同的质量特征，从而形成不同的品种。如茶叶按加工方法不同，分为全发酵茶（红茶）、半发酵茶（乌龙茶）和不发酵茶（绿茶）；纺织品按生产工艺不同，分为机织品、针织品和无纺织物。

按生产方法分类,特别适用于原料相同,但可选用多种工艺生产的商品,优点是因为生产方法、工艺不同,突出了商品的个性,有利于销售和工艺的革新。但对于那些虽生产方法有差别但商品性能、特征没实质性区别的商品不宜采用。如平板玻璃可用浮法或垂直引上法来生产。

(四) 化学成分

由于商品中所含化学成分、种类和数量对商品质量、性能、用途等有着决定性或重大的影响,因此以化学成分为分类依据,便于研究和了解商品的质量、特性、用途、效用和储存条件,是研究商品使用价值的重要分类依据。如化肥按主要化学成分不同分为氮肥、磷肥、钾肥;塑料制品按其主要成分合成树脂的不同,分为聚乙烯塑料制品、聚氯乙烯塑料制品、聚丙烯塑料制品等。

有些商品虽然主要成分相同,但由于各自含有不同的特殊成分,商品的质量、性能和用途完全不同。因此商品的特殊成分也可用作分类的标志。如合金钢,主要的成分为 Fe,但由于合金元素种类不同,因此它们的用途、性质也不同;玻璃按特殊成分的不同可分为钾玻璃、钠玻璃、铅玻璃、硼硅玻璃等。

采用化学成分为分类依据虽然能反映商品的本质特性,对于深入研究商品的特性、保管和使用方法,以及开发新品种、满足不同消费者的需要等具有重要意义,但对化学成分复杂的商品(如水果、蔬菜、粮食等)或化学成分区分不明显的商品(收音机)则不适用。很多商品即便采用相同的原材料,由于生产方法不同,也会使商品具有不同的质量特征,从而形成不同的品种。

(五) 以其他特征为分类依据

除了上述分类依据,商品的形状、结构、尺寸、颜色、质量、产地、收获季节、功率等也可作为商品分类标志。如钢材根据形状可分为型钢、板钢、管钢等,型钢按形状又分为圆钢、方钢、扁钢、工字钢、槽钢、角钢、六角钢等。

 实战演练

练一练

请将下列商品不适用的分类依据填写到空格处,如图 1-7 所示。

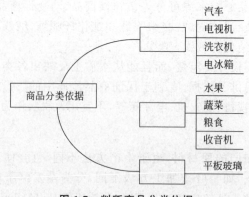

图 1-7　判断商品分类依据

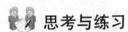 **知识拓展**

新媒体分类

新媒体是利用数字技术、网络技术,通过互联网、宽带局域网、无线通信网、卫星等渠道,以及计算机、手机、数字电视机等终端,向用户提供信息和服务的传播形态。它是在报纸、杂志、广播、电视等传统四大媒体之后发展起来的新的媒体形态。

新媒体的种类很多,但目前以网络新媒体、移动新媒体、数字新媒体等为主。融合的宽带信息网络,是各种新媒体形态依托的共性基础。终端移动性,是新媒体发展的重要趋势。数字技术是各类新媒体产生和发展的动力。

在具体分类上,新媒体可细分为门户网站、搜索引擎、虚拟社区、RSS、电子邮件/即时通信/对话链、博客/播客、维客、网络文学、网络动画、网络游戏、电子书、网络杂志/电子杂志、网络广播、网络电视、手机短信/彩信、手机报纸/出版、手机电视/广播、数字电视、IPTV、移动电视、楼宇电视等。

网络新媒体:网络新媒体又称作第四媒体,包括博客、门户网站、搜索引擎、虚拟社区、RSS、电子邮件/即时通信/对话链、博客/播客、微博、维客、网络文学、网络动画、网络游戏、网络杂志、网络广播、网络电视、掘客、印客、换客、威客/沃客等。

手机新媒体:包括手机短信/彩信、手机报纸/出版、手机电视/广播等。

新型电视媒体:包括数字电视、IPTV、移动电视、楼宇电视等。

其他新媒体:包括隧道媒体、路边新媒体、信息查询媒体及其他(如越世代新媒体)。

思考与练习

一、单选题

1. 商品分类是商品学研究的( )。
   A. 前提　　　　　B. 条件　　　　　C. 基础　　　　　D. 本质

2. 根据选择商品标志的唯一性原则,商品分类时在( )范围内,只能采用一种分类标志。
   A. 同一层级　　　B. 不同层级　　　C. 所有层级　　　D. 大类和中类

3. 根据( )不同,可将商品分为生活资料商品和生产资料商品。
   A. 用途　　　　　B. 原材料　　　　C. 化学工艺　　　D. 化学成分

二、判断题

1. 以化学成分为依据进行划分,可以从本质上反映出各类商品的性能、特点,为确定销售、运输、储存条件提供依据,有利于保证商品流通中的质量。（ ）

2. 商品分类原则是分类的基础。（ ）

3. 对化学成分复杂的商品或化学成分区分不明显的商品适宜采用化学成分作为分类依据。（ ）

4. 实际生活中那些原料相同,可选用多种工艺生产的商品,可将生产方法作为分类依据。（ ）

学习活动 1.2.3　商品编码认知

想一想

1. 你见过的商品编码的形式有哪些？
2. 你在超市购物时，商品的条码是不是商品编码？

一、商品编码的概念

商品编码是根据一定规则赋予某种商品以某种代表符号或代码的过程，同时商品编码也指这种代表符号或代码。商品编码即商品代码，一般由字母、数字或特殊标记组成。

商品编码可使繁多的商品便于记忆，简化手续，提高工作效率和可靠性，有利于计划、统计和管理工作。商品编码有利于商品分类体系的通用化、标准化，为建立统一的商品产、供、销和储运信息系统以及运用计算机对商品进行科学管理提供了条件，有利于企业经济效益的提高。

二、商品编码的原则

（一）唯一性

唯一性是指商品项目与其标识代码一一对应，即一个商品项目只有一个代码，一个代码只标识同一商品项目。商品项目代码一旦确定，永不改变，即使该商品停止生产、停止供应了，在一段时间内（有些国家规定为 3 年）也不得将该代码分配给其他商品项目。

（二）无含义

无含义代码是指代码数字本身及其位置不表示商品的任何特定信息。在 EAN 及 UPC 系统中，商品编码仅仅是一种识别商品的手段，而不是商品分类的手段。无含义使商品编码具有简单、灵活、可靠、充分利用代码容量、生命力强等优点，这种编码方法尤其适合于较大的商品系统。

（三）全数字型

在 EAN 及 UPC 系统中，商品编码全部采用阿拉伯数字。

三、商品编码的种类和方法

商品编码按所用符号类型的不同分为数字型编码、字母型编码、数字和字母混合型编码。如图 1-8 所示。

（一）数字型编码

数字型编码使用一个或若干个阿拉伯数字表示分类对象（商品）的代码。其特点是结构简单，使用方便，易于推广，便于利用计算机进行处理。数字型编码的方法主要包括以下四种。

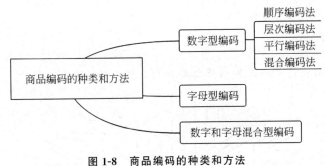

图 1-8　商品编码的种类和方法

1. 顺序编码法

顺序编码法是按商品类目在商品分类体系中出现的先后顺序,依次给予顺序数字代码的编码方法。

2. 层次编码法

层次编码法是按商品类目在分类体系中的层级顺序,依次给予对应的数字代码的编码方法。它主要用于线分类体系。

层次编码法层次分明,逻辑性强,能明确反映分类编码对象的属性、特征及相互关系。但是层次编码法弹性较差,经常需要预留相当数量的备用码,从而出现代码的冗余。因此,该编码方法最适用于编码对象变化不大的情况。

3. 平行编码法

平行编码法是对每一个分类面确定一定数量的码位,代码标志各组数列之间是并列平行关系,多用于面分类体系。平行编码法的编码结构有较好的弹性,可以比较简单地增加分类面的数目,必要时还可更换个别类目。其缺点是代码过长,不便于计算机管理。

4. 混合编码法

混合编码法是层次编码法和平行编码法的结合,即把分类对象的各种属性和特征分列出来后,对其中一些属性或特征用层次编码法表示,其余的属性或特征则用平行编码法表示,这样可以取长补短。

(二) 字母型编码

字母型编码是用一个或若干个字母表示商品代码的编码方法。一般用大写字母表示商品大类,小写字母表示其他类目,按字母顺序进行编制。如 A,B,C,……表示大类,a,b,c,……表示种类,α,β,γ,……表示小类等。字母型代码便于人们识别、记忆,但不便于计算机处理,所以使用率较低,只有在分类对象较少的情况下才使用。

(三) 数字和字母混合型编码

数字和字母混合型编码是采用数字和字母混合编排的商品条码方法。它兼有数字型和字母型编码的优点,结构严谨,具有良好的直观性,符合人们的使用习惯。但由于代码组成形式复杂,给计算机输入带来不便,因此,此编码方法很少使用。

实战演练

1. 练一练

请结合图 1-9 阐述你对商品编码方法的理解。

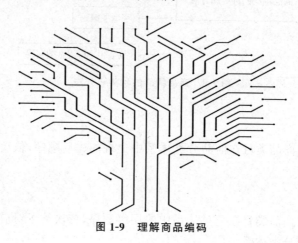

图 1-9 理解商品编码

2. 想一想

请结合实际,列举 5 种采用字母编码法进行编码的商品。

知识拓展

商品编码与商品条码的区别

商品编码是代表商品的数字信息,而商品条码是表示这一信息的符号。在商品条码工作中,要制作商品条码符号,首先必须给商品编一个数字代码。商品条码的代码是按照国际物品编码协会(EAN)统一规定的规则编制的,分为标准版和缩短版两种。标准版商品条码的代码由 13 位阿拉伯数字组成,简称 EAN-13 码。缩短版商品条码的代码由 8 位数字组成,简称 EAN-8 码。EAN-13 码和 EAN-8 码的前 3 位数字叫前缀码,是用于标识 EAN 成员的代码,由 EAN 统一管理和分配,不同的国家或地区有不同的前缀码。中国的前缀码目前有 10 个:690-699,其中 696-699 编码目前尚未采用。

思考与练习

一、填空题

1. _____ 是用一个或若干个字母表示商品代码的编码方法。

2. 数字型编码包括 _____、_____、_____、_____。

3. _____ 是按商品类目在分类体系中的层级顺序,依次给予对应的数字代码的编码方法。

4. _____ 多用于面分类体系。

二、判断题

1. 层次编码法最适用于编码对象变化不大的情况。　　　　　　　　　　（　　）
2. 平行编码法使用率较低,只有在分类对象较少的情况下才使用。　　　（　　）
3. 商品编码是建立在商品分类与编制商品目录的基础上进行的。　　　（　　）
4. 商品编码即商品代码,一般由字母、数字或特殊标记组成。　　　　　（　　）

学习任务 1.3　互联网＋商品分类编码识别

任务目标

1. 了解商品目录。
2. 熟悉常用商品条形码种类。
3. 能够识别常用商品条码结构。

学习活动　互联网＋商品分类编码识别实训

想一想

1. 在互联网＋时代背景下,你可以通过哪些方面对商品进行识别?
2. 你能说出商品上的条码结构吗?

在信息技术飞速发展的今天,互联网＋、智能化、信息化、云、大数据等关键词逐渐进入人们的视野。商品作为新技术时代人们不可或缺的必需品,无论从概念、分类、编码、识别等方面都对我们提出了信息化的要求。

商品编码又称商品代码,或商品代号、货号,是在商品分类的基础上,赋予某种或某类商品以某种代表符号或代码的过程,对某一类商品赋予统一的符号系列称为商品代码化或者商品编码化。

在互联网时代,商品分类和编码是分别进行的,商品分类在先,编码在后。商品科学分类为编码的合理性创造了前提条件,但是编码是否科学会直接影响商品分类体系的使用价值。

商品编码往往是商品目录的组成部分,商品分类与代码共同构成了商品目录的完整内容。使用商品代码,是为了加强企业的经营管理,提高工作效率,便于计划、统计、物价管理级核算工作,简化业务手续。使用商品代码还便于记忆、清点商品,从而实现现代化管理。对于容易混淆的商品名称,使用商品代码可以避免差错。

一、商品目录的概念

商品目录也称商品分类目录,是指将所经营管理的全部商品品种,按一定标志进行系统分类编制成的商品细目表。它是在对商品逐级分类的基础上,用表格、符号和文字全面记录并反映商品分类体系的文件形式。商品目录是以商品分类为依据,因此也称商品分类目录或商品分类集。商品目录是商品分类的体现,商品分类是编制商品目录的前提。没有商品分类,商品目录便无法编制。只有根据商品的科学分类编制商品目录,才能使商品目录层次分明、条理清楚。科学、系统、实用的商品目录是实现商品管理现代化、科学化的前提,有助于商品的生产、经营和管理活动。

商品目录一般包括商品名称及计量单位、商品代码(或编号)、商品分类体系三部分。

二、商品目录的种类

商品目录由于编制目的和作用不同,种类很多,根据商品目录适用范围的不同,商品目录可归纳为以下几类。

1. 国际商品目录

国际商品目录是指由国际组织或区域性集团通过商品分类所编制的商品目录。

2. 国家商品目录

国家商品目录是由国家指定专门机构通过商品分类编制的商品目录。它是我国国民经济各部门各地区在进行统计、计划、税收等经济管理工作时必须共同遵守的准则。

3. 部门商品目录

部门商品目录是指由行业或其主管部门所编的为本行业(部门)统一使用的商品目录。

4. 企业商品目录

企业商品目录是指由企业自行编制的适用于本企业的商品目录,一般只在本企业使用。企业商品目录既要符合国家和部门商品分类目录提出的分类原则,又要适应本企业的实际需求。因此,企业商品目录一般较国家编制的商品目录所包括的类别少,但品种的划分更详细。

各类商品目录应相对稳定,使各类信息具有可比性、稳定性,以便于协调各行业、各企业、各环节的工作。同时,商品目录并不是一成不变的,随着商品生产和商品经济的发展适时予以修订,以发挥它在商品流通活动中的作用。

三、商品条形码概述

(一) 概念

商品条形码简称"条形码"或"条码",它是商品的一种代表符号。条形码(barcode)是将宽度不等的多个黑条和空白,按照一定的编码规则排列,用以表达一组信息的图形标识符。常见的条形码是由反射率相差很大的黑条(简称"条")和白条(简称"空")排成的平行线图案。条形码可以标出物品的生产国、制造厂家、商品名称、生产日期、图书分类号、邮件起止地点、类别、日期等许多信息,因而在商品流通、图书管理、邮政管理、银行系统等领域广泛应用。

确切地说,商品条形码是一种利用光电扫描设备阅读并实现数据输入计算机的特殊代号,是由一组粗细不同,黑白(彩色)相间的"条""空"符号及对应字符按一定的规则排列组合而成的商品标识。

因为商品条形码技术具有其他自动识别技术无法比拟的优点,所以在世界范围内得到迅速推广和应用。

(二) 特点

条形码是迄今为止最经济实用的一种自动识别技术。条形码技术具有以下几个特点。

1. 操作简单,容易上手

条码符号制作容易,扫描操作简单易行。

2. 输入速度快

与键盘输入相比,条形码输入的速度是键盘输入的 5 倍,并且能实现"即时数据输入"。

3. 可靠性高

键盘输入数据出错率为三百分之一,利用光学字符识别技术出错率为万分之一,而采用条形码技术误码率低于百万分之一。

4. 灵活实用

条码符号作为一种识别手段可以单独使用,也可以和有关设备:条码打印机、条码扫描器、采集器等条形码设备组成识别系统实现自动化识别,还可和其他控制设备联系起来实现整个系统的自动化管理。同时,在没有自动识别设备时,也可实现手工键盘输入。

5. 自由度大

读取装置与条码标签相对位置的自由度要大得多。条码通常只在一维方向上表达信息,而同一条码上所表示的信息完全相同并且连续,这样即使是标签有部分缺欠,仍可以从正常部分输入正确的信息。

6. 条码识别符号、识读设备成本低

条码自动识别系统所涉及的识别符号成本及条码设备成本都非常低。特别是条码符号,即使是一次性使用,也不会带来多少附加成本,尤其是在大批量印刷的情况下。这一特点使得条码技术在某些应用领域有着无可比拟的优势。再者,条码符号识读设备的结构简单,成本低廉,操作容易,适用于众多的领域和工作场合。

7. 灵活性强

可以进行非接触读取(条码扫描器直接阅读),可以选择和用途相适应的读取装置(手持式/固定式/全方位扫描平台),可以根据环境、用途选择打印纸(耐热、耐药、耐水、防尘等)。

8. 成本非常低

在零售业领域,因为条码是印刷在商品包装上的,所以其成本几乎为"零"。

四、商品条形码种类和结构

(一) 商品条形码种类

商品条形码根据其编码主体的不同,可分为厂家条码和商店条码两类。一般所说的商品条形码主要是指厂家条码。

1. 厂家条码

厂家条码是指生产厂家在生产过程中直接印制在商品包装上的条码,它们不包括价格信息。常用的厂家条形码主要有：通用产品条形码(简称"UPC 条形码")、国际物品条形码(简称"EAN 条形码")、二五条形码、三九条形码、库德巴条形码。商品流通领域主要使用 EAN 条形码和 UPC 条形码。

2. 商店条码

商店条码是指商店为便于 POS 系统对商品进行自动扫描结算，对没有商品条码或商品条码不能识读的商品自行编制和印刷的条码，仅限于在自己商店内部使用，也称店内码。

(二) 商品条形码结构

1. EAN 条形码

EAN 条形码即国际物品条形码，是国际物品编码委员会制定的一种国际通用商品条形码，我国的通用商品条形码就是这种类型。EAN 条码有 13 位标准条码(EAN-13 条码)和 8 位缩短条码(EAN-8 条码)两种版本，如图 1-10 所示。

(1) EAN-13 条码

EAN-13 条码由 13 位数字码及其对应的条码符号组成，标准尺寸为 37.29mm×26.26mm，其中 13 位数字由四部分构成，分别是前缀码、企业代码、商品代码和校验码，如图 1-11 和图 1-12 所示。

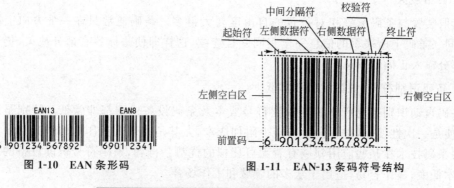

图 1-10　EAN 条形码

图 1-11　EAN-13 条码符号结构

00-13 美国	30-37 法国	539 爱尔兰	958 中国澳门
400-440 德国	45-49 日本	471 中国台湾	489 中国香港
50 英国	54 比利时	57 丹麦	690-695 中国
73 瑞典	76 瑞士	80-83 意大利	84 西班牙
87 荷兰	880 韩国	93 澳大利亚	94 新西兰

图 1-12　部分国家和地区条形码前缀

EAN-13 通用商品条形码中的前缀码由 2～3 位数组成，是用来标识国家或地区的代码，由国际物品编码委员会总部分配和管理。如 690-695 代表中国大陆，471 代表中国台湾地区，489 代表中国香港特区，如图 1-13 所示。

××× 前缀码 (国家或地区代码)	×××× 制造厂商代码	××××× 商品代码	× 校验码

图 1-13　EAN-13 代码结构

制造厂商代码由4~5位数组成,它的赋予权在各个国家或地区的物品编码组织,我国由国家物品编码中心赋予制造厂商代码。

商品代码由5位数组成,是用来标识商品的代码,赋码权由产品生产企业自己行使,生产企业按照规定条件自己决定在自己的何种商品上使用哪些阿拉伯数字为商品代码。条形码最后1位是校验码,用来校验商品条形码中左起第1~12数字代码的正确性。

(2) EAN-8 条码

EAN-8 条码由8位数字码及其对应的条码符号组成,与EAN-13 条码相比,无企业代码,其中商品代码由4位数字组成,为确保代码唯一性,统一由国际物品编码委员会在各国(地区)的分支机构分配和管理。根据我国物品编码委员会的规定,只有当EAN-13 条码印刷面积超过商品包装表面积的25%时,才允许使用,如图1-14 和图1-15 所示。

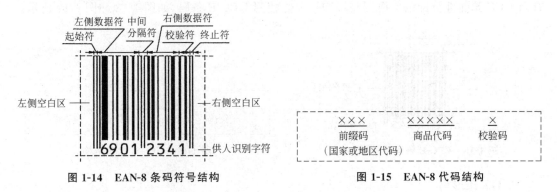

图 1-14　EAN-8 条码符号结构　　　　　图 1-15　EAN-8 代码结构

2. UPC 条形码

UPC 条码是美国统一代码委员会制定的一种代码,广泛应用于美国和加拿大商品流通领域。出口到美国、加拿大的各国商品,其包装上必须印有UPC 条码。UPC 条码是EAN条码的特殊形式,两者相互兼容。UPC 条码有标准版(UPC-A)和缩短版(UPC-E)两种形式。

(1) UPC-A 条码

UPC-A 条码由12位数字的字符代码组成,成为标准版的UPC 条码,如图1-16 和图1-17所示。

图 1-16　UPC-A 条码符号结构

前缀码的数字不同表示的含义也不同。"0"标识规则数量包装的商品;"2"标识不规则质量的商品;"3"标识医药卫生商品;"4"为零售商专用;"5"标识用信用卡销售的商品;"7"为

图 1-17　UPC-A 代码结构

中国申报的 UCC 会员用;"1""6""8""9"为备用码。厂商代码用于标识商品生产厂家,由 UCC 分配给每个会员。商品标识代码用于标识商品的特征或属性,由厂商自行编制和管理。校验码按照一定规则计算确定。

（2）UPC-E 条码

UPC-E 条形码是缩短版的 UPC 条码,由 8 位数字构成,其前缀码只能取"0",就是说只有当 UCC 给企业分配的前缀码是"0"时,才能使用 UPC-E 条码,如图 1-18 和图 1-19 所示。

图 1-18　UPC-E 条码符号结构　　　　图 1-19　UPC-E 代码结构

3. ITF 条形码

ITF 条码(inter leaved two of five bar code)又称交叉二五条码,主要用于运输包装,ITF 条形码是在印刷条件较差,不允许印刷 EAN-13 条码和 UPC-A 条码时应选用的一种条码。ITF 条码是有别于 EAN、UPC 条码的另一种形式的条码。在商品运输包装上主要是由 14 位数字字符代码组成的 ITF-14 条码,ITF-14 条码由矩形保护框、左侧空白区、条码字符、右侧空白区组成,如图 1-20 和图 1-21 所示。

图 1-20　ITF-14 条码符号结构　　　　图 1-21　ITF-14 条码使用

4. 商品条码

在自动扫描商店中,对于商店内一些鲜肉、蔬菜、水果等以随机数量销售或自行分装出售的商品,或因生产厂家对其生产的商品未申请使用商品条码及因其印刷的商品条码不能被识读,为了便于 POS 系统对商品的自动扫描结算,商店对这些没有商品条码或商品条码不能识读的商品,可以自行编制和印刷店内条码,并只限在自己商店内部使用。

实战演练

1. 请标注图 1-22 所示的商品条码中的各代码。

图 1-22 标准代码结构

2. 请标注图 1-23 所示的商品条码的符号结构含义。

图 1-23 标准符号结构

 ## 知识拓展

商品条码符号的结构

表示国际通用商品代码的条码符号称为商品条码符号。

通用商品条码标准版和缩短版即 EAN-13 和 EAN-8 商品条码符号都具有以下共同特征。

(1) 条码符号的整体形状为矩形,由一系列相互平行的条和空组成,四周都留有空白区。

(2) 条和空分别由 1～4 个同一宽度的深、浅颜色的模块组成。深色模块的二进制表示为"1",浅色模块的二进制表示为"0"。

(3) 在条码符号中,表示数字的每个条码字符均由 2 个条和 2 个空构成,共 7 个模块。

(4) 除了表示数字的条码字符,还有一些辅助条码符号,用作表示起始、终止的定界符和平分条码符号的中间分隔符。

(5) 条码符号可设计成既可供固定式扫描器全向扫描,又可用手持式扫描设备识读的形式。

(6) 条码符号的大小可在标准尺寸的基础上有所增减以适应各种合格条码符号及用户对印刷面积的要求,但增减幅度必须依据有关国家标准,假设标准尺寸的放大系数为 1,则增减条码符号大小的幅度即放大系数的范围必须在 0.8～2.0,最好是 0.9～1.2。

(7) 对于一个特定大小的条码符号所规定的尺寸称为名义尺寸。放大系数的范围为 0.8～2.0。

(8) 供人识别的字符规定采用 OCR-B 字符。

思考与练习

一、填空题

1. UPC 条码有_____和_____两种形式。

2. _____即国际物品条形码,是国际物品编码委员会制定的一种国际通用商品条形码,我国的通用商品条码就是这种类型。

3. _____一般包括商品名称及计量单位、商品代码(或编号)、商品分类体系三部分。

4. 国际物品编码协会分配给我国的前缀码是_____。

二、判断题

1. 商品目录是商品分类的体现,商品分类是编制商品目录的前提。没有商品分类,商品目录便无法编制。   (   )

2. 商品编码是建立在商品分类与编制商品目录的基础上进行的。   (   )

3. UPC 条码是美国统一代码委员会制定的一种代码,广泛应用于美国和英国商品流通领域。

4. 根据我国物品编码委员会的规定,只有当 EAN-13 条码印刷面积超过商品包装表面积的 50% 时,才允许使用 EAN-8 条码。   (   )

项目 ②

互联网+商品质量辨识

学习目标

知识目标

1. 理解商品质量的含义。
2. 掌握影响商品质量的因素。
3. 掌握商品标准的含义。
4. 掌握商品检验的含义。
5. 掌握商品质量检验的方法。

能力目标

1. 能描述常用商品质量的基本要求。
2. 能对各种常用商品进行质量辨识。
3. 能描述特殊商品质量的基本要求。
4. 能对特殊商品进行质量辨识。

素质目标

1. 能够对学习进行归类总结,面对相似知识点会归类分组,根据共性提炼各类特点。
2. 通过实战演练,能够明确商品质量在企业发展中的重要性,加强课余练习。

导入案例

"汽车大王"因质量问题被重罚,负债 2 万亿日元破产

现在汽车制造技术不断完善,大部分车主已经很难从汽车的质量方面挑出问题。这个时候很多人都将目光放到了汽车的安全性能上面。提到汽车的安全性能,我们就必须要提一下汽车的安全气囊。这种装置是所有的汽车都配备的。安全气囊(见图 2-1)是在关键时刻可以保护车主安全的重要装置,不管到了什么时候我们都必须对这一装置的质量负责。2017 年之前几乎所有的日企汽车都配备着同一个品牌的气囊,这个品牌就是高田。高田在当时的日本风靡一时,被称为"汽车大王"。

图 2-1　安全气囊

2009 年,却发生了一起让人痛心的事。当年本田公司收回了 40 万辆问题车辆。本田公司之所以这样做,就是因为汽车上所装配的安全气囊是有问题的,车子在发生剧烈碰撞的时候气囊无法弹出。其实出现这种问题过错并不在本田身上,而是在气囊的厂家高田身上。当时虽然发生了这么严重的事情,但是并没有影响到高田这家公司的发展。2009 年,高田公司对于气囊的质量问题不予以重视,后来在 2015 年,高田面临了 10 亿美元的重罚,不得不把事故车型大量召回。

原来,高田公司所生产的气囊使用硝酸铵作为推进剂,这种材料随着时间的不断延长会发生老化的现象。产品一旦老化就会失去工作性能,在关键时刻就不可能起到挽救车主的作用。硝酸铵片是可以随着温度的变化而进行自身改变的,甚至很有可能逐渐变成粉末。这样气囊弹开之后就会对周围的金属碎片造成一定的损害,一旦发生意外,后果不堪设想。保护人们生命安全的气囊不仅起不到保护的作用,反而还会造成很大的损伤。之前就有 16 个人因为高田气囊而付出了生命的代价,这就表示如果在我们的汽车上安装的是这个品牌的气囊,就意味着我们的汽车安装了一颗不定时炸弹。

2017 年之前几乎所有的日企都是采用这个品牌的气囊。如果该品牌能够正视产品的质量问题并不断发展,那么它的影响力将会是无可估量的。但该品牌因为气囊的质量问题而遭受了很多的非议和法律问题,在 2017 年因负债超过 2 万亿日元不得不破产,"汽车大王"终于落下帷幕。

 启示

随着制造业的全球化和网络信息化的发展,如何保证并不断提高产品的质量已成为企业在日趋激烈的市场竞争中立于不败之地的关键。

 知识结构图

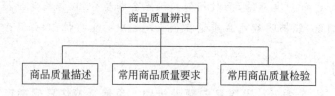

 学习任务 2.1　商品质量描述

任务目标

1. 掌握商品质量的概念。

2. 理解商品质量的构成。

3. 明确商品质量的基本要求。

学习活动 2.1.1　商品质量基本要求说明

想一想

几年前你在上初中,那时你认为很漂亮、质量很好的衣服,今天你再看到却说难看,为什么?

一、商品质量定义

商品质量是指商品满足规定和潜在需要能力的特性的总和。

这里的规定是国家或国际有关法律法规、技术质量标准、买卖双方的合同或其他文件形式对商品质量提出的某些具体规定要求等。

二、商品质量的含义

商品质量可以分为自然质量和社会质量两个部分。

商品的自然质量又称为实用质量、技术质量等,是由商品的自然属性决定的,指商品在一定条件下,满足一定要求的各种自然属性的综合。商品的自然质量是消费者使用价值的来源,是衡量商品实用性和技术性的标准。各种国家标准、行业标准、地方标准、企业标准或买卖双方合同中的有关规定是评价商品自然质量的最低技术标准,如图 2-2 所示,主要包括内在质量和外观质量两个要素。人们在评定商品质量时,通常以这两个要素为依据。

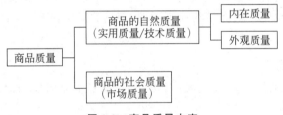

图 2-2　商品质量内容

商品的内在质量是指商品在生产过程中形成的本身固有的特性,如商品的成分、结构、强度、弹性等。

商品的外观质量主要指商品的外观特征,如商品的色彩、形态、气味、滋味、手感、音质等。

商品的社会质量是指在一定条件下,满足消费者需求的各种自然、经济、社会属性的综合,包括商品的品牌性、服务性、价格性,消费者的心理状态性、消费需求差异性等。商品的社会质量相对于自然质量而言,具有主观性、相对性和发展性。

商品的社会质量是随着经济的发展、消费观念的提升、社会消费习惯的转变而不断变化和发展的;消费者对商品质量的评价是相比较而言的,会受时间、地点、用途及其他市场因素的影响;不同地域、民族、职业、文化程度、心理素质的消费者对同一商品质量会做出不同的评价。

三、商品质量的基本要求

1. 适用性

适用性是指商品为满足一定的用途所必须具备的各种性能，它是构成商品使用价值的基本条件。

2. 安全卫生性

安全卫生性是指商品在储存、流通和使用过程中保证人身安全和健康不受伤害的能力。

3. 寿命

寿命是指商品使用寿命，有时也包括商品储存寿命。

4. 可信性

可信性是一个集合性特性，包括商品可用性及其影响因素—可靠性、维修性和维修保障性。

5. 经济性

经济性是指商品的生产者、经营者、消费者都能用尽可能少的费用获得较高的商品质量。

6. 审美性

审美性是指商品能够满足人们审美需要的属性，如商品的形态、色泽、质地、结构、气味、味道等。

7. 信息性和可追溯性

信息性是指消费者有权获得有关商品的信息。可追溯性是指根据记载，追踪商品的原材料和零部件，以及商品实体、商品的加工历史、商品的应用情况、商品出厂后的分布和位置等的能力。

8. 环境友好性

环境友好性是指商品在生产、流通、消费、废弃整个生命周期中对环境的污染或对生态的破坏应尽可能地少。

 实战演练

1. 练一练

为什么你和妈妈去买衣服时，你们对衣服质量的看法不同？

2. 看一看

如图 2-3 所示，下面商品是从商品质量含义的哪个方面判断真假？

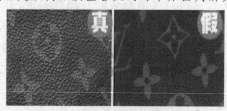

图 2-3　判断商品真假

知识拓展

商品质量管理的基本方法

PDCA 循环是全面质量管理的基本方法,最早是由美国质量管理专家戴明提出来的,所以又称为"戴明环"。PDCA 四个字母及其在 PDCA 循环中所代表的含义如下。

P(plan)—计划,确定方针和目标,确定活动计划;D(do)—执行,实地去做,实现计划中的内容;C(check)—检查,总结执行计划的结果,注意效果,找出问题;A(actio)—处理,总结处理检查的结果,肯定成功经验并加以推广、标准化,总结失败的教训避免再出现,未解决问题进入下一循环。

思考与练习

一、填空题

1. 商品质量可以分为_____和_____两个部分。
2. 商品质量是指商品满足_____和_____需要能力的特性的总和。

二、判断题

1. 商品的自然质量又称为实用质量、技术质量等,是由商品的社会属性决定的。（　　）
2. 商品的社会质量相对于自然质量而言,具有主动性、相对性和发展性。（　　）
3. 商品的形态、色泽、质地、结构、气味、味道等属于商品质量基本要求的内容之一。

（　　）

学习活动 2.1.2　商品质量影响因素分析

想一想

采用同样的材料和原件生产电冰箱、手机、电视机、手表等,不同企业生产出来的商品质量会有极大的差异,有的企业生产出优质产品,而有的企业生产出劣质产品。你认为有哪些原因?

商品质量会受商品生产、流通和消费全过程中各种因素的影响,因此为了控制商品质量并使消费者满意,就要分析影响商品质量的各种因素。

一、生产过程中影响商品质量的因素

1. 市场调研

企业在设计、生产产品前,首先要做好市场调研工作,因为现代企业是以顾客为中心的,如何满足顾客的需求是企业的出发点。通过市场调研可以发现、研究顾客的需求,了解市场供求状况,预测市场发展趋势,收集同行业内其他生产者的信息,在学习竞争者的成功经验的基础上挖掘自身的潜在优势。通过调查研究,企业可以确定产品的适当品种、规格、质量等级、数量和价格,满足市场需求。所以,市场调研是商品开发设计的基础。

2. 开发设计

在进行充分的市场调研的基础上,企业可以设计出产品的原材料配方、结构、式样、性能、包装等,为良好的商品质量奠定基础。如果开发设计出现漏洞,就会使商品先天不足,商品质量不能得到保证。因此,开发设计是形成商品质量的前提,是影响商品质量的一个重要的因素。

3. 原材料

原材料是构成商品的物质基础,原材料成分、结构、性质的不同决定着商品质量的不同。对于某些商品,原材料的质量水平直接决定了商品的质量等级。例如,用不同品种的棉花纺出的纱线及织成的棉布在外观和内在质量上都有很大不同。在分析原材料质量对商品质量的影响时,还要考虑原材料合理利用的问题,要在保证商品质量的基础上合理利用资源。

4. 生产工艺

商品的性能、结构和外形都是在生产工艺过程中形成的,因此生产工艺对商品质量起着关键性的作用。在原材料相同的情况下,采用不同的生产工艺,所生产的产品数量和产品质量会相差很大。例如,在棉纺工艺过程中增加精梳工序可以使棉纱的匀度和细度得到改善,织成的棉布的外观质量和内在质量也明显提升。在玻璃加工过程中增加淬火工艺可以生产钢化玻璃,它的耐热性比普通玻璃高很多,碎裂后呈小颗粒状不易伤人。所以,企业要不断优化生产工艺过程,以提高产品质量。

5. 质量检验与包装

在生产过程中对原材料、半成品的检验可以及时发现和纠正问题,对于下一个环节既是事前控制又是事前预防;对生产出的成品依据商品标准和其他技术要求进行的事后检验可以保证产品的最终质量水平,因此,质量检验是保证商品质量的重要手段。包装不仅可以起到保护商品的作用,而且良好的包装不但便于流通和销售,还可以为商品增值,提高竞争力,所以包装也是影响商品质量的重要因素。

6. 企业质量管理与企业员工的素质

有效的质量管理要求企业的所有员工运用先进的科技手段对产品从生产领域到流通领域及消费领域的整个过程进行全面的管理,以最经济和最优异的方式满足顾客需要。企业质量管理水平和质量控制能力是商品质量水平的决定性因素之一。此外,在质量管理活动中,企业员工起到了最积极和主动的作用,员工的专业知识、专业技术水平、道德观念对商品质量的保证也起到重要的作用。

二、流通过程中影响商品质量的因素

1. 商品运输

商品运输是商品进入流通领域的必要条件,在运输的整个过程中商品会受到各种因素的影响,如震动、挤压、碰撞、颠簸、温度、湿度、风吹、日晒、雨淋等,这些因素都会或多或少对商品质量有不同的影响。另外,运输对商品的影响与路程远近、运输时间的长短、运输路线、运输工具等有关。

2. 商品储存与养护

商品在储存期间的质量变化与很多因素有关,其中主要因素如下。

（1）商品本身的性质。

（2）储存仓库的条件，包括仓库内外的温度、湿度、水分、氧气、微生物、害虫等。

（3）养护技术与措施。

（4）储存期的长短。

因此，企业要根据商品的特性，通过科学的保养和维护，有效地控制外界环境因素，减少环境对商品质量的不良影响。在某些情况下，合理的保养还可以改善商品的质量。

3. 销售服务

销售服务包括售前、售中、售后服务，具体内容如图 2-4 所示。

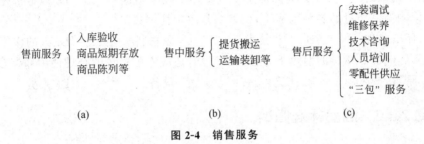

图 2-4　销售服务

服务质量水平的高低直接影响到商品使用价值的顺利实现和商品最终质量的保证。

三、消费过程中影响商品质量的因素

1. 使用范围和条件

每一种商品都有自己的使用范围和条件，在使用商品过程中，只有按照商品的使用范围和条件合理使用，才能最大限度地实现商品的使用价值。例如，很多先进的设备必须在标准状态（20℃，相对湿度 75%）下使用，否则会由于使用时温度过高或湿度过大造成设备经常出故障、使用寿命缩短。

2. 使用方法和维护保养

正确的使用、维护和保养方法可以延长商品的使用寿命，更好地实现商品的使用价值。

在以上所有因素中，人的因素是最根本、最重要的因素。主要包括人的质量意识、责任感、事业心、文化修养、技术水平和质量管理水平等。

实战演练

你是如何获得某种商品的正确使用和养护知识的，请在你的选项后面打"√"。

1. 看商品的使用说明书。　　　　　　　　　　　　　　　　　　　　　（　　）

2. 妈妈教的。　　　　　　　　　　　　　　　　　　　　　　　　　（　　）

3. 同学朋友介绍的。　　　　　　　　　　　　　　　　　　　　　　（　　）

4. 在逛街时商场宣传的。　　　　　　　　　　　　　　　　　　　　（　　）

5. 购买商品时营业员介绍的。　　　　　　　　　　　　　　　　　　（　　）

知识拓展

商品质量监督是根据国家法律和行政法规的规定,采取抽查、专项检查和巡查等形式对商品、服务质量进行监督检查的活动。

思考与练习

选择题

1. (　　)是商品开发设计的基础。
   A. 市场调研　　　　B. 商品信息　　　　C. 技术培训　　　　D. 以上都是
2. 在影响商品质量的各种因素中,(　　)是决定性因素。
   A. 环境条件　　　　B. 工艺技术　　　　C. 原材料　　　　D. 人的作用
3. 在不影响商品质量的前提下,选用(　　)时还应考虑资源的合理使用和综合利用。
   A. 原料　　　　　　B. 工艺　　　　　　C. 设备　　　　　　D. 人员

学习活动 2.1.3　商品标准归纳

想一想

准备饮料瓶、方便面袋、服装的吊牌标签等,仔细观察标签上有没有"执行标准",把执行标准具体内容讲给大家听,比较各类商品的执行标准有什么不同。

一、商品标准的概念和分类

(一) 商品标准的概念

标准是对重复性事物和概念所做的统一规定,它是以科学、技术和实践经验的综合成果为基础,经有关方面协商一致,由主管机构批准,以特定形式发布,作为共同遵守的准则和依据。

国际标准化组织(ISO)对标准的定义:在一定范围内以获得最佳秩序为目的,对活动或其结果规定共同的和重复使用、经协商一致制定并经公认机构批准的规则、导则或特性的文件。

对标准定义应从以下 5 个方面理解。

(1) 标准的对象——需要协调统一的重复性事物和概念。

(2) 标准的依据——科学技术和实践经验的综合成果。

(3) 制定过程——要经有关方面充分协商。

(4) 标准的形式——特定形式,具有一定的严肃性和法规性。

(5) 标准的目的——建立最佳秩序和取得最佳效益。

商品标准是对商品质量和与质量有关的各个方面所规定的准则,是商品生产、经营和消费者评定商品质量的共同依据。

对具体的商品来说,商品标准是对商品的质量、品种、规格、技术性能、检验规则、试验方法、包装、运输、贮存等方面所做的技术规定。

（二）商品标准的分类

商品标准可按照不同的属性进行分类。

1. 按照表达的形式分，商品标准分为文件标准和实物标准

文件标准是用特定格式的文件，通过文字、表格、图样等形式表述商品的规格、质量、检验等有关方面技术内容的统一规定。

实物标准又称标准样品，它是作为文件标准的补充，适用于某些难以用文字准确表达质量要求（如色、香、味、形、手感、质地等）的商品。

2. 按约束性分，商品标准可分为强制性标准与推荐性标准

强制性标准是指由法律规定要强制施行的标准，是技术法规的一种表现形式，也称为法规性标准。强制性标准包括强制性的国家标准、行业标准和地方标准。

推荐性标准是除强制性标准以外的其他标准，企业自愿采用。但是，推荐性标准一旦纳入指令性文件，将具有相应的行政约束力。目前在实行市场经济的国家中大多发布推荐性标准，国际标准也是推荐性标准。

（三）商品标准的作用

（1）商品标准是评定商品质量的准则。

（2）商品标准可以促进商品质量的提高。

（3）商品标准有利于贸易的顺利进行。

（4）商品标准可更好地满足消费需要。

（5）商品标准有助于拉开商品差价。

（6）商品标准特别是国际标准是国际商品市场准入的基础条件，以及消除技术性贸易壁垒的手段，是推动贸易发展的桥梁和纽带。

国际贸易中技术性贸易壁垒常常以技术标准的形式出现，从科学技术、卫生、检疫、安全、环保、产品质量认证等技术性指标体系方面入手，成为当前国际贸易中最为隐蔽、最难对付的非关税壁垒。

我国许多大类商品和传统出口商品，如食品、纺织品、玩具、陶瓷制品、机电产品、建材等，常常在出口时因技术标准问题而严重受阻。

二、商品标准的分级

根据《中华人民共和国标准化法》，我国的商品标准有国家标准、行业标准、地方标准和企业标准四个等级。

（一）国家标准

国家标准是指由国家标准化主管机构批准发布，在全国范围内统一的标准。目前，我国的国家标准分为强制性国家标准和推荐性国家标准。

我国国家标准编号由标准代号、标准顺序号和发布年号构成。其中，强制性国家标准的代号由"国标"二字的汉语拼音第一个字母组成，即 GB；推荐性国家标准的代号为 GB/T。国家标准顺序号是发布的国家标准的顺序排号。国家标准发布年号为发布该国家标准年份

的四位数字。国家标准顺序号和年号之间加中横线分开。如图 2-5 所示。

GB或GB/T　　×××××　——　××或××××
国家标准代号　　标准顺序号　　发布年号

图 2-5　国家标准编号组成

例如，GB 16844—2009 表示 2009 年发布的第 16844 号强制性国家标准；GB/T 17263—2009 表示于 2009 年颁布的第 17263 号推荐性国家标准。

（二）行业标准

我国的行业标准也称专业标准，是指在没有国家标准的情况下，由专业标准化主管机构或专业标准化组织（如我国的全国专业标准化技术委员会）批准发布、在某个行业范围内统一使用的标准。行业标准也分为强制性标准和推荐性标准。

行业标准不得与有关的国家标准相抵触，已有国家标准的不再制定这类标准。已制定有行业标准的，在发布实施相应的国家标准后，该标准即行废止。

行业标准的编号是由行业标准代号、标准顺序号及年号组成的。例如：FZ 20013—1996 表示 1996 年发布的防虫蛀毛纺织产品强制性标准。NY 1234—94 表示 1994 年发布的第 1234 号强制性农业行业标准。

（三）地方标准

地方标准指在没有国家标准和行业标准情况下，由地方制定、批准发布、在本行政区域范围内统一使用的标准。地方标准由省、自治区、直辖市标准化行政主管部门组织制定、审批和发布，并在相应的国家标准或者行业标准发布实施后废止。

地方标准也有强制性和推荐性之分。地方标准的编号由地方标准代号、标准顺序号和发布年号三部分组成，其中，强制性地方标准的代号由字母 DB 加上省、自治区或直辖市行政区域代码的前两位数字以及斜线组成，后面再加 T，就可组成推荐性地方标准代号。

强制性地方标准：DB+行政区域代码的前两位数字/。

推荐性地方标准：DB+行政区域代码的前两位数字/T。

（四）企业标准

企业标准是指由企业制定发布、在该企业范围内统一使用的标准。对于那些已有上级标准的产品，国家鼓励企业制定技术指标要求高于上级标准要求的"内控标准"。

企业标准的编号一般由标准代号、企业代号、顺序号和发布年号组成。其中，标准代号由"企"字汉语拼音的第一个字母"Q"加上斜线组成。例如：Q/EGF 026—1998 表示 1998 年发布的北京市某企业的第 026 号企业标准。

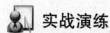 **实战演练**

试判断下列代号分别属于什么代号。

GB 156—1993　　　QC 240—1997　　　DB 42/T 505—2008　　　Q/mnry 31

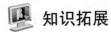 **知识拓展**

我国行业标准代号对照表见表 2-1。

表 2-1 我国行业标准代号对照表

序号	行 业 名 称	标准代号	序号	行 业 名 称	标准代号
1	农业行业	NY	32	电子行业	SJ
2	水产行业	SC	33	通信行业	YD
3	水利行业	SL	34	广播电影电视行业	GY
4	林业行业	LY	35	电力行业	DL
5	轻工行业	QB	36	金融行业	JR
6	纺织行业	FZ	37	海洋行业	HY
7	医药行业	YY	38	档案行业	DA
8	民政行业	MZ	39	商检行业	SN
9	教育行业	JY	40	文化行业	WH
10	烟草行业	YC	41	体育行业	TY
11	黑色冶金行业	YB	42	商业行业	SB
12	有色冶金行业	YS	43	物资管理行业	WB
13	海洋石油天然气行业	SY	44	环境保护行业	HJ
14	化工行业	HG	45	稀土行业	XB
15	石油化工行业	SH	46	城镇建设行业	CJ
16	建材行业	JC	47	建筑行业	JG
17	地质矿产行业	DZ	48	新闻出版行业	CW
18	土地管理行业	TD	49	煤炭行业	MT
19	测绘行业	CH	50	卫生行业	WS
20	机械行业	JB	51	公共安全行业	GA
21	汽车行业	QC	52	包装行业	BB
22	民用航空行业	MH	53	地震行业	DB
23	兵工民品行业	WJ	54	旅游行业	LB
24	船舶行业	CB	55	气象行业	QX
25	航空行业	HB	56	外经贸行业	WM
26	航天行业	QJ	57	海关行业	HS
27	核工业行业	EJ	58	邮政行业	YZ
28	铁路运输行业	TB	59	供销行业	GH
29	交通行业	JT	60	粮食行业	LS
30	劳动和劳动安全行业	LD	61	中医药行业	ZY
31	军用标准	GJB	62	—	—

思考与练习

一、填空题

1. 根据《中华人民共和国标准化法》,我国的标准划分为_____、_____、地方标准和_____四级。

2. GB 17323—1998 表示:_____年发布的第_____号强制性国家标准。

二、判断题

1. 国家标准是指由国家标准化主管机构批准发布,必须在全国范围内统一的标准。

（　　）

2. GB/T 17392—1998 表示 1998 年发布的第 17392 号强制性国家标准。　　（　　）

学习活动 2.1.4　商品质量检验

想一想

我们去买蔬菜、鞋子这两类商品(见图 2-6)时,分别是如何判定商品质量的?

图 2-6　判断商品质量

一、商品检验的概念和内容

(一) 商品检验的概念

商品检验是指商品的产方、买方或者第三方在一定条件下,借助于某种手段和方法,按照合同、标准或国内外有关法律法规、惯例,对商品的质量、规格、重量、数量、包装、安全及卫生等方面进行检查,并做出合格与否或通过验收与否的判定,或为维护买卖双方合法权益,避免或解决各种风险损失和责任划分的争议,便于商品交接结算而出具各种有关证书的业务活动。

(二) 商品检验的依据

商品检验是一项科学性、技术性、规范性较强的复杂工作,为使检验结果更具有公正性和权威性,必须根据具有法律效力的质量法规、标准及合同等开展商品检验工作。

1. 质量法规

商品质量法规是国家组织管理、监督指导商品生产和商品流通,调整经济关系的准绳,是各部门共同行动的准则,也是商品检验活动的重要依据。质量法规包括:商品检验管理法规、产品质量责任制法规、计量管理法规、生产许可证及产品质量认证管理法规等。

2. 标准

技术标准对产品的结构、规格、质量要求、实验检验方法、验收规则、计算方法等均作了统一规定。它是生产、检验、验收、使用、洽谈贸易的技术规范,也是商品检验的主要依据。

3. 合同

合同必须符合我国法律的规定。供需双方必须共同遵守合同中约定的质量要求。一旦发生质量纠纷,合同中的质量要求即为仲裁、检验的法律依据。

(三) 商品检验的内容

1. 品质检验

品质检验也称质量检验,是根据有关标准或贸易合同的规定,运用各种检验手段(包括人的感官或化学的、物理的检验等手段),对商品的品质、规格、等级等进行检验,确定其是否符合购销合同、标准等规定。品质检验的范围很广,主要包括外观质量检验与内在质量检验两个方面。

2. 商品数量和重量检验

商品的数量和重量是贸易双方成交商品的基本计量和计价单位,是结算的依据,直接关系到双方的经济利益。重量检验是指根据合同规定的计量方式,计量出商品的准确重量。数量检验是按照有关的票据对整批商品逐一清点,证明其实际装货数量。商品的数量和重量检验包括商品的个数、件数、长度、面积、体积、容积、重量等。

3. 商品包装检验

包装检验是根据购销合同、标准和其他有关规定,对商品的包装标志、包装材料、种类、包装方法等进行检验,查看商品包装是否完好、牢固等。

4. 商品安全、卫生检验

商品安全检验主要是对电子电器类商品的漏电检验、绝缘性能检验和 X 光辐射检验等。

卫生检验是指对商品中的有毒、有害物质及微生物等的检验。主要是依据《中华人民共和国食品安全法》《化妆品卫生监督条例》《中华人民共和国药品管理法》等法规,对食品、药品、食品包装材料、化妆品、玩具、纺织品、日用器皿等进行的卫生检验,检验其是否符合卫生条件,以保障人民健康和维护国家信誉。如食品添加剂中铅、砷、镉等的检验。

(四) 商品检验的形式

1. 按检验主体的不同,商品检验分为生产检验、验收检验和第三方检验

生产检验又称第一方检验、卖方检验,是商品生产者为了维护企业信誉、保证商品质量,对原材料、半成品和成品进行检验的活动。生产检验合格的商品常用"检验合格证"加以标识。

验收检验又称第二方检验、买方检验,是指商品的买方为了维护自身及其顾客的利益,保证所购商品的质量满足合同的规定或标准的要求所进行的检验活动。

第三方检验又称法定检验、公正检验,是指处于买卖利益之外的第三方,以公正的、权威的非当事人身份根据相关法律法规、合同或标准所进行的商品检验。其目的在于维护各方面的合法权益和国家利益,协调矛盾,使商品的交易活动能够顺利而有序地进行。

2. 按检验有无破坏性,商品检验分为破坏性检验和非破坏性检验

破坏性检验是指经测定、实验后的商品遭受破坏的检验。

非破坏性检验是指经测定实验后的商品仍能够正常使用的检验,也称无损检验。

3. 按检验的相对数量,商品检验分为全数检验、抽样检验和免于检验

全数检验是对被检批商品逐个(逐件)地进行检验,也称为百分之百检验。这种检验特点是可以提供较多的质量信息,主要适用于商品批量小、商品特性少、非破坏性的商品检验。全数检验常用于贵重、质量不够稳定商品的质量检验,如电视机、照相机、贵重首饰等。

抽样检验是商品检验的常用方式,是按事先已确定的抽样方案,从被检批商品中随机抽取少量样品,组成样本,再对样品逐一测试,并将检验结果与标准或合同技术要求进行比较,最后由样本质量状况统计推断受检批商品整体质量是否合格的检验。其优点是检验的商品数量相对较少,节约费用,具有一定的科学性和准确性;缺点是提供的质量信息少。抽样检验适用于批量大、价值低、质量特性多且质量较稳定、具有破坏性的商品检验,如雪糕、饮料、乳制品等。

免于检验是指对生产技术和检验条件较好,质量控制具有充分保证,成品质量长期稳定的生产企业的商品,在企业自检合格后,商业和外贸部门可以直接收货,免于检验。但对涉及安全、卫生及有特殊要求的商品不能申请免于检验。

4. 按检验对象的流向,商品检验分为内销商品检验和进出口商品检验

内销商品检验是指国内的商品经营企业、用户及其质量管理机构与监督检验机构或国家质量技术监督局及其所属的商品质量监督管理机构及其认可的商品质量检验机构,根据国家法律法规、有关技术标准或合同对内销商品质量所进行的检验活动。在我国,国家质量技术监督部门是管理社会商品质量的政府主管机构,负责对全国的各种商品的质量进行检验监督,包括日常监督抽查、委托性检验、全国统一检验等。

进出口商品检验是指由国家设立的检验机构或向政府注册的独立机构,对进出口商品的质量、规格、卫生安全性能、数量等实施检验和鉴定,并出具证书的工作。目的是经过第三者证明,保障对外贸易各方的合法权益。我国进出口商品检验工作包括法定检验、公证检验和监督管理检验三种。

二、商品检验的方法

商品检验的方法很多,根据所用的器具、原理和条件,主要分为感官检验法和理化检验法。

(一)感官检验法

感官检验法是指利用人的感觉器官作为检验器具,对商品的色、香、味、形、手感、音质、音色等感官质量特性,在一定条件下做出判定和评价的检验方法。

按照人的感觉器官的不同,感官检验分为视觉检验、听觉检验、味觉检验、嗅觉检验、触觉检验等。

（二）理化检验法

理化检验法是在实验室的一定环境条件下，借助各种仪器、器具和试剂，运用物理、化学的方法来检测评价商品质量的一种方法。理化检验法主要用于检验商品的成分、结构、物理性质、化学性质、安全性、卫生性，以及对环境的污染和破坏性等。理化检验法可以分为物理检验法、化学检验法、生物学检验法。

物理检验法因所检验商品的性质和要求不同而采用的检验仪器设备不同，可分为一般物理检验法、力学检验法、光学检验法、电学检验法、热学检验法等。

化学检验法是用化学试剂和化学仪器对商品的化学成分及其含量进行测定，进而判定商品是否符合规定的质量要求的方法。依据操作方法的不同，化学检验法可分为化学分析检验法和仪器分析检验法。

生物学检验法包括微生物学检验法和生理学检验法。

（三）抽样检验

进行商品检验时，很多商品在数量上不需要进行全数检验，常用的是抽样检验。首先要选择正确的商品抽样方法，正确的抽样方法是保证获得准确检验结果的重要因素。

1. 抽样的概念

抽样也称取样、采样、拣样，是指为了检验某批商品质量，从该批同类商品中，用科学的方法抽取具有代表性的一定数量的样品，作为评定该批商品质量的依据，这种抽取样品的工作称为抽样。通常以一个订货合同为一批，若同批质量差异较大，订货量很大或连续交货，也可分为若干批。批量大小应由商品特点和生产、流通条件决定。体积小、质量稳定的，批量可大些；反之，批量可小些。

2. 抽样的原则

（1）代表性原则

代表性原则要求被抽取的商品必须具备整批商品的共同特征，以使鉴定结果能成为确定整批商品质量的主要依据。

（2）典型性原则

典型性原则是指被抽取的样品能反映整批商品的某些（个）方面的重要特征，能发现某种情况对商品质量造成的重大影响，如食品的变质、污染、掺杂及假冒劣质商品的鉴别。

（3）适时性原则

针对成分、含量、性能、质量等会随时间或容易随时间的推移而发生变化的商品，要求及时、适时抽样并进行鉴定，如新鲜果菜中各类维生素含量的鉴定及各类农副产品中农药或杀虫剂残留量的鉴定等。

3. 抽样的要求

抽样应当依据抽样对象的形态、性状，合理选用抽样工具与样品容器。外地调入的商品，抽样前应检查有关证件；抽样的同时应做好记录，内容包括抽样单位、地址、仓位、车间号、日期、样品名称、样品批号、样品数量、抽样者姓名等。抽取的样品应妥善保存，保持样品原有的品质特点。抽样后应及时鉴定。

4. 抽样的方法

抽样的目的在于用尽量小的样本所反映的质量状况,来推断整批商品的质量。因此用什么方法抽样,对准确判定整批商品的平均质量十分重要。目前,普遍采用随机抽样的方式。随机抽样是抽样中不带任何主观偏见,完全用随机的方法抽取样品的抽样方法。

(1)简单随机抽样法

简单随机抽样法又称单纯随机抽样法,它是对整批同类商品不经过任何分组、划类、排序,直接从中按照随机原则抽取检验样品的抽样方法。应用时将被检验的商品逐一编号,利用抽签、随机数表或计数器产生的随机数字确定抽取的样品。被检验的商品批量较小时适用此法,但当批量较大时,则无法使用这种方法。

(2)分层随机抽样法

分层随机抽样法又称分组随机抽样法、分类随机抽样法,该方法将整批同类商品按主要标志分成若干个组,然后从每组中随机抽取若干样品,合在一起组成样本。这种方法尤其适用于批量较大且质量也可能波动较大的或来自不同生产线的商品。分层随机抽样的样本有很好的代表性,是目前使用较多的一种抽样方法。

(3)系统随机抽样法

系统随机抽样法又称等距随机抽样法、规律性随机抽样法,它是按一定的规律从整批商品中抽取样品的方法。具体的做法是:先对整批商品进行编号,然后随机决定一个数字为抽样的基准号码,再按事先定好的规则推算出应抽取样品的编号,以确定并抽取出全部需要的样品,如按 6,16,26,36,……的顺序抽取样品。该方法获得的样品在整批商品中分布比较均匀,具有较高的代表性。该方法适用于较小批量商品的抽样,但不宜用于产量缺陷规律性出现的商品的抽样。

三、商品质量认证

(一)商品质量认证的概念

国际标准化组织给商品质量认证所下的定义是:由可以充分信任的第三方证实某一经鉴定的产品或服务符合特定标准或其他技术规范的活动。我国产品(商品)质量认证管理条例所下的定义是:依据产品(商品)标准和相应的技术要求,经认证机构确认并通过颁发认证证书和认证标志来证明某一产品(商品)符合相应标准和相应技术要求的活动。

理解商品质量认证的概念,应把握如下几点。

(1)商品质量认证的对象是产品(商品)或服务,也是目前世界各国实行质量认证的主要对象。

(2)商品质量认证的依据是标准和技术规范。

(3)商品质量认证的证明方式是合格证书(认证证书)或合格标志(认证标志)。

(4)商品质量认证的认证机构是可以充分信任的第三方。

(二)商品质量认证的作用

(1)商品质量认证促进了商品质量的提高,有利于推动市场经济的发展。

(2)商品质量认证有利于提高供方的质量信誉以及商品在国内外市场上的竞争能力。

（3）商品质量认证有利于保护消费者和用户的利益,指导消费者选购自己满意的商品。

（4）商品质量认证能够减少社会检验和评定的重复劳动以及检验评价的费用。

近年来,商品质量认证制度又有了新的发展,出现了单独对供方质量体系进行评定的认证形式,即质量体系认证。目前,国际标准化组织和世界各国正在积极开展环境管理体系认证和安全体系认证。

（三）商品质量认证的分类

1. 按认证性质的不同分类,分为强制性认证和自愿性认证

（1）强制性认证。对有关人身安全、健康、检疫、环保、劳保等产品,依据法律规定必须实施强制性认证,该类产品未获得认证不得销售,否则依法惩处。

（2）自愿性认证。对一般产品均实行自愿性认证,没有经过认证的产品,也可以在市场上销售。

3. 按认证的内容不同分类,分为质量认证和安全认证

（1）质量认证。质量认证也称合格认证,是用合格证书或合格标志证明某一商品(产品)或服务符合其质量标准要求的认证。合格认证属于自愿性认证。

（2）安全认证。安全认证是以安全标准或商品标准中安全要求为依据,对商品或只对商品有关安全的项目所进行的认证。通常世界各国的安全认证都属于强制性认证。获得安全标志的商品只能证明该商品符合其安全标准或标准中的安全指标,但无法说明该商品质量的优劣。

（四）常见商品质量认证标志

国内商品质量认证标志主要有中国强制性认证标志(CCC)、有机食品认证标志、绿色食品标志、生态纺织品产品认证标志、中国质量认证中心产品认证标志、中国长城认证标志。其中中国强制性认证是国家安全认证(CCEE)、进口安全质量许可制度(CCIB)、中国电磁兼容认证(EMC)三合一的 CCC 权威认证,是国家质量监督检验检疫总局和国家认证认可监督管理委员会与国际接轨的一个先进标志,有着不可替代的重要性。

四、伪劣商品及识别

伪劣商品是指生产经销的商品违反了我国现行的有关法律法规的规定,其质量性能指标达不到标准所规定的要求,或是假冒伪造他人注册商标、质量认证标志、生产许可证标志的商品,或是已经失去使用价值的商品。

（一）伪劣商品的界定

原国家技术监督局界定了 14 类违规商品为伪劣商品。

（1）失效、变质的商品。

（2）危及安全和人民健康的商品。

（3）标明的指标与实际不符的商品。

（4）冒充优质或使用伪造许可证的商品。

（5）掺假使假、以假充真或以旧充新的商品。

（6）国家有关法律、法规规定禁止生产销售的商品。

（7）无合格证或无有关单位销售证明的商品。

（8）未用中文标注商品名称、生产者和产地的商品。

（9）限时使用未标明失效时间的商品。

（10）实施生产（制造）许可管理而未标明许可证编号有效日期的商品。

（11）按有关规定应以中文标注规定等级、主要技术成分、含量而未标明的商品。

（12）属处理品（含次品、等外品）而未在商品显著部位标明（处理品）等字样的商品。

（13）剧毒、易燃危险品等而未标明的商品。

（14）未注明商品的有关知识和使用说明的商品。

（二）伪劣商品的识别

1. 查看外包装的标记是否完整

根据《中华人民共和国产品质量法》第二十七条规定产品或者其包装上的标识必须真实，并符合下列要求。

（1）有产品质量检验合格证明。

（2）有中文标明的产品名称、生产厂厂名和厂址。

（3）根据产品的特点和使用要求，需要标明产品规格、等级、所含主要成分的名称和含量的，用中文相应予以标明；需要事先让消费者知晓的，应当在外包装上标明，或者预先向消费者提供有关资料。

（4）限期使用的产品，应当在显著位置清晰地标明生产日期和安全使用期或者失效日期。

（5）使用不当，容易造成产品本身损坏或者可能危及人身、财产安全的产品，应当有警示标志或者中文警示说明。

裸装的食品和其他根据产品的特点，难以附加标识的裸装产品，可以不附加产品标识。

名优商品大多具有以上标识，而伪劣商品的这些标志往往不全或使用混乱，印刷粗糙。

2. 查看注册商标标志

名优商品的外包装上都有注册商标志，商标上打有"R"或"注"的标志，有些还粘贴了全息防伪商标；伪劣商品大多使用假商标或无商标，假商标标志中，有些用废次商标标志，有些用相似或相近商标标志，有些自行制版印刷，大多制作粗糙、比例不协调、颜色不正、标志歪斜、镶贴不齐容易脱落、有磨损痕迹等。

3. 查看包装装潢

名优产品大多包装设计比较科学合理，包装材料讲究，做工精细，商标、装潢印刷精美、图案清晰、形象逼真、色彩鲜艳和谐。伪劣商品包装大多材料低劣、制作粗糙、印刷模糊、色彩黯淡陈旧。名优产品包装一般采用机器包装，封口处平整、笔直、松紧适度，伪劣商品大多采用手工包装，不稳定，封口处往往不平整，常有褶皱及黏痕。

4. 查看商品的外观质量

如果在商品包装和商标标识上无法识别是否伪劣商品，下一步可以从商品的外观质量上去鉴别。一般伪劣商品往往粗制滥造，工艺不过关，产品质量低劣，因此也才采用假冒名牌产品的方法获得销路。以自行车为列，优质名牌自行车管子的接头焊疤一般都是比较光滑平整的，而冒牌车的接头处往往粗糙不平，有明显的焊疤。另外，从自行车本身的油漆质量、电镀质量上，也能发现不同。

 实战演练

你在购买下面这几种商品时是如何挑选的？属于哪一种检验方法？如图 2-7 所示。

图 2-7　挑选商品

 知识拓展

常见商品质量认证标志如图 2-8 所示。

图 2-8　常见商品质量认证标志

思考与练习

一、填空题

1. 商品检验的依据是具有法律效力的_____、_____及合同等。

2. 感官检验法是指利用人的_____作为检验器具,对商品的色、香、味、形、_____、_____音色等感官质量特性,在一定条件下做出判定和评价的检验方法。

二、判断题

1. 优劣商品的识别只要看外包装的标记是否完整就可以。　　　　　　（　　）

2. 商品检验就是商品数量和质量的检验。　　　　　　　　　　　　　（　　）

学习任务 2.2　互联网＋商品分类与质量检验

任务目标

1. 掌握常用商品分类。

2. 明确特殊商品分类与质量要求。

3. 能够运用所学知识正确识别各种常用商品质量。

随着互联网＋的发展和生产力发展水平的提高,商品种类越来越多,性能各不相同,而人们对商品的要求也是多种多样的。因此对不同商品提出要不同的质量要求。按照商品的用途,把商品分为食品、纺织品、日用工业品、电子商品四大类,以下分别介绍不同的商品质量要求。

学习活动 2.2.1　日用工业品分类与质量检验

想一想

为什么冬季使用玻璃杯盛开水时容易炸裂? 你遇到过吗? 相同条件下厚的玻璃杯与薄的玻璃杯哪个更容易炸裂?

一、日用工业品定义

日用工业品是指供给人们日常使用的工业产品,俗称日用百货。其种类繁多,性能各异,用途广泛,主要包括玻璃制品、搪瓷陶瓷制品、铝制品、不锈钢制品、橡胶制品、塑料制品、纸张、洗涤用品、箱包及玩具等类别,是各行各业人们生活与工作不可缺少的商品。由于日用工业品各类别组成、结构、性质等不同,其质量要求、经营特点、保管条件及使用要求也有很大差别。

二、日用工业品商品质量的基本要求

对日用工业商品质量的基本要求有:适用性、坚固耐用性、卫生安全性、结构合理性和外形美观性等。

1. 适用性

适用性是指日用工业品商品满足其主要用途所必须具备的性能,如保温瓶必须具备保温功能,肥皂必须具备去污功能,钢笔要求下水均匀、书写流利。所以,适用性是反映日用工业品使用价值的基本条件,也是评价日用工业品质量的基本要求。

2. 坚固耐用性

坚固耐用性是指日用工业品商品抵抗各种外界因素对其破坏的能力和对其适用性的影响,它反映了日用工业品的耐用程度和使用期限或次数。如日光灯管发光的小时数、汽车行驶的公里数等。如果商品的耐用性差,使用寿命缩短,使用价值就会降低。提高日用工业品商品的耐用性,就等于延长了商品的使用寿命,从而提高了商品的质量。商品具有坚固耐用性是广大消费者的普遍愿望,但对某些商品和不同的消费水平有一定的弹性,重要的是达到物尽其用。

3. 卫生安全性

卫生安全性是指日用工业品商品在使用过程中保障人身安全和人体健康的各种性能。如盛放食品的器皿、牙膏、儿童玩具等应无毒无害;儿童玩具除不含有害物质外还应符合机械性能标准并注明适用年龄;化妆品、洗涤用品等对人体皮肤无刺激性;家具、装修用品的有害成分含量必须在规定标准之内。

为了保护环境,卫生安全性还要求日用工业品商品不污染环境。例如,为了避免污染,应将塑料袋制成可降解型,提倡使用环保袋,提倡生产无磷洗衣粉、无氟冰箱等。

4. 结构合理性

结构合理性是指日用工业品商品的形状、大小和部件的装配要合理。若结构设计不合理、部件搭配不合适,不仅会影响商品的外表美观,还影响商品使用的适用性和耐用性。如皮鞋结构不合理会使人穿着感到不舒服、不美观,甚至无法穿着而丧失其使用价值。

随着人们对于健康的追求日益强烈,日用工业品商品的结构设计应符合人体工程学,其结构设计中的尺寸、造型、色彩及其布置方式都必须符合人体生理、心理尺度及人体各部分的活动规律,达到健康、实用、方便、舒适、美观的效果,体现人性化。

5. 外形美观性

外形美观性是指日用工业品商品的表面特征能够符合人们审美需要的性能。一方面是指商品外观无疵点,即没有影响商品外观质量的缺陷;另一方面是指商品的造型、色彩、图案、装饰等美观、大方,具有艺术感。外观疵点不仅影响外观,严重时会影响其适用性和耐用性,如玻璃器皿上的气泡、裂纹、沙粒都会影的器皿的使用。有些商品的外观疵点还反映了商品的变质情况。

由于不同的顾客对于日用工业品的外观有不同的偏好,所以企业应不断推出新品种及花色以满足不同顾客的需求。

三、日用工业品的分类

日用工业品种类很多、成分各异,分类方式繁多,常见的分类方式是按化学成分和用途分类,如图 2-9 所示。

$$按化学成分分类\begin{cases}无机物:硅酸盐、金属制品\\低分子有机物:肥皂、合成洗涤剂等\\高分子化合物:纺织品、塑料、橡胶等\end{cases}$$

(a)

$$按用途来分类\begin{cases}玻璃制品\\搪瓷器皿\\洗涤化妆用品\\塑料制品等\end{cases}$$

(b)

图 2-9　日用工业品分类

四、常见日用工业品的检验方法

(一) 玻璃器皿的种类和质量检验

1. 种类

(1) 通用方法:食器、容器。

(2) 按用途不同分为许多小类:杯、瓶、微晶玻璃锅等。

(3) 每一小类中按成型方法不同:吹制型、压制型。

(4) 质量相同制品按装饰方法不同:喷花、刻花、印花等。

(5) 同一装饰方法还可按花色不同分类。

2. 质量检验

(1) 质量基本要求:要有正确的规格和形状,必要的坚固性和耐热性,外观美观,图案清晰。

(2) 质量检验。

① 规格—尺寸、重量、容量等方面检验。

② 结构—制品的形状、厚度及主件和附件的配合情况。

③ 色泽。

● 无色:应透明、洁净,需有光泽。

● 带色:应鲜艳、悦目,需有光泽。

④ 耐温急变性—重要指标。制品在 $1\sim5℃$ 水中静置 5min,立即放入沸水内不致炸裂为合格。

⑤ 耐水性。

⑥ 外观缺点。

$$器皿 \xrightarrow{蒸馏水} 洗净 \xrightarrow[甲基红]{HCL} \xrightarrow[水浴]{煮} 30min \begin{cases}玫瑰红色—合格\\橙色或黄色—不合格\end{cases}$$

(二) 搪瓷器皿的质量检验

1. 质量要求

密着性、耐热性,表面平滑有光,无裂纹和细孔。

2. 理化检验

（1）密着性。

定义：瓷釉与胚胎渐密着能力。

测定方法：冲击测定法。

（2）耐热骤变性。突然受冷热时不炸裂不脱落的温差。

（3）耐酸性。受 H_2O、CO_2 酸性物作用不丧失尽光泽。

测定方法：内部—稀弱酸。

（4）耐碱性。碱水洗涤和浸泡下不失去光泽。

测定方法：器皿在 Na_2CO_3 中浸渍一定时间后取出洗净和烘干，观察光泽消失的程度。

（5）无毒性。Sb、Pb、Cd 含量作严格限制。

（6）光泽和白度。

3. 外观检验

外观验收标准如下。

（1）搪瓷制品表面应平整光滑，无凹凸、斑点、气泡、划伤等缺陷。

（2）搪瓷制品涂层颜色应均匀，无色差，与产品图案相符。

（3）搪瓷制品边缘应整齐光滑，无毛刺、剥落、裂开等现象。

（4）搪瓷制品产品标志、商标等标识应清晰、鲜明，不易脱落。

（三）肥皂的种类和质量检验

1. 肥皂的主要品种

日常生活中使用的肥皂主要是钠皂和钾皂，常用的有以下几种。

（1）洗衣皂。洗衣皂通常也叫肥皂，是大众最熟悉的具有代表性的洗涤用品。主要用作洗涤衣物。制成块状，一般呈淡黄色。优质品的高级洗衣皂脂肪酸钠含量高，质坚耐用，色泽较浅，略有香味。中低级洗衣皂的原料油脂质量较差，干后收缩明显甚至变形，颜色较深，气味不佳。

（2）香皂。香皂是具有芳香气味的肥皂。香皂质地细腻、纯净，泡沫丰富，色泽鲜艳，主要用于洗手、洗脸，洗澡等。制造香皂要加入香精。香精一般性质温和，对人的皮肤无刺激，使用时香气扑鼻，并能去除肌体的异味。高档香皂具有多种固定的香型，如玫瑰香型、茉莉香型、百合香 混合香型等。目前，新型香皂具有洗涤、护肤、除臭、治疗等多种功能。

（3）透明皂。透明皂质地透明、光滑，观感好，可以当香皂用，也可当洗衣皂用。其溶解度大，泡沫丰富。适合洗涤各种织物。

（4）药皂。药皂也叫抗菌皂，在肥皂中加入一定量的抗菌剂，对皮肤有消毒、杀菌、防止体臭的作用，多用于洗手、洗澡。

（5）复合皂。复合皂的主要成分为脂肪酸、钙皂分散剂和表面活性剂，具有肥皂和合成洗涤剂的双重优点。它克服了肥皂在硬水中洗涤效果差的缺点，通过阻止洗涤时形成不溶性钙皂，增加溶解度，从而提高洗涤效果。

（6）液体皂。液体皂是以钾皂为主体，通过添加钙皂分散剂和表面活性剂而制成。易溶于水，使用方便，分为液体洗衣皂、液体沐浴用香皂等。

（7）美容皂。美容皂也称营养皂，一般添加高级香精和营养润肤剂，如牛奶、蜂蜜、人参液、磷脂、珍珠粉、维生素 E、芦荟等。具有清洁和滋养皮肤的作用。

（8）富脂皂。富脂皂也叫过脂皂、润肤皂。除含有一般香皂成分外，还含有过脂剂，如羊毛脂及其衍生物、海龟油、矿物油等。洗涤后会在皮肤上保留一层疏水性薄膜，使皮肤柔软，防止干裂。

（9）其他功能肥皂。如老人皂可以防止皮肤干裂，杀菌止痒；凉爽皂内加薄荷；去痱皂内加三连黄、金银花后，可清热解毒；脚气皂可杀死真菌等。

2. 肥皂的质量检验

质量要求：溶解度好、起泡迅速、泡沫丰富、去污力强，而且有一定硬度，端正的形状，悦目色泽，正常的气味。

（1）感官检验：外观、形状、色泽、气味。

（2）理化指标。

① 总脂肪物：评定肥皂等级的基本指标。

② 未皂化物百分比：总脂肪物的百分比的辅助指标。

③ 脂肪酸凝固点。

④ 脂肪酸碘价：用以鉴别钠皂的饱和程度。

⑤ 游离碱百分比：氢氧化钠含量的百分率。

⑥ 硅酸钠百分比：助洗剂，以 1%～5% 为宜。

⑦ 泡沫量：间接表示去污力大小。

⑧ 硬度：表示肥皂的耐用性。

⑨ 溶解度：肥皂成分特点、耐用性。

3. 测定方法

（1）化学方法测定：总脂肪物、未皂化物、碘价、游离碱百分比、硅酸钠百分比。

（2）物理方法测定：凝固点、泡沫量、硬度、溶解度。

(四) 合成洗涤剂的检验

1. 分类

（1）洗涤对象分：丝毛类、通用类。

（2）洗涤难易：轻役型、重役型。

（3）商品形式：液体、固体（块状颗粒、粉状）。

（4）商品形式：液体、固体（块状颗粒、粉状）。

（5）活性物含量：30 型、25 型、20 型。

（6）泡沫：高泡、低泡。

2. 主要品种

（1）合成洗衣粉。

（2）液体洗涤剂。

3. 合成洗涤剂的检验

1) 感官质量检验

(1) 色泽和气味。

(2) 颗粒度和视比重。

(3) 流动性和吸潮结块性。

(4) 稳定性。

2) 内在质量

(1) 活性物含量和不皂化物含量

① 活性物：合成洗涤剂的主要成分，是确定洗涤剂使用类型的尺度，可用减量法测定。

原理：洗涤剂一般应用下列关系式。

$$洗涤剂重量＝总固体含量＋水分$$

$$总固体含量＝活性物含量＋无机盐含量$$

无机盐：乙醇不溶物；乙醇溶解物中氯化物。

　活性物％＝100％－水分及挥发物％－乙醇不溶物％－乙醇溶解物中氯化物％

测定步骤如图 2-10 和图 2-11 所示。

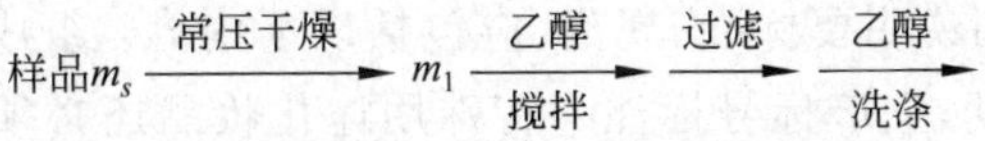

$$样品 m_s \xrightarrow{常压干燥} m_1 \xrightarrow[搅拌]{乙醇} 过滤 \xrightarrow[洗涤]{乙醇}$$

图 2-10　合成洗涤剂活性物的检验步骤 1

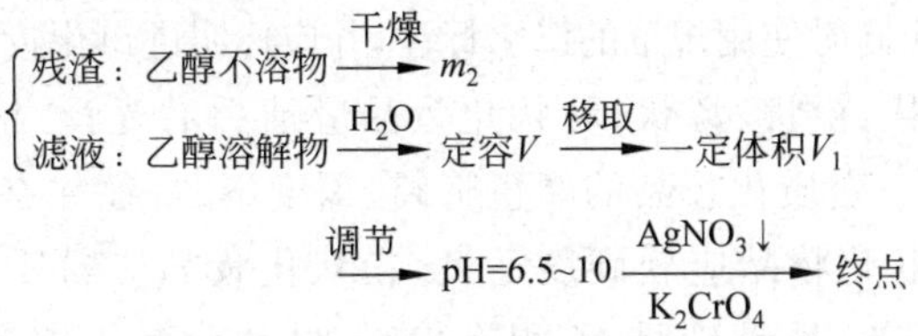

$$\begin{cases} 残渣：乙醇不溶物 \xrightarrow{干燥} m_2 \\ 滤液：乙醇溶解物 \xrightarrow{H_2O} 定容 V \xrightarrow{移取} 一定体积 V_1 \end{cases}$$

$$\xrightarrow{调节} pH=6.5\sim10 \xrightarrow[K_2CrO_4]{AgNO_3\downarrow} 终点$$

图 2-11　合成洗涤剂活性物的检验步骤 2

② 不皂化物—中性油含量。

按活性物为 100％计，不大于 3％。

(2) 沉淀杂质含量。不溶于水的杂质，通常不大于 0.1％，用水洗，过滤烘干，称重进行测定。

(3) pH 值。轻役型洗涤剂的 pH 值接近中性，重役型洗涤剂 pH 值为 9～10.5，一般以 1％样品溶液用 pH 计测定。

(4) 磷酸盐。助洗剂，以 P_2O_5％表示，可用光度法测定。磷酸盐加钼酸铵生成磷钼酸铵，经还原得钼兰，蓝色深浅与浓度成正比可用光度法测定。

(5) 泡沫力。生成泡沫体积和 5 分钟后泡沫消失程度表示泡沫稳定性。

(6) 去污力。衡量洗涤剂实际性能的一项重要指标。配制人造污液（炭黑、阿拉伯胶、蓖麻油、石蜡、羊毛脂等）——人造污布——洗衣粉溶液（一定硬度水，一定浓度洗衣粉溶液）——去污试验机，45℃洗涤转动 1h，取出试验布，干燥后，测定白度后与空白白布对比。去污值用百分比表示。

（五）化妆品的检验

1. 定义

化妆品是指以涂擦、喷洒或其他类似的方法，散布于人体表面任何部位（皮肤、毛发、指甲、口唇等），以达到清洁、消除不良气味、护肤、美容和修饰目的的日用化学工业产品。

2. 分类

化妆品按照不同的依据，可分类如下。

（1）按用途分，可分为护肤化妆品、美容化妆品、美发化妆品和专用化妆品。

（2）按产品形态分，可分为液态化妆品和固态化妆品。

3. 化妆品的质量要求

化妆品所用的原料必须保证不对人体造成伤害，对不同类型的化妆品所禁止使用的原料及限定使用的着色剂，我国《化妆品卫生管理条例》都做了详细规定。

化妆品的包装与感官检验具体标准如下。

（1）包装装潢。化妆品的包装应整洁、美观、封口严密。商标、装饰图案、文字说明应清晰美观，色泽鲜艳，配色协调。

（2）使用说明。使用说明要标准、规范，应包括以下内容：组成成分、正确使用方法、安全保养、生产日期、保质期、生产标号标注。特殊用途化妆品还必须有特殊用途化妆品卫生批准文号。

（3）进口化妆品。应同时使用规范的汉字标注，并应标明进口化妆品卫生许可证批准文号。

（4）色泽。无色固状、粉状、膏状、乳状化妆品应清白有光泽，液体应清澈透明，有色化妆品应色泽均匀无杂色。变质化妆品的颜色晦暗，深度不一，往往有异色或斑点。

（5）组织形态。固状化妆品应软硬度适度，粉状化妆品应粉质细腻，无粗粒或硬块；膏状、乳状化妆品应稠度适当，质地细腻，不得有发稀、结块龟裂干缩和分离出水等现象；液状化妆品应清澈均匀，无颗粒等杂质。

（6）气味。化妆品必须具有幽静芬芳的香气，香味可根据不同的化妆品呈现不同的香型；但必须幽美持久，没有强烈的刺激性。

4. 化妆品的理化检验

（1）耐热性和耐寒性

耐热性和耐寒性检验是检验化妆品对温度变化的稳定性，主要用于检验膏霜类化妆品。这类产品是油与水的乳化体，它的稳定性是决定其质量的主要指标，要求制成的乳化体油水不分离，经高温和冷冻考验后稠度不变，膏体不渗油，不发黏，没有出水现象。膏霜类化妆品特别强调耐热耐寒性检验。

① 耐热性检验——40 ± 1℃，24h试验

将样品放入已调至标准规定温度的恒温箱中［如(40 ± 1)℃］，小塑料袋用铁夹夹住悬挂，使瓶装样品膏面保持水平地放置，到规定时间后取出（一般为24h），斜放成$45°$，2min后观察膏体是否流动及有无变化，上述方法适合检验固体膏霜类的化妆品。

液体、膏霜类测定：将样品分别倒入二支干燥清洁的试管内，塞上干净的软木塞，把其

中一支试管放入已调至标准规定温度的恒温箱中,到规定时间后取出,放至室温后与另一支试管内的样品进行对比。

② 耐寒性——-5~-15℃,24h 试验

方法一:适用于固体膏霜类。

测定:将样品放入已调至标准规定温度的电冰箱中,到规定时间后取出检查膏体能否正常使用,然后将样品按规定温度预冷规定时间再放入调至规定的更低温度(-5~-15℃,24h)的电冰箱内,到规定时间后取出,放至室温后观察试样是否正常。

方法二:适用于液体膏霜类。

测定:将样品分别倒入两支干燥清洁的试管内,高度约 80mm,塞上干净的软木塞,把其中一支试管放入调至标准规定温度的电冰箱中,到规定时间后取出,放至室温后与另一支试管内的样品进行对比。

(2) pH 值

强碱性化妆品对皮肤是有害的,弱酸性化妆品对皮肤表面上经常存在的菌类(如化脓性菌、白癣菌等)的生存与繁殖具有抑制作用,有利于保护、清洁皮肤化妆品,pH 值一般为 4.5~6.5。化妆品 pH 值的大小还会影响化妆品本身的稳定性,因此应进行 pH 值的检验。

pH 值的检验可采用酸度计。称取膏霜类样品和新煮沸并冷却的蒸馏水,按标准规定的比例混合,搅拌均匀后,在 25℃时用已矫正的酸度计测定 pH 值。

(3) 细度

通过标准筛的粉体重量占整个粉体重量的百分比来检验细度。

计算公式如下:

$$细度 = \frac{W_1 - W_2}{W_1} \times 100\%$$

式中,W_1 为样品重;W_2 为筛余物重。

(4) 水及挥发物含量

用常温干燥法可以测定水及挥发物含量。

(5) 色泽稳定度

对于香水类化妆品,需要检验色泽对温差变化的稳定程度。

(6) 浊点

浊点即开始出现浑浊的温度。

(7) 比重

例如,按特定配方生产出香水类化妆品比重是一定的,可用比重瓶法测定。

5. 化妆品的卫生检验

(1) 有害微生物数量检验

有害微生物数量检验包括检验细菌总数、类大肠菌群、绿脓杆菌、金黄色葡萄球菌。

(2) 有害物质含量检验

有害物质含量检验主要包括汞、砷、铅、甲醇等。

各物质检测方法如下。

砷的测定:银盐法、砷斑法。

汞的测定：冷原子吸收法测定。

铅的测定：原子吸收法测定。

甲醇测定：气相色谱法。

（六）塑料制品的检验

1. 塑料制品的用途分类

塑料制品可按其用途进行分类，如图 2-12 所示。

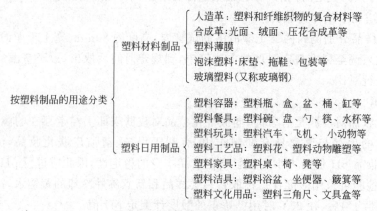

图 2-12　塑料制品按用途分类

2. 塑料制品的挑选及识别

（1）塑料制品的挑选

挑选塑料制品应该从外观性能、理化性能及卫生性能等几个方面来选择，日常生活中主要是通过看、摸和闻气味来选择。

对塑料容器、装饰用品要注意结构合理、造型美观；对薄膜及薄膜制品要注意有无砂眼、气泡、拉毛、起雾。

（2）常用塑料制品材质的识别

随着塑料工业的发展，用于制造日用品的塑料品种日益增多。由于塑料的通用性，同一种塑料往往可以制成多种多样的制品；而同一形状、结构的塑料制品，又往往可以用各种塑料来塑制。对于经营管理者来说，识别和鉴定塑料制品的种类，关系到塑料制品的使用范围和保管方法。

一般的塑料制品在包装上或商品标签上都印有制品所用原材料的种类，有些使用中文名称，如聚乙烯、聚丙烯或酚醛树脂等；有些印刷的则是塑料的代号，如 PP、PA、PVC 等。如果塑料制品是用几种树脂混合在一起制成，包装上印刷的则是主要的、基本的成分名称。我们可以根据商品包装或商品标签的提示来识别和区分塑料制品的类别。

由于目前塑料制品的标注回收标志是非强制性的，所以不少厂商没有对塑料制品材质进行标注。

3. 感官识别

塑料的品种不同，其外观特征也不一样。根据塑料的不同外观特征，通过看、听、摸，能初步判断出塑料的品种，见表 2-2。

表 2-2 塑料的感官识别

塑料名称	感 官 特 征
聚乙烯塑料	为乳白色半透明体,手摸有滑腻感,外观呈石蜡状,质地柔软能弯曲,放入水中能浮出水面,在沸水中显著软化
聚氯乙烯塑料	外形形式较多,硬质塑料坚硬平滑,色泽鲜艳,敲击时声音发闷,半硬质塑料富有弹性,放入水中能下沉,薄膜制品透明度高,遇冷变硬变脆,有特殊气味
聚丙烯塑料	本色为乳白色半透明体,手摸润滑但无滑腻感,质地硬挺有韧性,放入水中能浮出水面,在沸水中软化不显著
聚苯乙烯塑料	表面坚硬有光泽,透明度高,敲击时声音发脆如金属声,色泽鲜艳,质地较脆,扭折时容易碎裂
有机玻璃	外观似水晶,透明度高,色彩鲜艳,有韧性,敲击时声音发闷;用柔软物摩擦制品表面产生水果香味
酚醛塑料	表面坚硬,质脆易碎,断面结构松散,为黑色或棕色不透明体,敲击时有木板声
脲醛塑料	表面坚硬,质脆易碎,断面结构紧密,颜色鲜艳,大都为浅色半透明体
密胺塑料	表面光滑,坚韧结实,外观似瓷器,可着成各种颜色
ABS 塑料	表面硬度较高,有弹性,断面结构紧密,表面易于电镀

4. 燃烧识别

利用燃烧的方法也可以鉴别塑料的品种。燃烧识别是将塑料试样放在火焰上燃烧,仔细观察其燃烧的难易程度、火焰颜色、气味和冒烟情况、熄灭后塑料的色泽、形态等,根据这些特征,大致可以确定属于哪一类塑料。常见塑料的燃烧特征见表 2-3。

表 2-3 塑料的燃烧鉴别

塑料名称	燃烧难易	离火后是否熄灭	火 焰 状 态		塑料变化状态	气 味
硝化纤维素	极易	继续燃烧	—		迅速燃烧完	
聚酯树脂				黑烟	微微膨胀,有时开裂	苯乙烯气味
ABS			黄色		软化,烧焦	特殊
SAN(AS)				浓黑烟	软化,起泡,比聚苯乙烯易燃	特殊聚丙烯氰味
乙基纤维素				上端蓝色		特殊气味
PE			上端黄色,下端蓝色		熔融滴落	石蜡燃烧味
POM						强烈刺激甲醛、鱼腥味
PP	容易	继续燃烧				石油味
醋酸纤维素			暗黄色	有少量黑烟		醋酸味
醋酸丁酸纤维素						丁酸味
醋酸丙酸纤维素					熔融滴落燃烧	丙酸味
聚醋酸乙烯				黑烟	软化	醋酸味
聚乙烯醇缩丁醛			黑烟		熔融滴落	特殊气味
PMMA			浅蓝色,顶端白色		融化起泡	强烈腐烂花果、蔬菜臭
PS			橙黄色,浓黑烟呈炭飞扬		软化,起泡	特殊苯乙烯单体味

续表

塑料名称	燃烧难易	离火后是否熄灭	火焰状态		塑料变化状态	气味
酚醛（木粉）	缓慢燃烧	自熄	黄色	—	膨胀，开裂	木材和苯酚味
酚醛（布基）		继续燃烧		少量黑烟		布和苯酚味
酚醛（纸基）						纸和苯酚味
PC		缓慢自熄		黑烟炭飞扬	熔融起泡	强烈气味花果臭
尼龙 NYLON（PA）			蓝色，上端黄色		熔融滴落，起泡	羊毛指甲烧焦味
脲甲醛树脂	难	自熄	黄色，顶端淡蓝色		膨胀，开裂，燃烧处变白色	特殊气味，甲醛味
三聚氰胺树脂			淡黄色			
氯化聚醚		熄灭	飞溅，上端黄色，底蓝色，浓黑烟		熔融，不增长	特殊
聚苯醚			浓黑烟		熔融	花果臭
聚砜			黄褐色烟			略有橡胶燃烧味
聚氯乙烯		离火即灭	黄色，下端绿色白烟		软化	刺激性酸味
氯乙烯-醋酸乙烯共聚物			暗褐色			特殊气味
聚偏氯乙烯	很难		黄色，端部绿色			
聚三氟氯乙烯	不燃	—	—		—	—
聚四氟氯乙烯						

实战演练

　　你是如何检验下面这些玻璃制品的？请写在下面横线上与大家一起分享，如图 2-13 所示。

图 2-13　玻璃制品检验

知识拓展

1. 玻璃器皿的储存保管

（1）分类存放

玻璃器皿存放场所要求干燥通风，不能与酸碱盐类化学药品及容易返潮的商品同库存放。

（2）防碎、防压

玻璃器皿是典型的易破碎商品，存放和搬运时要特别注意轻拿轻放，严防碰撞、倾斜或倒置，放置时堆码不宜过高。

（3）防水、防潮

玻璃器皿在存储和运输过程中，要注意防水、防潮，存放场所要求干燥通风，仓库内的温度尽量保持适当，防止骤变，相对湿度保持在85%以下，最高不超过90%，因为玻璃器皿受潮后容易出现风化现象。要经常检查，发现包装受潮和玻璃器皿出现霉斑，要及时处理。

2. 化妆品的储存保管

（1）化妆品入库

要分类或单独存放，以防串味；要轻装轻卸，以防玻璃、陶瓷类包装容器破碎。

（2）化妆品在库

要控制好温湿度。温度过高，会引起水分、香气、易挥发成分逸失及霜膏中油水分离变质；温度过低，又会使含水较多的化妆品变硬、产生粗渣等质量变化，还能引起包装容器冻裂。湿度过高，会使粉质化妆品受潮结块，化妆品所含营养物质生霉变质和包装损坏。因此，应保持库内温度在0～35℃、相对湿度在60%～85%。

要加强化妆品的在库检查，发现漏气包装，要立即密封，以防香气和水分散发。

（3）化妆品出库

要注意及时出库销售，遵守先进先出原则。一般化妆品的保质期为一年，较长的不超过两年。

思考与练习

一、填空题

1. 对日用工业商品质量的基本要求有：适用性、_____、_____、结构合理性和外形美观性等。

2. 搪瓷器皿的质量要求是_____、耐热性，表面平滑有光，无_____和_____。

二、判断题

1. 聚丙烯塑料燃烧时有樟脑味，聚乙烯塑料燃烧时与石蜡燃烧的气味相同。　　（　　）

2. 泡沫塑料可以用来生产床垫、拖鞋，也可以做包装衬垫材料。　　（　　）

3. 有机玻璃表面坚硬有光泽，透明度高，敲击时声音发脆如金属声。　　（　　）

4. 聚丙烯塑料制品表面光滑，坚韧结实，外观似瓷器，可着成各种颜色。　　（　　）

5. 聚氯乙烯塑料难燃，离火即灭。　　（　　）

6. 玻璃对酸的抵抗能力很强,只有硫酸能使玻璃溶解,对玻璃制品的蚀刻就是利用这一原理。 （　　）

7. 常用的塑料辅助剂主要有增塑剂、稳定剂、润滑剂、抗静电剂、交联剂、填充剂、增强剂、发泡剂、着色剂、防霉剂等。 （　　）

学习活动 2.2.2　纺织品分类与质量检验

想一想

如图 2-14 所示,请看图中纺织品的细节,你知道它们都是什么品种的纺织品吗? 日常生活中除了上面这几种布料品种你还见过哪些? 讲给大家共同分享。

图 2-14　纺织品原料

一、纺织品定义

纺织品是人们日常生活的必需品,品种繁多,花色万千,可分为纺织品和针织品两大类。纺织品是由经纬纱交织而成的,主要有棉布、呢绒、丝织品、化纤织品等。针织品是用针织机将纱线编织成线圈互相套结而成的,如汗衫、背心、棉毛衫裤、袜子、手套等。另外,还有在纺织机上直接成型不需要再加工的成品,如毛巾、床单、毯子、围巾、手帕等,商业上习惯称这类商品为针织品。通常把针织品和棉织品统称为针棉织品。

二、纺织品分类

纺织品按照商业经营习惯一般分为纺织品和针棉织品两大类。

(一)纺织品的种类

1. 棉布(棉织物)

在棉纺设备上加工生产的纺织品均可列为棉布类。它包括纯棉、棉与化纤混纺织物、棉型纯化纤织物。

棉布的分类如下。

(1) 按棉布的色相和花型可分为原色布(坯布)、色布、印花布和色织布。

(2) 按棉布的织物组织分为平纹布、斜纹布、缎纹布和其他织物组织棉布。

(3) 按棉布的经纱纬纱线结构分为纱织品、半线织品、线织品、交织织品、混纺织品等。

(4) 按棉布的纱线加工的不同可分为普梳织物和精梳织物。

2. 呢绒

在毛纺设备上加工生产的纺织品均可以列为毛织物,又可称为呢绒,包括纯毛、混纺、纯化纤纺毛呢绒。

呢绒按商业经营习惯可分为粗纺呢绒、精纺呢绒、长毛绒和驼绒。

粗纺呢绒的品种主要有麦尔登、海军呢、大众呢、粗花呢、法兰绒、女式呢、大衣呢等。精纺呢绒主要品种有哔叽、凡立丁、派力司、华达呢、花呢、女衣呢等。

长毛绒俗称"人造毛皮",其正面有平整竖立的长毛绒,反面是用棉纱织成的底布。长毛绒可以做大衣面料、大衣领、衣里以及沙发、椅面绒用。

驼绒因外观酷似骆驼皮毛而得名,是以粗纺毛纱做绒面纱,棉纱做底纱,用针织机编结而成的织物。驼绒正面耸立着平整丰满的长绒毛,质地较软,富有伸缩性,保暖性强,适宜制作服装、鞋帽、手套、衬里等。

3. 丝绸(丝织物)

丝绸是用蚕丝、绢丝及化学长丝作经纬织成的织品。丝绸织品历史悠久,品种繁多,织品光滑、细洁、光泽悦目,其中的真丝绸类织物吸湿性好,轻盈飘逸,明亮自然,高雅华贵,是高档织物。

丝绸的分类如下。

(1) 按组织结构和外观特征,丝绸可分为纺类、绉类、绸类、缎类、绢类、紫类、罗类、纱类、绡类、葛类、绨类、绒类、呢类、锦类十四类。

(2) 按织品的原料和商业经营习惯,丝绸可分为真丝绸类、绢丝绸类、柞丝绸类、交织绸类、合纤绸类、人丝绸类、被面类七类。

(3) 按生产加工的方法,丝绸可分为生货绸和熟货绸两类。

生货绸先由生丝织成坯绸,再经炼染整理而成。如电力纺、双绉等。熟货绸是在织造之前先将经纬丝线染色或精练脱胶成熟丝,再织成的织品。如织锦缎、真丝塔夫绸等。

4. 化学纤维织品

化学纤维织品的命名:纯纺织品,需在产品名称或品种名称前加化学纤维名称。混纺或交织产品,使用两种以上原料,其比例不同时,按使用比例的多少排序,比例多的在前,比例少的在后;比例相同时,则按天然纤维、合成纤维、人造纤维的顺序排列。如 50%羊毛、40%涤纶、10%粘纤混纺薄花呢称毛涤粘薄花呢。

粘纤混纺薄花呢称毛涤粘薄花呢。

(二)针棉织品的种类

1. 针织内衣

针织内衣是用针织面料制作的穿在最里面的贴身服装的总称,它是针织服装最基本的类别。针织内衣的材料多采用天然纤维织物,主要有棉、麻、毛、丝,也有的采用化学纤维中的涤纶、腈纶、丙纶等织物。

近些年来,针织内衣开始由实用型向时装型和保健型发展,新材料也不断涌现。在内衣尤其是保暖内衣中出现了以"莫代尔"(Modal)、"天丝""莱卡"等为原料的针织内衣。莫代尔和天丝都属于再生纤维素纤维,是粘胶纤维的换代产品。由于原材料来源以及性能不同,"莫代尔"纤维又称为高湿模量粘胶纤维,而"天丝"由于采用新型环保溶液剂进行生产,又被称作新型(再生)纤维素纤维。

目前市场上销售的针织内衣品种主要有:普通棉毛衫裤、绒衫裤、保暖内衣、美体塑身内衣、汗衫背心、短裤、家居服、文胸、腹带、宝宝装等。

2. 针织外衣

使用针织面料制成的外衣也称为针织外衣。由于针织外衣面料具有良好的弹性,不易变形、质地坚牢、穿着舒适得体等,使针织外衣更适合作为休闲和运动装穿用。按用途针织外衣可以分为针织运动服装、日常用休闲服装、针织社交礼服等。

3. 羊毛衫

羊毛衫是利用羊毛、驼毛、兔毛、马海毛或毛型化学纤维等纺成纱线后织成的织物。

羊毛衫按原料不同可分为纯毛类、纯化纤类、混纺类羊毛衫。纯毛类羊毛衫是由羊毛、羊绒、兔毛、驼毛、马海毛或几种毛混纺后而编结的织品;纯化纤类羊毛衫是由化纤纱线编织的织品,以腈纶为主;混纺类羊毛衫是由毛纤维和化纤混纺的针织绒线编结的织品。

羊毛衫按花色不同可分为提花、印花、绣花、缀花羊毛衫等。

4. 针织配件

针织配件主要有袜子、针织手套、针织围巾、针织帽子等。

5. 毛巾类

毛巾类织物表面具有一层蓬松的毛圈,质地丰厚,手感柔软,耐磨、保暖性好,吸水、储水性好。

毛巾类织品按用途可分为毛巾、枕巾、方巾、毛巾被、沙发巾、毛巾布和毛巾杂品七类;按花色可分为彩条、彩格、全色、全白、提花、织花、印花毛巾等。近年来又出现竹纤维毛巾、木纤维毛巾、大豆蛋白纤维毛巾、超细纤维毛巾等。

三、纺织品的质量

纺织品的质量有内在质量要求和外观质量要求,不同的纺织品质量指标和要求也有不同,主要有以下几个方面。

(一)纺织品的主要技术规格

1. 纺织品的原料

纺织品的原料决定着织物的力学性能、服用性能、外观手感、风格以及价值等,因此鉴定织物的种类、质量及含量具有重要意义。在织物中,有纯纺织物、混纺织物和交织织物。对于混纺织物都规定一定的混纺比,混纺比不同,纱线的物理、力学性能和服用性能也不同。

2. 纺织品的幅宽和匹长

纺织品的幅宽也叫门幅、布幅，是指织物的纬向宽度，以厘米为计量单位。幅宽的规格很多，如 72cm、90cm、114cm、144cm、145cm、150cm、240cm、250cm 等。其中 144cm、145cm、150cm 称为双幅，多用于毛织物。

一匹织物的长度叫匹长，一般来说，棉织物匹长 30～60m，精纺毛织物区长 50～70m，粗纺毛织物匹长 30～40m，长毛绒和驼绒匹长 25～35m，丝织物匹长 20～50m，麻类夏布匹长 16～35m。

3. 纺织品的重量

纺织物的重量用平方米克重或每米克重表示。它是纺织品用料的重要指标，也是纺织物厚度的反映，直接影响纺织品的物理、力学性能和服用性能，如强力、保暖性、手感、风格等。

4. 纺织品的厚度

纺织物的厚度是指在一定的压力下织物的绝对厚度，以毫米（mm）为单位。影响纺织物厚度的因素主要是纱线的粗细、织物组织、经纬纱密度。纺织物的厚度影响着织品的保暖性、耐磨性和柔软性。

5. 纺织品的密度和紧度

纺织品的密度是指织物单位长度内纱线的根数，可分为径向密度和纬向密度，它直接影响着织物外观的稀密、组织的松紧、厚度、强度、重量、弹性等。纺织品的紧度是指织物中纱线所覆盖的面积和织物总面积之比。比值大说明织物紧密，比值小说明织物较稀疏。紧度较大的织物，透气性、透湿性较差，手感较硬。

（二）纺织品的力学性能

1. 断裂强度和断裂伸长率

断裂强度是织物拉伸到断裂时所能承受到的最大强力。它与织物的纤维原料，纱线的粗细、纱线的密度、织物组织有关。断裂伸长率是表示织物受到拉伸至断裂时的伸长百分数。断裂伸长率越大，织物越耐用。

2. 撕裂强度和抗顶强度

撕裂强度是织物的局部被夹持或钩住，以致被撕成两片而破坏所承受的最大拉力，它与纱线的强度成正比。抗顶强度是织物抵抗集中的垂直负荷的能力，它与织物的原料、密度、纱线强度关系甚大。

3. 抗皱性、弹性和免烫性

抗皱性是织物抵抗揉搓和弯曲的皱痕变形的能力。弹性是指织物变形后的恢复能力。二者同属于织物的弯曲性能。免烫性一般是指织物要经洗涤后，不需要熨烫仍保持原有平挺的性能。羊毛与涤纶的抗皱性和免烫性较好。

4. 耐磨性

耐磨性是指织物抵抗磨损力的性能。纤维的伸长率大，弹性恢复率高，织物的耐磨性高。各种纤维中锦纶的耐磨性最高。

（三）纺织品的服用性能

1. 纺织品的起毛、起球性能

纺织品在穿着与洗涤过程中不断受摩擦，使表面的纤维头端露出，呈现许多毛茸称为"起毛"，如果毛茸纠缠在一起，揉成许多球状小粒，称为"起球"。涤纶、腈纶等耐磨性强，一旦表面形成小球后，不易脱落，起毛、起球就严重。

2. 纺织品的刚挺度和悬垂性

纺织品的刚挺度是指织品抵抗形状变化的能力，直接影响纺织品的手感、风格和挺括性。

纺织品的悬垂性是指将纺织品悬挂垂下，能自然形成平滑而优美的曲面的特性，悬垂性好的纺织品，能自然下垂，产生美丽的线条。

3. 纺织品的含气性、透气性和保暖性

服装材料多为纤维制品，一般含有大量的空气。纤维、纱线和织物内部结构有空隙，其中含有空气，这种性质叫含气性。含气性的大小用含气率表示，即一定体积纺织品中空气量的百分比。

含气率受纤维原料的种类、纱线的粗细、组织结构形态及厚度等因素的影响。一般来讲，含气率大是纺织品的优越特性，它能使服装材料充分发挥保温和通气性能。因此冬季穿着有填絮料的服装或穿着毛织品会使温暖的空气裹住身体，达到御寒保温的作用。

纺织品的透气性是指纺织品具有的透过空气的特性，也称通气性。夏季用纺织品要求有较好的透气性，冬季用纺织品要求有适当小的透气性，既能防止冷空气入侵和热空气散失，又能使人体散发的浊气和水汽及时向外排出。

纺织品的保暖性是指纺织品的热传递性能，主要取决于纤维本身的传导热性能和织物内空气的含量。

4. 吸湿性

吸湿性是指织物吸收和放出水分子的性能。它主要取决于纤维本身的性能。棉、毛、丝、麻、粘胶纤维等亲水性纤维吸湿性强；涤纶、丙纶、锦纶等合成纤维吸湿性较差。

5. 缩水性

纺织品经过水洗后引起的尺寸的改变称缩水，缩水的程度用缩水率表示。纺织品缩水后，往往面积减少，厚度增加，使服装尺寸难以掌握，甚至造成成衣变形，影响使用和美观。

（四）纺织品的染色牢度

纺织品的染色牢度是指染料与织物结合的牢固程度，包括日晒牢度、摩擦牢度、水洗牢度、皂洗牢度、熨烫牢度等。

（五）纺织品的外观疵点

纺织品的外观疵点是指织物上存在的各种缺陷，这些缺陷影响织品的外观，有些疵点也

同时严重影响织物的坚牢度和使用。

根据疵点的分布情况可分为局部性外观疵点和散布性外观疵点两类。局部性外观疵点是指出现在织物部分面积上的疵点,如破损、织疵、斑渍、色条等。散布性疵点是指存在于织物的很大一块面积内或遍及织物的全匹中的疵点,如棉结杂质、缺经、染色不匀、色差、错花、条花、歪斜、幅宽不符、起毛不匀等。纺织品外观疵点的种类、数量、分布状况是纺织品分等分级的重要依据。

实战演练

观察身边的各种服装,看它们有什么性能,选选哪些面料的悬垂性能好? 哪些面料的吸湿性和透气性好? 哪些面料易缩水?

思考与练习

一、填空题

1. 蚕丝是＿＿＿＿＿纤维,是自然界唯一可供纺织用的＿＿＿＿＿,分为＿＿＿＿＿与＿＿＿＿＿两大类。

2. 呢绒按商业经营习惯可分为粗纺呢绒、＿＿＿＿＿、＿＿＿＿＿和驼绒。

3. 在天然纤维中,断裂强度最高的是＿＿＿＿＿,其次是＿＿＿＿＿,最差的是＿＿＿＿＿。

二、判断题

1. 170/88A,其中 170 表示身高为 170cm,88 表示净腰围为 88cm;体形分类代号"A"表示胸腰围差在 16～12cm。 （   ）

2. 由于维纶的特性极似天然棉,素有"合成棉花"之称。 （   ）

3. 锦纶又称"开司米纶"。由于其弹性好、蓬松、卷曲、性质近似羊毛,因而有"合成羊毛"之称。 （   ）

4. 纺织品和针织品总称为针棉织品。 （   ）

5. 府绸是棉布中的高档品种,其经纬密度相等。 （   ）

6. 纺类也称纺绸,是生货绸。纺类织物外观平整细密,质地柔软滑爽,轻薄坚韧。 （   ）

学习活动 2.2.3 食品分类与质量检验

想一想

你能说出红茶、绿茶、乌龙茶的特征及代表品种吗?

食品是指各种供人食用或饮用的成品和原料,以及按照传统既是食品又是药品的物品,但不包括以治疗为目的的物品。食品的种类繁多,本任务着重介绍食糖、乳制品、饮料、茶叶等。

一、食糖

(一)食糖的种类及品质特点

食糖是食用糖的简称,是人们日常生活的必需品,也是人体所必需的三大营养成分(糖、蛋白质、脂肪)之一,食用后能供给人体较高的热量,同时也是饮料、糖果、糕点、罐头等含糖食品和制药工业中不可缺少的原料。食糖的基本原料是甘蔗和甜菜,食糖的种类很多,按日常生产和经营习惯食糖主要品种有原糖或粗糖、白砂糖、绵白糖、冰糖(单晶冰糖、多晶冰糖)、方糖、赤砂糖、土红糖等。

食糖的种类很多。根据加工环节不同、深加工程度不同、加工工艺不同、专用性不同,食糖可以分为原糖或粗糖、白砂糖、绵白糖、冰糖、方糖、赤砂糖、土红糖等。白砂糖、绵白糖俗称白糖。食品、饮料工业和民用消费量最大的食品糖为白砂糖,按照国标 GB 317—2006 生产的一级及以上等级的白砂糖占我国食糖生产总量的绝大部分。

1. 白砂糖

白砂糖是食糖中最主要的产品。纯度高,含蔗糖 99% 以上,色泽洁白明亮,晶粒整齐、均匀、坚实,水分、杂质和还原糖的含量均较低,按晶粒大小有粗砂、中砂、细砂之分,粗砂多用于食品工业,中砂和细砂适宜市场供应。

2. 绵白糖

生产绵白糖需要气温较低和干燥的条件。绵白糖与白砂糖生产工艺技术不同主要体现在煮糖结晶过程,绵白糖煮糖的过饱和程度大于白砂糖,晶核产生的数目越多越细,养晶时间很短。

绵白糖的晶粒细,易溶化,质地绵软、细腻,食用上比较方便,所以较受欢迎。但在经营过程中,不易保管。

3. 赤砂糖

赤砂糖是机制糖厂出产的三号糖,由于不经过分蜜,表面附着糖蜜较多,不仅还原糖含量高,而且非糖的成分,如色素、胶质等的含量也较高,所以赤砂糖的色泽较深暗,晶粒相互黏结在一起,滋味有糖蜜味,有时还有焦苦味,赤砂糖在干季易结块,雨季易出现卤包溶化,不易保管。

4. 冰糖

冰糖是一种砂糖再加工的产品。根据加工方法的不同,有多晶体冰糖(盒冰糖、老冰糖)和单晶体冰糖两种。多晶体冰糖的加工,是用白砂糖原料,经溶化、过滤、简易的澄清、蒸发浓缩等过程,使糖膏达到一定的过饱和程度,将糖膏倒入挂有白线的盆中,在一定温度下,使蔗糖分子以白线为结晶中心,逐渐使晶体养大,即形成冰状的盆冰糖。它的纯净度比白砂糖稍高,味醇正。

5. 方糖

方糖也是一种再加工的产品。主要用于饮料,它的特点是质量纯净、洁白有光泽,糖块棱角完整,在温水中能很快溶化。

（二）食糖的质量标准

我国生产的机制糖都制定了各种标准,白砂糖和绵白糖制定了国家标准,赤砂糖制定了部颁标准,土红糖在各产区都有收购的质量标准。食糖的质量标准中规定有感官和理化两方面的质量指标。

1. 白砂糖

白砂糖按技术要求的规定分为精制、优级、一级和二级四个级别。

感官要求:晶粒均匀、干燥松散、洁白、有光泽、无明显黑点。晶粒或其水溶液味甜、无异味。

2. 绵白糖

绵砂糖按技术要求的规定分为精制、优级、一级三个级别。

感官要求:晶粒细小、均匀、颜色洁白,质地绵软。晶体或水溶液味甜,无异味。产品水溶液清澈透明。

精制级别的绵白糖每平方米内的黑点(长度大于 0.2mm)数量不多于 12 个,其他级别不多于 16 个。

3. 赤砂糖

赤砂糖的感官质量指标:颜色为赤褐色或黄褐色;甜而略带糖蜜味。

二、乳制品

中国乳制品行业起步晚,起点低,但发展迅速。特别是改革开放以来,奶类生产量以每年两位数的增长速度迅速增加,远远高于 1% 的同期世界平均水平。中国乳制品产量和总产值在最近的 10 年内增长了 10 倍以上,已逐渐吸引了世界的目光,但同时,中国人均奶消费量与发达国家相比,甚至与世界平均水平相比,差距仍悬殊。

（一）鲜乳的化学成分（以牛乳为例）

1. 水分

牛乳的水分是由乳腺细胞所分泌的,含量通常为 87% 左右,最高可达 90.69%,最低为 80.32%,牛乳中其他成分含量变化时水分含量也会随之而变。

2. 乳脂肪

从乳中分离出来的脂肪称为白脱油或黄油、奶油,含量 3%～5%,乳及乳制品之所以具有美好的风味和广泛的用途均与乳脂肪密切相关。

3. 蛋白质

乳中的蛋白质按其存在状态分为溶解和悬浮两大类,乳中蛋白质含量为 3%～4%,其中干酪素占 2.8% 左右,白蛋白占 0.5% 左右,球蛋白占 0.1% 左右。

4. 乳糖

乳糖是乳汁中特有的成分,在普通的牛乳中,其含量通常为 4%～6%。乳糖属双糖,分子式和蔗糖相同,但结构式不同。乳糖不溶于水,故甜味不如蔗糖。

5. 矿物质

乳中所含的无机盐类通常为 0.7% 左右,虽然是微量的,但在加工中对乳的热稳定性十分重要,特别是乳中钙、镁、磷酸和柠檬酸之间的平衡,同时对乳在常温下的稳定性也有明显的影响。

6. 维生素

牛乳中含有人体所需要的多种维生素,如维生素 A、D、E、K、B_1、B_2、B_{12} 等。除维生素 C 外,大多数热稳定性较高。

7. 酶类

乳中含有各种酶。与乳的质量有关的酶类有过氧化酶、还原酶、淀粉酶、乳糖酶等。

8. 其他物质

乳中还有磷脂、胆固醇、色素、气体、免疫体等,通常为 0.14% 左右。

(二)乳制品的分类

1. 奶粉

奶粉是以新鲜牛奶为原料,经消毒杀菌,在一定真空度下浓缩干燥而成的淡黄色粉状制品。用水冲调后基本上与鲜乳相同。与鲜乳相比,奶粉具有耐储存、携带、运输、使用方便等特点。常见的奶粉品种有以下几种。

(1) 全脂奶粉。它是指将新鲜全脂牛乳经预热杀菌、真空浓缩、喷雾干燥、冷却包装而成的制品,可以分为加糖和不加糖两种。

(2) 脱脂奶粉。把鲜乳中的脂肪分离出去后,再如全脂奶粉制作方法加工制成,分为全脱脂奶粉和半脱脂奶粉。

(3) 强化奶粉。在鲜乳中或奶粉中添加部分维生素、无机盐及其他营养成分而制成。

(4) 速溶奶粉。这是指用特殊的加工方法制成的在温度较低(70~80℃)的水中也能很快溶解的产品。

2. 奶油

奶油也称奶酪、黄油、白脱,是由鲜乳中分离出的乳脂肪经成熟、搅拌、压炼所制成的乳制品。它是一种高脂肪食品,发热量高,同时还含有多种维生素,既是西餐配料,又是制造糖果、糕点的原料。

3. 炼乳

炼乳是鲜奶的浓缩制品,是以鲜牛奶为原料经杀毒、消毒、蒸发、浓缩、冷却而得到的黏稠状浓乳。炼乳分甜炼乳(加糖炼乳)和淡炼乳(不加糖炼乳)两种,以甜炼乳销量最大。所谓甜炼乳即在原料牛乳中加入 15%~16% 的蔗糖,然后将牛乳的水分加热蒸发,浓缩至原体积的 40% 左右时,即为甜炼乳;浓缩至原体积 50% 时,不加糖的为淡炼乳。

(三)乳及乳制品的感官质量要求

1. 鲜乳

(1) 色泽。生鲜乳的色泽应为乳白色或略带微黄色,不得有红色、绿色或其他颜色。

（2）气味和滋味。刚挤出的牛乳中含有糖类和挥发性脂肪酸,因而略带甜味,并有乳的特有香气。

（3）组织状态。鲜乳应均匀,不分层,无沉淀、无凝块、无杂质。

2. 奶粉

（1）气味和滋味。正常的奶粉应具有消毒牛奶的香味,无其他杂味。凡气味中带有苦味、腐败味、发霉味等,一律为不合格品。

（2）组织状态。正常奶粉应呈干燥的粉末状,无凝结或团块。

（3）色泽。正常的奶粉应呈浅乳黄色,而且色泽均匀一致。

（4）冲调性。将奶粉倒入 25℃ 的水中,水面上的奶粉很快湿润并下沉,完全溶解无团块和沉淀者为优品。

3. 炼乳

（1）气味和滋味。味甜而纯,无外来的气味和滋味。

（2）组织。状态黏稠度以很易从挂铲上流下为准,质地均匀一致,口尝时感觉不到乳糖结晶存在,不得有气泡存在。

（3）色泽。炼乳整体色泽应均匀一致,白中略带乳脂的色泽。

三、饮料

（一）饮料的含义

饮料是指以水为基本原料,采用不同的配方和制造方法生产出供人们直接饮用的液体食品。饮料除给人提供水分外,不同的饮料中还含有糖、酸、乳及各种氨基酸、维生素、无机盐、果蔬汁等营养成分,对人体起着不同的作用。运动饮料能及时补充水分,维持体液正常平衡;迅速补充能量,维持血糖稳定;及时补充无机盐,维持电解质和酸碱平衡,改善人体的代谢和调节能力。

（二）饮料的分类

饮料分类的方法在各国有所不同,一般来说,可以分为含酒精的饮料、无酒精的饮料和其他饮料三类。

（三）饮料的质量鉴别

饮料除提供水分外,由于在不同品种的饮料中含有不等量的糖、酸、乳、钠、脂肪、能量以及各种氨基酸、维生素、无机盐等营养成分,因此有一定的营养。而判断饮料的质量就尤为重要了。

1. 从商标内容判断质量

国家颁布的《食品标签通用标准》等法规性文件,明文规定饮料产品商标上应注明的内容,主要包括品名、生产日期、保质期、主要原料、辅料和生产厂名、厂址等。这是合格产品必须具备的。

（1）先查明商标是否注明上述内容,如没有注明,则质量不可靠、不可信。

（2）判定该饮料是否在保质期内。国家对各种饮料保质期有明确规定。例如,汽水的保质期：玻璃瓶装和塑料瓶装是 3 个月，易拉罐装是 6 个月；果蔬汁饮料的保质期：玻璃瓶装是 6 个月；植物蛋白饮料的保质期：玻璃瓶装是 3 个月，利乐包装是 6 个月。如已超出保质期，则质量无保证，不宜购买。

（3）判断该饮料是否名副其实。不同饮料商标上应标明的内容也不同。例如，果汁型汽水、果蔬汁饮料，应标明果蔬原汁含量；乳饮料应标明非乳固形物含量；植物蛋白饮料应标明蛋白植物固形物含量，如大豆固形物、杏仁固形物等的含量；天然矿泉水则应标明矿化成分表和规定指标。如没有注明具体内容或指标，则该产品质量不可靠。

2. 从外观上判断质量

（1）果味型汽水不应出现絮状物。

（2）塑料瓶装与易拉罐装汽水手捏不软不变形。

（3）三片罐装饮料如发现盖上凸起，说明其质量有问题。

（4）各种包装饮料倒置时，均不应有渗漏现象（但果汁饮料的轻微分层属正常现象）。

（5）果茶之类饮料及其他一些饮料，如太黏稠、太鲜红或颜色异常，则质量不佳。

3. 从气味和味道判断质量

（1）各种饮料都有其相应的气味。正常饮料应气味清香，无异味，无刺鼻感，否则，质量不佳。

（2）正常饮料无异常味道，酸甜适度。如果有苦味、酒味、醋味等，则表明其质量有问题。

4. 从实质判断质量

（1）果味饮料应清澈透明，无杂质，不浑浊。

（2）果汁饮料因加入果汁和乳浊香精，会有浑浊感，但应均匀一致，不分层，无沉淀和漂浮物。

（3）固体饮料不应有结块、潮解和杂质（观察饮料是否含有过多杂质时，除瓶装可直接观察外，其余包装的饮料应倒出观察）。

四、茶叶

（一）概述

茶叶是以茶树的嫩叶或嫩芽经加工制成的干制品，是一种植物性食品，其含有丰富的生理成分和营养成分。

（二）茶叶的化学成分

茶叶中含有 450 种多种化学成分，其中主要包括水分、矿物质、茶多酚、咖啡因、芳香油、色素、碳水化合物、蛋白质、氨基酸、类脂、维生素等。这些成分中以茶多酚、咖啡因、芳香油对茶叶的质量和饮茶的功效关系最为密切。

（三）茶叶的种类

我国茶叶种类繁多，按茶叶加工方法不同和经营习惯，茶叶可分为绿茶、红茶、乌龙茶、花茶、紧压茶和其他六大类。

1. 绿茶

绿茶是我国茶叶产量最大的一种,约占世界绿茶产量的70%,花色品种之多也居世界之首。

绿茶的品质特点是:没有经过发酵,干茶色绿、味道清香、鲜醇爽口、浓而不涩,冲泡后清汤绿叶。杭州西湖龙井就以"色绿、香郁、味甘、形美"四绝著称。

2. 红茶

红茶为发酵茶,即茶叶中的茶多酚在酶的作用下发生了氧化。红茶是我国茶叶产量中较大的一种,其中的工夫红茶以做工精细而闻名,远销海外60多个国家和地区。

红茶的品质特点是:干茶色泽乌黑油润,冲泡后红汤红叶,味如甜花香或蜜花香。

3. 乌龙茶

乌龙茶又称青茶,属半发酵茶类。

青茶的品质特点是:干茶外形条索粗壮,色泽青灰有光,冲泡后茶汤橙黄清澈,香味浓郁,有如花茶。青茶中最著名的有闽北"武夷岩茶",还有入口微苦后转甜的闽南"安溪铁观音"、广东潮安的"凤凰水仙",也都是青茶中的名品。我国宝岛台湾也盛产青茶,"台湾乌龙"较为著名。岩茶在青茶中,采翻技术最为精细,质量也最好,岩茶外形粗壮、紧实,色泽油润红点明显,不带梗,香味浓而持久。

4. 花茶

花茶是我国特有的茶类,属再制品。它是用成品茶做原料,加入鲜花熏制而成。

花茶的品质特点是:香气鲜灵,浓郁清高,滋味浓醇鲜爽,汤色清澈、淡黄、明亮,叶底细嫩、均匀、明亮。花茶的品种有很多,产地主要集中在江苏、福建、浙江、安徽等省。花茶都是以鲜花的名称来命名,主要有茉莉花茶、珠兰花茶、玉兰花茶等。

5. 紧压茶

紧压茶又称黑茶,是用较粗老的鲜叶加工而成,是藏族、蒙古族、维吾尔族等少数民族日常生活的必需品。

紧压茶有砖茶、饼茶、圆茶、方茶等。

黑茶的品质特点是:色泽黑褐油润,汤色橙黄或橙红,香味纯正不苦涩,叶底黄褐粗大。

黑茶的品种主要有湖南黑茶(每块约重2kg)、湖北的老青茶、四川的边茶、滇桂黑茶,其中以云南普洱散茶和方茶最为著名。

(四) 茶叶的感官质量鉴别

茶叶的感官质量鉴别主要根据外形和内在质量两个方面。

1. 外形鉴别

茶叶的外形鉴别主要通过形状、色泽、嫩度和净度四个方面进行。

(1) 形状。茶叶的形状主要看茶叶条索的松紧、曲直、匀称、轻重及芽头的多少,以确定原料的细嫩程度和做工的精细程度。条索细紧的质量好,条索粗大轻飘的质量差。不同类型的茶叶对条索的要求并不完全一样,一般地讲,红茶、绿茶、花茶以条索细紧、圆直、均匀者为好,粗松开口者较差;乌龙茶以条索肥壮、均匀者为好。

（2）色泽。看茶叶颜色的深浅、枯润、明暗、有无光泽、有无杂色等。凡色泽油润、光泽明亮者为优，凡色泽浊杂、枯暗无光者为次。

红茶色泽：以红褐乌黑、油润的为上品；橘红、橘黑、有花青的为下品。

绿茶色泽：以翠绿有润、光滑而起霜的为上品；暗黄、枯黄的为下品。

花茶色泽：以青绿带嫩黄者为优。

乌龙茶色泽：以乌润的为上品；黄绿、枯黄的为下品。

（3）嫩度。茶叶的嫩度是通过芽尖和白毫的多少来鉴别的。芽尖和白毫多且身骨重实者为好，无芽尖和白毫者为次。

（4）净度。茶叶净度是指茶叶中杂质含量的多少。茶叶洁净无杂质者为好；茶片、茶末含量较少的为好。

2. 内在质量鉴别

内在质量鉴别包括香气、汤色、滋味、叶底等内容。

（1）颜色。看汤色的深浅、明暗、清浊、色泽。

茶汤色：红艳明亮者为优，红艳欠明亮者次之，红暗浑浊者为差。

绿茶汤色：以碧绿、清澈、明亮者为优，黄绿欠明者次之。

花茶汤色：以淡黄、明亮者为优，欠明亮者次之。

乌龙茶汤色：以橙红、清澈、亮者为优，橙黄欠明者次之。

（2）香气。茶汤的香气以清高、浓烈持久者为优，平淡、不持久者为次，低淡、有异味（如青臭烟气味、霉味、酸味、焦味等）者为差。

红茶香气：以鲜高浓强持久、蜜香显著者为优，较浓欠鲜纯正者为次，平淡者为差。

绿茶香气：以鲜灵浓厚者为优，较浓欠鲜纯正者为次，平淡者为差。

花茶香气：以鲜灵花香盖茶香、茶香衬花香者为优，平淡者为差。

乌龙茶香气：以香高浓烈带有兰花香气者为优，欠浓纯正者为次，平淡者为差。

（3）滋味：滋味是鉴定茶叶质量的重要指标，滋味与香气密切相关，香气高的滋味也好。

红茶滋味：以鲜醇甘甜，带有蜜糖香者为优；欠鲜浓纯正者为次；平淡、粗涩者为差。

绿茶滋味：以鲜醇浓厚者为优，欠鲜浓纯正者为次，平淡粗涩者为差。

花茶滋味：与绿茶相似，与香气结合评定。

乌龙茶滋味：甘醇带有兰花香者为优，欠鲜浓纯正者为次，平淡、粗老者为差。

（4）叶底：叶底细嫩明亮、柔软、肥厚、匀齐者为好，叶底粗老、瘦薄、段碎多者为次。

红茶叶底：以红鲜明亮嫩匀者为优，红明、欠润、欠匀者为差，红暗带有叶多者最差。

绿茶叶底：以肥壮黄绿嫩亮者为优，黄绿欠润者为差，青暗花杂者为更差。

乌龙茶叶底：边红、心绿柔软、明亮者为优，色暗发乌或带绿色者为差。

实战演练

请依据图 2-15 乳制品质量指标对乳制品进行简单的鉴别。

图 2-15　乳制品鉴别

知识拓展

1. 鲜乳的保管方法

鲜乳含有病原体,必须经消毒方能出售。牛乳消毒一般采用巴氏消毒法。低温巴氏消毒法,是将牛乳放入专门的巴氏消毒器中,将牛乳加热至 62～65℃,持续 30min。高温巴氏消毒法是将牛乳加热至 75～90℃持续 15～16 秒,一般市场牛乳均采用低温巴氏消毒法,乳制品加工时则采用高温巴氏消毒法。消毒后的牛乳要及时灌装和冷藏,保持消毒效果。

运送鲜乳时应避免受热。为了保持乳的质量,自牛乳消毒后至送到消费者手中,时间以不超过 20h 为宜(其中包括消毒后在冷库中存放的时间)。

牛乳自冷库中取出,准备运送前,乳温不宜高于 5℃,温度过低时脂肪容易分离。过高则容易变酸凝结。

2. 饮用运动饮料的禁忌

运动饮料主要针对运动员或经常参加健身的人群,普通人如果每天的运动时间不超过 1h,就没有必要喝运动饮料,喝白水即可。从不良反应角度来说,不适宜人群盲目喝运动饮料,其中的各种电解质会加重血液、血管、肾脏负担,引起心脏负荷加大、血压升高,造成血管硬化、中风等。肾脏功能不好者应禁用。

思考与练习

一、填空题

1. 乌龙茶属_____发酵茶。

2. 茶叶的主要成分是_____、_____和_____,决定着茶叶的色香味。

二、选择题

1. 茶叶中含量最丰富的维生素是(　　　)。

　　A. 维生素 C　　　　　B. 维生素 A　　　　　C. 维生素 B　　　　　D. 维生素 K

2. 黄山毛峰属(　　　)。

　　A. 炒青茶　　　　　B. 晒青茶　　　　　C. 烘青茶　　　　　D. 珠茶

3. 下列属于发酵茶的是( )。

    A. 庐山云雾   B. 川红   C. 武夷岩   D. 信阳毛尖

4. 下列属于不发酵茶的是( )。

    A. 祁红   B. 信阳毛尖   C. 铁观音   D. 茉莉花茶

学习活动 2.2.4　百货类商品分类与质量检验

想一想

你能根据自己的特点挑选合适的衣服吗？请将你的做法说出来和大家分享。

一、百货类商品的分类

百货类商品是日用生活必需品的主要部分,此处百货类商品主要包括服装类和家电类两大类。

二、服装类

(一) 服装分类

服装通常认为是衣服与鞋帽等的总称。服装的分类方法如下。

(1) 按服装穿着形态,分为体形类、样式型和混合型。

(2) 按服装的穿着组合,分为整件装、套装、外套、背心等。

(2) 按服装用途,分为内衣和外衣。

(3) 按服装穿着者性别,分为男装、女装。

(二) 服装材料

1. 服装里料

作用：使服装耐穿、穿脱方便,保暖,美化服装。

品种：棉布、羽纱、美丽绸、涤纶绸、锦纶绸。

2. 服装衬料与垫料

作用：为服装造型起骨架和支撑作用。

品种：分为毛衬、麻衬、布衬及化学衬四类。

3. 服装填充料

作用：防寒保暖、防辐射、卫生保健。

品种：棉絮、丝棉、羽绒、驼毛、羊绒、化纤絮。

4. 其他辅料

其他辅料包括线类,扣、钩、链,缀饰材料。

(三) 服装的款式

服装的款式是指服装的结构、式样。

服装的常见款式有衬衫、裙子、连衣裙、两件套、中式上衣、旗袍、背心、中山装、西服、春秋装、风雨衣、童装等。

(四) 服装号型标准及质量标准

1. 服装号型标准

号型定义："号"指身高，"型"指围度，以厘米表示。

号型标志：号与型之间用斜线分开，后接体形分类代号。

号型应用：按实际规格在某个体型中选择近似的号型服装。

号型系列：以各体型中间体为中心，向两边依次递增(减)。

2. 服装质量标准

号型规格要求：必须按照服装号型标准的规定设置号型。

辅料规定：辅料的缩水率、颜色、质地与面料一致(相称)。

技术要求：包括对条对格、拼接位置、色差检验、外观疵点、缝纫、整烫外观等要求。

等级划分：服装划分为一、二、三等品。

(五) 服装质量的鉴别

1. 上衣类外形质量鉴别的部位及方法

鉴别部位：领子、袖子、胸部、前片、兜、后片、里衬、门底襟、各部位熨烫情况等。

鉴别方法：有目测和对比测量两种，见表2-4。

表 2-4　上衣鉴别部位及方法

序号	鉴 别 部 位	方 法
1	领子：领角两侧对称，驳头串口对称，平服，驳口顺直，领翘适宜	目测
2	袖子：两袖圆顺，吃势均匀，前后适宜，袖子不翻不吊	目测
3	胸部：丰满、挺括，位置适宜，省缝直顺，平服，左右对称，长短一致	目测
4	肩：平服，肩缝顺直不后甩	目测
5	前片：门襟平服顺直，不起翘，不搅不豁，不倒吐，各部位止口明线顺直，宽窄一致	目测
6	兜：大小兜方正圆顺、平服、松紧适宜，板袋口直顺、宽窄一致，不吐里	目测
7	后片：后背不吊背，开叉长短一致	目测
8	里面衬松紧适宜、服帖，黏合衬不脱胶、不起皱、不起泡	目测
9	各部位熨烫平服，无亮光、水花、粉印、折痕，无油污、水渍	目测
10	门底襟长短一致，各省尖摆缝袖缝平服、直顺、底边圆顺	对比测量
11	两袖长短一致，袖口大小一致，袖上扣眼两边一致	对比测量

2. 下衣类外形质量鉴别的部位及方法

鉴别部位：裤腿、裤侧缝、大小裆、腰头、裤门襟、裤里襟、脚口、裤底、裤绸等。

鉴别方法：有目测和对比测量两种，如表2-5所示。

表 2-5　下衣鉴别部位及方法

序　号	鉴别部位	方　法
1	两腿长短、肥瘦一致	对比测量
2	裤侧缝与下裆缝顺直、平服	目测
3	大小裆圆顺、平服	对比测量
4	腰头宽窄一致，里面衬平服	对比测量

3. 内在做工质量鉴别

（1）针迹。不论机迹还是手工针迹，都要求针距密度符合国家标准，无跳针现象。

（2）拼接。看表面拼接（裤腰、下裆）、内部拼接（挂面、领里）是否符合规定，对格对条是否符合标准等。

（3）夹里。主要看夹里是否过长、过短、过大、过小，是否平服。

（4）其他。查看是否少扣、少眼、有无烫黄、变质、变色，以及商标和号型标志是否符合标准等。

三、家电类

随着我国科学技术的发展，家电类商品更新速度快、品种多，广泛应用于人们的日常生活中。根据应用的广泛性，此处介绍电冰箱、空调、电视机、洗衣机四类商品的质量检验方法。

（一）电冰箱的挑选

1. 电冰箱类型、规格的选择

要根据各自的家庭经济状况、居住环境、家庭成员多少、生活习惯确定冰箱的类型、规格、外形。电冰箱规格可按家庭人口来决定，通常按人均 50～60L 来计算，3 人家庭可选180L，4 人家庭选 240L。经济条件较好的家庭可选择电脑温控冰箱，随着人们食品和蔬菜、水果的卫生、保鲜度及储存食品的营养保存的关注，能够对温度进行精确控制，抗菌保鲜功能好的电脑温控冰箱以及具有自由设定温区的冰箱很受欢迎。另外，由于能源短缺和运行成本方面的考虑，节能冰箱也深受消费者青睐。

2. 外观检查

观察冰箱外壳有无伤痕，喷涂或电镀部分是否均匀、光亮；门封磁条应有良好的密封性。

3. 内在质量检查

电冰箱的电源接通后能立即启动，切断电源时，电冰箱正常停机。再次启动时，在 1 秒内压缩机启动，并正常运行。

启动电冰箱，压缩机运转，电冰箱会微微颤动，并听到运行噪声，但噪声不应高于 45 分贝。手摸箱体，不应有明显的振动。

打开冷藏箱门，箱内灯亮；关闭箱门时，当箱门距箱口平面 1～3cm 时，箱内灯应自动熄灭。

启动运转 10 分钟后，压缩机和冷凝器发热，有制冷剂流动声，箱内应变冷。将温控器调在"停"的位置,压缩机应立即停转;环境温度在 $15\sim43℃$ 范围内,调到"弱冷"的位置,压缩机应能启动运转;调到"强冷"位置,压缩机运转不停;电冰箱运行一段时间后,冷藏室温度不应高于 $5℃$,冷冻室温度应达到星级规定。一般压缩机每小时启动次数应在 $6\sim9$ 次。在环境温度为 $32℃$ 左右时,待箱体内外温度大致 平衡时关上箱门,压缩机连续运转。将冷藏室内温控器调到最大位置,冷藏室内温度降到 $10℃$,冷冻室温度降到 $-5℃$,所需时间不应超过 $2h$。

电冰箱应放置在通风良好、干燥、远离热源的地方,背面离墙距离不小于 $10cm$,放置地面应平整、坚实。

(二) 空调的选购和使用

1. 空调的选购

(1)确定空调的功能。如果只考虑制冷,选购冷风型空调;需冬制暖、夏制冷,选购冷暖两制式空调;在 $-5℃$ 以上制暖,可选择热泵式空调;要求 $-5℃$ 以下制暖效果好,可选择电热型或热泵辅助电热型空调。

(2)确定空调器的制冷量。普通房间冷量负荷的推荐值为每平方米 $115\sim145W$,可将此值乘以房间面积得出需购买的空调器的制冷量;顶层房间可按每平方米 $220\sim280W$ 选择。

(3)根据需要选择。应根据实际生活与工作需要,从品牌、经销商、产品的技术水平、空调器性能指标、有关认证以及价格等方面综合考虑所要购买的空调器。

(4)外观检查。要进行外观质量检查,面板应平整光洁,角边平直,表面无裂痕、毛刺、变形等,装饰层无脱落、碰刷现象、色泽均匀,开关、按键、旋钮等应操作自如,进风栅、出风栅应灵活无阻。

(5)通电试机。通电后,压缩机、风扇电机能迅速进入正常运行状态,振动不能过大,不能有异常的撞击声等。通电数分钟后,夏季应有冷风出,冬季应有热风出。调节风速选择钮,应有不同的风量吹出。

2. 空调器的使用

(1)在短时间内不要频繁开、关空调器,也不要在各功能模式之间进行频繁、连续的转换,避免压缩机在短时间内连续出现启动现象。

(2)不要紧闭门窗,不能长时间依赖空调器升降温,要间断通风,保持室内空气流通,引入新鲜空气。

(3)室内外温差不宜过大。夏季不要把室内温度调得过低,冬季不要把温度调得过高,以 $18\sim20℃$ 为宜,室内外温差以 $5\sim8℃$ 为宜。如果室内外温差过大,不仅耗电量大而且易引起感冒或其他不适症状。

(4)保持设备清洁。要对空调及除湿装置定期检查并进行清洗,尤其要按时清洁过滤网,使其真正能起到过滤粉尘、病菌和有害气体的作用。

(三) 电视机质量辨识

(1)外观检查:外形应色泽协调,表面无划伤,荧光屏上无气泡,旋钮、按键与壳体间隙适当,操作灵活,其外部控制元件和天线通电后都不应带电,机壳通风孔要能够防止外来异物进入内部。

（2）灵敏度检查：灵敏度是电视机接收微弱信号的能力，若在电视信号较弱的地方，能够清晰、稳定地收到所选频道的电视节目则表明灵敏度高。

（3）选择性和稳定性检查：当收看所选定的电视节目时，邻台不应窜入干扰，上下邻频道也不应有本频道的图像与伴音。当出现干扰信号时，屏幕上只能出现杂波，图像不应出现扭斜和翻滚。图像只发生左右移动，不应扭斜。

（4）伴音质量检查：检查伴音质量时，调解音量有无明显变化，不应伴有杂音，音量调到最大时，霎时间应洪亮悦耳，无失真和交流声，屏幕上的图像不应该随伴音大小而产生干扰，音量调到最小时应该无声。

（5）图像分辨率、亮度、图像失真检查：可通过国家标准电视广播测试图进行检查。

电视机应放置在通风、干燥、避光的地方。夏季雷雨前，最好关掉电视机，防止受雷击而烧坏。不宜频繁开关机，这样会缩短电视机寿命。睡前不宜用遥控器关机，因遥控器关机并未切断电源，所以还应关掉电视机上的电源开关为好。

（四）洗衣机的选购

选购洗衣机前，应先根据各种洗衣机的特点，确定选购哪种型号。根据家中的人口数量，居住条件，一次洗衣量的多少，选定洗衣机的规格。目前选购最多的还是双桶半自动洗衣机。随着全自动洗衣机投放市场，人们消费观念的转变，购买全自动洗衣机的家庭也越来越多。

1. 洗衣桶材料、形状的选择

洗衣桶是洗衣机的重要部件，材料有全塑料、不锈钢、铝合金等几种。全塑料洗衣桶重量轻、耐腐蚀，但易老化；铝合金洗衣桶美观耐用，但耐碱性差；不锈钢洗衣桶耐磨、耐腐、光滑，因此可根据个人喜好及常洗衣物的材料、数量来确定。洗衣桶的形状有方形、圆形、大圆角方形等几种，常用的是大圆角方形。这种形状可增加衣物在桶内的撞击力，有利于洗净衣物。在确定衣桶的材料、形状后，应对洗衣桶的制作质量进行挑选。挑选时，应注意洗衣桶是否有毛刺、破损及装配松动的现象。

2. 波轮装配的检查

波轮与洗衣桶之间的间隙应当均匀、平整，无松动现象。

3. 洗衣机运转检查

接通洗衣机电源，空载运转，应无异常声响（即撞击声、振动声、明显的摩擦声）。波轮运转平稳，定时器旋扭及按钮灵活可靠，改变定时器时计时应准确。

4. 外壳检查和电源检查

外壳喷漆应均匀，无划伤或凹坑等现象。机体应有良好的绝缘性，不漏电。

实战演练

观察你身边的家用空调器，查看它们的型号组成，看它们的质量如何。说出理由和建议供你身边的朋友参考。

思考与练习

填空题

1. 上衣领子的质量要求：领角两侧对称，_____，平服，_____领翘适宜。

2. "号"指_____，以_____表示人体的身高，是设计服装的依据；"型"指_____，以_____表示人体_____是设计服装围度的依据。

3. 条格单元在_____以上的，必须对条对格。前身、后背、领尖等主要部位，要求差量不应超过_____。对袖缝、侧缝差量可稍大一点。

学习活动 2.2.5　特殊商品分类与质量检验

想一想

我们去买蔬菜、水果时，你知道怎么鉴别蔬菜水果的质量优劣吗？把你的经验写在下面横线上，并与大家共同分享，如图 2-16 所示。

图 2-16　鉴别蔬菜水果质量

_____

_____

一、特殊商品分类

这里的特殊商品指两类商品，一类是非常温保管需要低温冷藏的生鲜类商品；另一类是日常生活中应用较少的五金类商品。

二、生鲜类

（一）生鲜品的分类

生鲜品是指需要低温冷藏（冻藏）的食品。目前，市场上的生鲜品大致分为果蔬类、水产类、肉禽蛋类、速冻食品类等四大类。

（二）生鲜品的质量要求

生鲜品的质量标准适用于单一或成组食品的速冻加工，并在速冻状态下销售的各种食品。主要要求如下。

1. 原料与准备

生鲜品的原料应质量优良，符合卫生要求；原料可在能保持其质量的温度和相对湿度的条件下储藏段时期；熟食品速冻前应在适合卫生加工要求的冷却设备内尽快冷却，不得保存在高于 10℃ 和低于 60℃ 的环境中。

2. 速冻

冷却后的食品应立即速冻，食品在速冻时应以最快的速度通过食品的最大冰晶区（大部分食品是 −5～−1℃）；食品冻结终了温度是 −18℃ 速冻加工后的食品在运到冷库时，应采取有效的措施，使温度保持在最低限度。包装速冻食品应在温度能受控制的环境中进行。

3. 储存

冷藏库的室内温度应保持在 −18℃ 或更低（视不同的产品而异），温度波动要求控制在 2℃ 以内；冷藏库的室内温度要定期核查、记录，最好采用自动记温度仪；冷藏库的室内空气流动速度以使库内得到均匀的温度为宜；冷藏库内产品的堆码不应阻碍空气循环，产品与冷藏库墙、顶棚和地面的间隔不小于 10cm；冷藏库内储存的产品应实行先进先出制。

4. 运输

运输产品的箱体必须保持 −18℃ 或更低温度，箱体在装载前必须预冷到 −10℃ 或更低温度，并装有能在运输中记录产品温度的仪表。产品从冷藏库运出后，运输途中允许温度升到 −15℃，但交货后应尽快降到 −18℃。产品装卸或进出冷藏库要迅速。采用冷藏车运输时，应设有车箱外面能直接观察的温度记录仪，经常检查箱内温度，产品运送到销售地点时，最高温度不得高于 −12℃，销售点无降温设备时，商品应尽快出售。

5. 零售

产品应在低温陈列柜中出售。低温陈列柜上货后要保持 −15℃，柜内应配有温度计。低温陈列柜的产品的温度允许短时间升高但不得高于 −12℃。低温陈列柜的敞开放货区不应受日光直射，不受强烈的人工光线照射，不正对加热器。低温陈列柜内堆放产品不得越出装载线。包装的与不包装的产品应分开存放和陈列。未经速冻的食品不能与速冻食品放在同一低温陈列柜内。低温陈列柜内的产品要按先进先出的原则销售。

6. 包装和标志

包装应按下列要求设计：保护产品的色、香、味，保证产品不受微生物和其他污染；尽可能地防止干耗、热辐射和过量热的传入。包装在储存、运输直至最后出售时应保持完好无损。速冻食品的标签应符合：GB 7718—2004《预包装食品标签通则》的要求。

7. 卫生

生鲜品从加工、储存、运输直至销售应始终保持良好的卫生条件，符合《中华人民共和国食品安全法》的要求。

（三）生鲜品的保管方法

1. 严格掌握库房的温湿度

根据食品的自然属性和所需的温度、湿度选择库房，并力求保持库房温度、湿度的稳定性。正常情况下温度波动不得超过 2℃。

为了减少食品干耗,保持原有食品色泽,对易于包冰衣的食品(如水产品、禽、兔等),最好要包冰衣再储藏。

2. 认真掌握储藏安全期限

对冷藏食品要认真掌握其储藏安全期限,执行先进先出制度,并定期或不定期检查食品质量。如速冻食品将要超过储存期限或有变质现象应及时处理。

3. 加强冷藏库的卫生管理

冷藏库通风时所吸入的空气应先过滤,防止空气中微生物的污染,要经常利用臭氧清除库房内的异味。异味主要是由于储藏了具有强烈气味的食品所致,臭氧是一种强氧化剂,浓度高时易燃,使用时应注意安全。此外,还要注意灭鼠。老鼠会破坏冷藏库隔热构造,并有可能污染食品,传播传染病,一般可采用机械捕鼠和化学药物灭鼠两种办法消除鼠害。

三、五金类

(一)五金类商品的分类

五金类产品种类繁多,规格各异,但是五金类产品在家居装饰中又起着不可替代的作用,选择好的五金配件可以使很多装饰材料使用起来更安全、便捷。目前居然材料市场所经营的五金类产品共有十余类上百种产品。主要有以下几类:锁类、拉手类、门窗类五金、家庭装饰小五金类、水暖五金类、专业矿山泵阀、建筑装饰小五金类、工具类等。

(二)五金类商品的质量检验

五金类商品主要通过以下几个方面来检验:外观、结构、装配、测试、包装。

1. 外观

外观检验主要通过目测来判定成品是不是有表 2-6 中的 21 点瑕疵。

表 2-6　五金类商品外观可能出现的 21 点瑕疵

序号	名　词	解　释
1	变形	产品失去或偏离应有的形状
2	朦胧	表面反光效果差
3	气泡	产品里面含有水或者空气,表面鼓起
4	异物	产品或油墨表面混有不同的物质
5	脏污	产品表面沾有污渍
6	油污	产品表面有油迹、油渍现象
7	指纹	拿取产品时表面沾有指纹或其他的痕迹
8	色差	产品颜色与样品或要求色卡不一致
9	水印	加工过程中清洗过的产品表面残留的水的痕迹
10	水纹	锌熔料在模腔内流动遇到低温冷却时留下的花纹状痕迹
11	脱漆	产品表面喷油或电泳漆的漆膜脱落
12	模印	模具表面的凸起或凹陷导致产品表面的凸起或凹陷的现象
13	露底	喷油或者电镀产品稀薄,导致无法遮盖住产品表面

续表

序号	名　词	解　释
14	沙眼	因产品材质不良或者其他因素造成表面有针孔状细小凹陷
15	裂痕	材料经过冲压或弯曲造成的部分开裂
16	批锋	压铸时模具前后模合模面的缝隙内残留的多余料。形状细而锋利
17	夹口线	压铸时模具前后模合模面的缝隙内残留的多余料。形状粗且厚
18	聚油	产品表面喷的油聚集在表面形成凹下的现象
19	橘皮	喷过油的表面形成类似橘子皮表面的现象
20	粘料	脱模时产品粘在模具表面上
21	堵孔	模具内顶针断裂造成螺丝孔堵住或深度不够

当产品目测出现以上所提到的缺陷时，如果这些缺陷能通过后工序正常加工消除掉时，则可判为合格品。在抽检过程中如果发现工厂产品有类似这些表面的缺陷，一定要挑出来安排工厂进行产品的二次加工。

2. 产品结构

抽检过程中对于涉及的产品的尺寸等方面都必须在允许的范围之内，见表 2-7。

表 2-7　五金类商品尺寸检验规则

检查类别	产品类别	检验细则和判定标准	不合格分类	检测方法	检测工具
结构	产品外部长度	长（L）、宽（B）、高（H）等外部轮廓尺寸公差±0.5mm	B	测量	卡尺
	孔距	螺丝孔与螺丝孔之间的中心点的距离，公差±0.25mm	B	测量	
	孔深	产品厚度－孔深必须≥2mm，（产品厚度必须≥孔深尺寸的2mm，特殊双孔产品厚度必须≥孔深尺寸的1.5mm）	A	测量	
	牙深	牙深必须≥1mm（牙深必须小于孔深1mm）根据客户要求选用不同的牙深	A	测量	
	孔径	螺丝孔的直径公差为±0.1mm	A	测量	

3. 装配

装配见表 2-8。

表 2-8　五金类商品装配检验规划

检验类别	产品类别	判定标准	不合格分类	检测方法	检测工具
装配	压铸初胚	与配套的产品进行试组装，是否有装不进、装配脱落、错位、卡死、装配变形等缺陷	A	组装	螺丝刀
	功牙、震磨、抛光、电镀、喷油	与配套的产品进行组装，与相应的牙规进行试配装，是否有滑牙、缺牙、装不进、装配脱落、错位等缺陷	A	组装	螺丝刀

4. 测试

五金类商品测试主要包括产品的吊重测试、扭力测试、盐雾测试、附着力测试和摔箱测试,其中涉及的检测工具包括吊重机、扭力计、盐雾测试机、刀具,见表2-9。

表2-9　五金类商品测试规则

检查类别	产品类别	检验定义	检验说明和判定标准	不合格分类	检测方法	检测工具
测试	半成品	吊重	吊重测试仪根据吊重的标准和客户要求进行试验判定	A	测试	吊重机
		扭力	使用扭力计对产品的牙孔,螺丝的扭力参数进行测试,对比客户要求进行判定	A	测试	扭力计
	成品	吊重	吊重测试仪根据吊重的标准和客户要求进行试验判定	A	测试	吊重机
		扭力	使用扭力计对产品的牙孔,螺丝的扭力参数进行测试,对比客户要求进行判定	A	测试	扭力计
		盐雾	使用烟雾测试机对产品的电渡、电泳漆、唢伽油等表面的保护层进行耐盐雾腐蚀检验,根据客户要求和公司标准进行判定	A	测试	盐雾测试机
		附着力	面积大的产品进行划百格,然后用透明胶纸粘贴表面,让后垂直迅速拉起,重复粘贴三次,不掉漆为合格,面积小的产品则直接用胶纸测试	A	测试	刀具
		摔箱	根据摔箱测试标准以及客户要求进行检验判定	A	测试	/

5. 包装

成品的包装是不是严格按照我司订单要求进行,另外包装内盒,外箱以及塑料袋等的质量是不是严格按照客户要求的标准来生产,包装上的唛头,标签,商标印刷等是否正确。

实战演练

请说说下面这些商品的检验方法图2-17所示。

图2-17　说明商品检验方法

知识拓展

ISO 9001 质量管理体系

ISO 9001标准是世界上许多经济发达国家质量管理实践经验的科学总结,具有通用性和指导性。实施 ISO 9001 标准,可以促进组织质量管理体系的改进和完善,对促进国际经济贸易活动、消除贸易技术壁垒、提高组织的管理水平都能起到良好的作用。概括起来,主要有以下几方面的作用和意义。

(1)实施 ISO 9001 标准有利于提高产品质量,保护消费者利益,提高产品可信程度。按 ISO 9001 标准建立质量管理体系,通过体系的有效应用,促进企业持续地改进产品和过程,实现产品质量的稳定和提高,无疑是对消费者利益的一种最有效的保护,也增加了消费者选购合格供应商产品的可信程度。

(2)提高企业管理能力。ISO 9001 标准鼓励企业在制定、实施质量管理体系时采用过程方法,通过识别和管理众多相互关联的活动,以及对这些活动进行系统的管理和连续的监视与控制,以实现顾客能接受的产品。此外,质量管理体系提供了持续改进的框架,增加顾客(消费者)和其他相关方满意的程度。因此,ISO 9001 标准为有效提高企业的管理能力和增强市场竞争能力提供了有效的方法。

(3)有效于企业的持续改进和持续满足顾客的需求和期望。顾客的需求和期望是不断变化,这就促使企业持续地改进产品和过程。而质量管理体系要求恰恰为企业改进产品和过程提供了一条有效途径。

(4)有利于增进国际贸易,消除技术壁垒。国际经济技术合作中,ISO 9001 标准被作为相互认可的技术基础,ISO 9001 的质量管理体系认证制度也在国际范围中得到互认,并纳入合格评定的程序之中。世界贸易组织/技术壁垒协定(WTO/TBT)是 WTO 达成的一系列协定之一,它涉及技术法规、标准和合格评定程序。贯彻 ISO 9001 标准为国际经济技术合作提供了国际通用的共同语言和准则;取得质量管理体系认证,已成为参与国内和国际贸易,增强竞争力的有力武器。因此,贯彻 ISO 9001 标准对消除技术壁垒,排除贸易障碍起到了十分积极的作用。

思考与练习

一、填空题

1.冷却后的食品应立即_____,食品在速冻时应以最快的速度通过食品的最大冰晶区(大部分食品是 $-5\sim-1℃$)。

2.老鼠会破坏冷藏库隔热构造,并有可能污染食品,传播传染病,一般可采用_____和_____两种办法消除鼠害。

3.电冰箱规格可按家庭人口来决定,通常按人均 $50\sim60L$ 来计算,_____人家庭可选 180L、_____人家庭选 240L。

二、判断题

1.运输生鲜产品的箱体必须保持 $-18℃$ 或更低温度。　　　　(　　)

2.五金配件主要通过以下几个方面来检验:外观、结构、测试、包装。　(　　)

三、案例分析

扁鹊的医术

魏文王问名医扁鹊说:"你们家兄弟三人,都精于医术,到底哪一位最好呢?"

扁鹊答：“长兄最好，仲兄次之，我最差。”

文王再问：“那么为什么你最出名呢？”

扁鹊答：“长兄治病，是治病于病情发作之前。由于一般人不知道他事先能铲除病因，所以他的名气无法传出去。仲兄治病，是治病于病情初起时。一般人以为他只能治轻微的小病，所以他的名气只及本乡里。而我是治病于病情严重之时。一般人都看到我在经脉上穿针管放血、在皮肤上敷药等大手术，所以以为我的医术高明，名气因此响遍全国。”

思考：这个案例给你的启示是什么？

项目 3

商品选择

学习目标

知识目标

1. 了解商品市场分析的概念和过程。

2. 理解商品市场分析的基础。

3. 理解商品市场细分的依据和目标市场营销策略。

4. 掌握商品市场定位的步骤与方法。

5. 了解互联网+商品选品原则。

6. 掌握互联网+商品选品技巧。

7. 了解京东商智工具的运用技巧。

8. 了解亚马逊选品工具有哪些。

能力目标

1. 能完成商品市场分析。

2. 能对商品进行正确的市场定位。

3. 能用正确的方法进行互联网+商品选品。

4. 会运用京东商智工具进行选品。

素质目标

1. 能够对学习进行总结反思,能与他人合作,有效进行沟通。

2. 通过实战演练,能够明确商品分析和选品工作在商品采购运营过程中的重要性,具有较高的选品敏锐度。

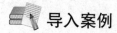 导入案例

Anker 和它的徒弟们

在亚马逊平台上,Anker 一直是一个神话一样的存在。

很多中国卖家都在研究和模仿 Anker,但正如齐白石先生所言:"仿我者死,学我者生。"真正能够模仿 Anker 而做得很好的,少之又少,但基于对 Anker 的研究和学习,进而做出新的拓展,开拓出新的思路的卖家,倒有两家。

Anker 以移动电源起家,一直以黑白色调为主打,在 Anker 自己的调研中,他们得出的结论是欧美人更爱好黑色,所以,打开 Anker 的店铺,黑色调格外明显,同时,Anker 的产品,以方正款式为主,以商务人士为首选客户群体,甚至包括亚马逊全球副总裁在做招商推介的时候也说,他来中国出差,用的就是中国品牌 Anker 的移动电源。

很多想从 Anker 身上学习的卖家,都采取了同样的黑色调和方正款,可由此而成功的案例并不多,但偏偏有两家公司,同样以移动电源为主打,剑走偏锋,选择了和 Anker 不一样的路,却做得非常成功。

Jackery,同样以移动电源为主打,同样主推方正款式,却选择了和 Anker 完全不一样的颜色——橙色。在 Anker 给人的冰冷沉稳的黑色印象之外,橙色一下子就以鲜活亮眼的色彩吸引了用户的眼球。抛开品质方面的对比不谈,就单纯从色彩层面来看,如果说 Anker 是以成年稳重商务人士为核心客户群,那么 Jakery 则可以赢得女性群体以及更年轻的消费者的青睐。

在亚马逊平台上,在移动电源这个类目下,Anker 占据着霸主地位,而 Jackery 的另辟蹊径也让它活得非常好,从产品评论数量可知,Jackery 的销售金额也已是以亿为单位计,远远地甩开普通卖家。

Jackery 之外,另一家移动电源的品牌打造就更有意思。

Lepow,以更加鲜活的形象切入移动电源市场,在品牌打造的过程中,Lepow 选取了绿色和黄色为主推色调,同时,在款式的选择上,Lepow 选取了圆润款式甚至带有卡通形象的款式为主打,一下子就俘获了年轻群体的心。在亚马逊平台上,Lepow 虽然起步晚,但目前销售态势一直很好。

回头看这三家的选品思路,Anker 凭首发优势,主要面对商务人士群体,占得移动电源类目的龙头;Jackery 在选品中,从 Anker 的发展中看到了商机,同时,为了避免与 Anker 正面竞争,选择从侧翼进入,以亮色调获取了年轻群体的青睐;当 Lepow 想进入移动电源这个市场时,撼动 Anker 的销售地位已经非常困难,既然无法撼动,就选择迂回前行,选择了新人类为目标市场,于是,以更加年轻化的群体为目标,作出针对性的颜色和款式优化,也一举获得成功。

启示

选品不是盲目地跟着感觉走,需要遵循一定的原则和方法,上面的案例中,通过学习竞争对手的选品策略,并进一步寻求差异化,最终成就了三家公司共赢的结果。

知识结构图

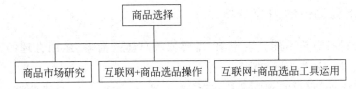

学习任务 3.1 商品市场研究

任务目标

1. 了解商品市场分析的概念和过程。
2. 理解商品市场分析的基础。
3. 理解商品市场细分的依据和目标市场营销策略。
4. 掌握商品市场定位的步骤与方法。

学习活动 3.1.1 商品市场分析

想一想

1. 如何对一个大的市场进行细分？
2. 对商品进行市场分析的基础是什么？

一、商品市场分析的概念和过程

1. 商品市场分析的概念

商品市场分析是对商品所处市场供需变化的各种因素及其动态、趋势的分析。

2. 商品市场分析的过程

对商品市场进行分析的过程如下。

（1）搜集市场中与商品相关的资料和数据。

（2）采用适当的方法，分析、研究、探索市场变化规律。

（3）了解消费者对商品品种、规格、质量、性能、价格的意见和要求。

（4）了解市场对某种商品的需求量和销售趋势。

（5）了解商品的市场占有率和竞争对手以及替代品生产者的市场占有情况。

（6）了解社会商品购买力和社会商品可供量的变化，并从中判明商品供需平衡的不同情况（平衡或供大于需，或需大于供）。

（7）为企业生产经营决策（包括合理安排生产、进行市场竞争等），和客观管理决策（包括正确调节市场、平衡产销、发展经济等）提供重要依据。

二、商品市场调研的内容分析

对商品市场进行分析不能凭空想象，需要依赖具体的数据、运用合理的方法展开分析，而这些数据绝大部分来自市场调研。

市场调研是企业收集、整理和分析各种市场、商品信息，为企业经营管理活动提供决策依据的一种活动。市场调研的主要内容包括市场需求调研、用户及消费者购买行为的调研、营销因素调研、市场营销环境调研和竞争对手调研。

1. 市场需求调研

市场需求调研主要包括以下内容。

(1) 现有市场对某种产品的需求量和销售量。

(2) 市场潜在需求量有多大。

(3) 不同的市场对某种产品的需求情况,以及各个市场的饱和点及潜在的能力。

(4) 本企业的产品在整个市场的占有率,以及不同细分市场的占有率。

(5) 分析研究市场的进入策略和时间策略,从中选择和掌握最有利的市场机会。

(6) 分析研究国内外市场的变化动态及未来的发展趋势,以便企业制定长期规划等。

2. 用户及消费者购买行为调研

用户及消费者购买行为调研主要包括以下内容。

(1) 用户的家庭、地区、经济等基本情况,以及他们变动情况和发展趋势。

(2) 社会的政治、经济、文化教育等发展情况。

(3) 不同地区民族的用户,他们的生活习惯和生活方式有何不同,有哪些不同需要。

(4) 了解消费者的购买动机,包括理智动机、感情动机和偏爱动机。

(5) 研究用户对特定的商标或特定的商店产生偏爱的原因。

(6) 具体分析谁是购买商品的决定者,使用者和具体执行者。

(7) 了解消费者喜欢在何时、何地购买,以及他们购买的习惯和方式。

(8) 了解用户对某种产品的使用次数,每次购买的单位数量及对该产品的态度。

(9) 调查某新产品进入市场,哪些用户最先购买,其原因和反应情况。

(10) 对潜在用户的调查和发现等。

3. 营销因素调研

营销因素调研主要包括以下内容。

(1) 产品调研:产品生命周期的哪个阶段;产品的设计和包装;产品应采用的原料、制造技巧以及产品的保养和售后服务等。

(2) 价格调研:有哪些因素会影响产品价格;企业产品的价格策略是否合理;产品的价格是否为广大消费者所接受,价格弹性系数如何等。

(3) 分销渠道调研:现有的销售渠道是否合理,如何正确地选择和扩大销售渠道,减少中间环节,以利于扩大销售,提高经济效益等。

(4) 广告策略调研:选择广告媒介;制定广告预算;确定今后的广告策略等。

(5) 促销策略调研:如何正确地运用促销手段,以达到刺激消费,创造需求,吸引用户竞相购买;对企业促销的目标市场进行选择研究;企业促销策略是否合理,效果如何,是否被广大用户接受等。

4. 市场营销环境调研

市场营销环境调研包括宏观市场环境调研和微观市场环境调研。

(1) 宏观市场环境调研,包括人口、经济、自然地理、科学技术、政治、法律、社会文化等因素。

（2）微观市场环境调研，包括企业、供应商、营销中介、顾客、竞争者和公众。

5. 竞争对手调研

竞争对手调研主要包括以下内容。

（1）市场上的主要竞争对手及其市场占有率情况。

（2）竞争对手在经营、产品技术等方面的特点。

（3）竞争对手的产品、新产品水平及其发展情况。

（4）竞争者的分销渠道、产品的价格策略、广告策略、销售推销策略。

（5）竞争者的服务水平等。

三、商品市场调研的方法运用

商品市场调研方法分为直接调查法和间接调查法。

（一）直接调查法

直接调查法是通过实地调查收集第一手资料的调研方法。直接调查法包括访问法、观察法和实验法。

1. 访问法

访问法是被广泛采用的一种直接调查方法。它通过询问的方式向被调查者了解、收集市场资料，可以在准备有问卷的情况下进行，也可以在没有调查问卷的情况下进行。具体包括面谈调查、邮寄调查、电话调查、留置调查和网上调查。

（1）面谈调查。这是调查人员通过与被调查者直接面谈询问有关问题的调查方法。在实践中，只有当需要通过深入面谈才能了解到消费者的需求，或者调查询问的内容多而复杂时，才适合采取面谈调查的方法。

（2）邮寄调查。这是将事先拟定好的调查问卷寄给被调查者，由被调查者根据要求填写后寄回的一种调查方法。采取邮寄调查法，要特别注意调查问卷的设计。

（3）电话调查。这是调查人员借助电话工具向被调查者询问、了解意见和看法的一种调查方法。电话调查因通话时间不能太长，所以询问时大都采用两项选择法。此外，要注意电话礼仪，主要包括积极的态度、语气要对主题充满兴趣、说话速度不可太快、要有礼貌、依问卷进行、不可抢答或不容被调查者作答等。

（4）留置调查。这是调查人员将调查问卷当面交给被调查者，说明填写要求，并留下问卷，让被调查者自行填写，再由调查人员定期收回的一种市场调查方法。

（5）网上调查。这是借助互联网络、计算机通信技术等实现调查研究的一种调查方法。

2. 观察法

观察法是通过观察被调查者的活动取得第一手资料的一种调查方法。在这种方法下，调查人员和被调查者不发生接触，由调查人员直接或借助仪器把被调查者的活动按实际情况记录下来，被调查者往往是在不知情的情况下接受调查的，处于一种自然状态，所以取得的资料能更加反映实际，也不受调查人员等外界因素的影响。有时被调查者不愿意用语言表达的，也可以通过观察其实际行为而获得。当然，现场观察、记录的往往只限于表面的东西，消费者的动机、态度等是无法通过观察而获得的。在某些情况下，当被调查者意识到自已被观察时,可能会有不正常的表现,从而导致调查结果的失真。如果对一些不常发生的行为或持续时间较长的事物进行观察,花费时间较长,成本很高,而且调查人员需要身临其境进行观察,这就要求观察人员具有良好的记忆力、敏锐的观察力、判断能力和丰富的经验,把握观察法的要领。

3. 实验法

实验法是通过实验对比来取得市场第一手资料的调查方法。实验法通常是由市场调查人员在给定的条件下,对市场经济活动的某些内容和变化加以实际验证,以此衡量影响效果。例如,为了验证改变产品包装的经济效果,就可以运用实验法,在选定地区和时间内进行小规模的实验性改革和销售,以测试、了解市场反应情况,然后根据测试的初步结果,再考虑是否进行推广,推广的规模多大。这样做有利于提高工作的预见性,减少盲目性,比较清楚地了解事物发展的因果关系,这是访问法和观察法不易做到的。因此,在条件允许的情况下,企业改变产品包装、改变产品品质、调整产品价格、推出新产品、改变广告形式和广告内容时,都可以采用这种方法。

(二) 间接调查

间接调查是从各种文献资料中收集信息资料的方法,因此也称文案调查。一般来说,企业进行的大量调研都可以首先运用间接调查来满足对信息的需求。在间接调查方式下,调查人员只需花费较少的时间和费用就可以获得有用的信息资料;不受时间和空间的限制,通过对文献资料的搜集和分析,就可以获得有价值的历史资料,搜集资料的范围广;不受调查人员和被调查者主观因素的干扰,反映的信息内容更为真实、客观。

目前最常用的间接调查法是利用搜索引擎查找信息。使用搜索引擎查找信息时应掌握以下技巧。

首先,确定关键词。关键词是搜索的开始,如果关键词选取偏离方向,是很难获取正确信息结果的。

其次,细化搜索条件。搜索条件越具体,搜索到的结果也就越精确。搜索引擎支持多个关键词搜索和附加逻辑命令的搜索,使用者应合理利用这些搜索规则。

最后,使用特殊搜索命令。搜索引擎提供了特殊搜索命令,比如标题搜索、网站搜索等,使用者可以根据需要来使用。

间接信息的来源一般包括两个方面:企业内部信息源和企业外部信息源。

企业内部信息源一般指企业自己收集整理的市场信息、产品销售记录、客户信息、档案材料、历史资料、财务信息等。

企业外部信息源范围极广,数据比较权威的主要有政府机构、国际组织、大型金融机构、图书馆、商情调研机构等。

间接资料是历史的记载,随着时间的推移和环境的变化,这些数据资料难免会过时;文献档案中所记载的内容,大多数情况下很难与调查人员从事的调查活动一致,需要进一步加工处理,这限制了它的利用率。所以,对文献资料的搜集,必须根据调研目的,从繁杂的文献档案中识别、归纳出有价值的信息资料,减少资料搜集的盲目性。

四、商品市场调研的步骤分析

商品市场调研工作必须有计划、有步骤地进行，以防止调研工作的盲目性。一般说来，调研可分为以下四个阶段。

1. 调研前的准备阶段

对企业提供的资料进行初步的分析，找出问题存在的征兆，明确调研课题的关键和范围，以选择最主要也是最需要的调研目标，制订出市场调研的方案。

主要包括：市场调研的内容、方法、步骤、问卷设计，调查计划的可行性、经费预算、调查时间，等等。

2. 正式调研阶段

市场调研的内容和方法很多，因企业和情况而异。

前面已经介绍过市场调研的主要内容包括市场需求调研、用户及消费者购买行为调研、营销因素调研、市场营销环境调研和竞争对手调研。

市场调研方法分为直接调查法和间接调查法。

3. 综合分析整理资料阶段

当统计分析研究和现场直接调查完成后，市场调查人员拥有大量的第一手资料。对这些资料首先要编辑，选取一切有关的、重要的资料，剔除没有参考价值的资料。然后对这些资料进行编组或分类，使之成为某种可供备用的形式。最后把有关资料用适当的表格形式展示出来，以便说明问题或从中发现某种典型的模式。

4. 撰写调研报告阶段

经过对调查材料的综合分析整理，便可根据调查目的写出一份调查报告，得出调查结论。值得注意的是，调查人员不应当把调查报告看作市场调查的结束，而应继续注意市场情况的变化，以检验调查结果的准确程度，并发现市场新的变化趋势，为改进以后的调查打好基础。

 实战演练

1. 练一练

请列举你在生活中遇到过的商品市场调研，说明采用的是哪一种调研方法。

2. 想一想

直接调查法和间接调查法各有什么优缺点？

知识拓展

1. 调查问卷结构设计

（1）卷首语。问卷前面应有一个说明。这个说明可以是一封告调查对象的信，也可以是导语，说明这个调查的目的、意义、主要内容、调查的组织单位、调查结果的使用者、保密措施等。其目的在于引起受访者对填答问卷的重视和兴趣，使其对调查给予积极支持和合作。

（2）主体。这是研究主题的具体化，是问卷的核心部分。问题和答案是问卷的主体。从形式上看，问题可分为开放式和封闭式两种。从内容上看，问题可分为事实性问题、意见性问题、断定性问题、假设性问题和敏感性问题等。

（3）结束语。为了表示对调查对象真诚合作的协议，研究者应当在问卷的末端写上感谢的话，如果前面的说明应经有表示感谢的话语，末端可不用。

2. 问卷设计原则

（1）有明确的主题。根据主题，从实际出发拟题，问题目的明确，重点突出，没有可有可无的问题。

（2）结构合理、逻辑性强。问题的排列应有一定的逻辑顺序，符合应答者的思维程序。一般是先易后难、先简后繁、先具体后抽象。

（3）通俗易懂。问卷应使应答者一目了然，并愿意如实回答。问卷中语气要亲切，符合应答者的理解能力和认识能力，避免使用专业术语。对敏感性问题采取一定的技巧调查，使问卷具有合理性和可答性，避免主观性和暗示性，以免答案失真。

（4）控制问卷的长度。回答问卷的时间控制在20分钟左右，问卷中既不浪费一个问句，也不遗漏一个问句。

（5）便于资料的校验、整理和统计。

思考与练习

一、判断题

1. 商品市场进行分析不能凭空想象，需要依赖具体的数据、运用合理的方法展开分析，而这些数据绝大部分来自市场调研。　　　　　　　　　　　　（　　）

2. 直接调查法是从各种文献资料中收集信息资料的方法，因此也称文案调查。（　　）

二、多选题

1. 商品市场营销环境调研包括（　　）和（　　）。
　　A. 宏观市场环境调研　　　　　　　　B. 微观市场环境调研
　　C. 用户习惯调研　　　　　　　　　　D. 竞争对手调研

2. 商品市场调研方法分为（　　）和（　　）。
　　A. 总体调研法　　　　　　　　　　　B. 部分调研法
　　C. 直接调查法　　　　　　　　　　　D. 间接调查法

3. 直接调查法包括（　　）、（　　）和（　　）。
　　A. 搜索法　　　　　B. 访问法　　　　　C. 观察法　　　　　D. 实验法

学习活动 3.1.2　商品市场定位

想一想

1. 对某一商品市场进行细分可以采用哪些方式？

2. 对选定的商品目标市场，可以采用哪些营销策略？

一、商品市场细分

完成商品市场调研和分析后,应根据分析结果进行市场细分、确定目标市场,并在目标市场中进行准确定位。

(一) 市场细分

无论哪种商品,都不可能满足一切市场需求。为了有效地进行竞争,必须进行市场细分,选择最有利可图的目标细分市场,集中资源,制定有效的竞争策略,以取得和增强竞争优势。

通常把市场细分的标准归为以下四类。

1. 按地理因素细分

按地理因素细分是将市场划分为不同的地理单位,如南方和北方、城市和农村等。可以选择一个或几个地理区域开展业务,也可以选择所有地区,但要注意各地区在需求和偏好方面的差异。

2. 按人口因素细分

按人口因素细分是按人口统计变量,如年龄、性别、家庭生命周期、收入、职业、教育、宗教等因素划分不同群体,从而对市场进行细分。

3. 按心理因素细分

常用的心理细分因素包括社会阶层、生活方式、人格特征和对促销因素的灵敏度。例如,不同社会阶层的消费者常常具有不同的个人偏好,这一因素往往是许多企业经常运用的细分标准:社会上层的消费者比较偏爱名贵而且稀有的名牌产品,社会中下层的消费者则更看好经济实惠、品质相宜的产品;社会阶层的不同也导致了消费者个人偏好的差异,从而造成消费者在产品使用、店铺挑选、媒体接触以及广告信息的接收等方面也极为不同。

4. 按行为因素细分

按行为因素细分是指根据消费者不同的购买行为,如追求的利益、购买时机、使用频率和品牌忠诚程度等细分变量进行细分。

(二) 目标市场选择

通过前期的市场细分后,整个大市场已经被划分为无数个小市场,企业可以从中选择一个或几个作为目标市场。目前关于目标市场选择的策略,通常有以下五种模式。

1. 市场集中化

企业选择一个细分市场,集中力量为之服务。较小的企业一般这样专门填补市场的某一部分。集中营销使企业深刻了解该细分市场的需求特点,采用有针对性的产品、价格、渠道和促销策略,从而获得强有力的市场地位和良好的声誉,但隐含较大的经营风险。

2. 产品专门化

企业集中生产一种产品,并向所有顾客销售这种产品。例如,服装厂商向青年、中年和老年消费者销售高档服装,企业为不同的顾客提供不同种类的高档服装产品和服务,而不生产消费者需要的其他档次的服装。这样,企业在高档服装产品方面树立很高的声誉,但一旦出现其他品牌的替代品或消费者流行的偏好转移,企业将面临巨大的威胁。

3. 市场专门化

企业专门服务于某一特定顾客群,尽力满足他们的各种需求。例如,企业专门为老年消费者提供各种档次的服装。企业专门为这个顾客群服务,能建立良好的声誉。但一旦这个顾客群的需求潜量和特点发生突然变化,企业要承担较大风险。

4. 选择专门化

企业选择几个细分市场,每一个对企业的目标和资源利用都有一定的吸引力。但各细分市场彼此之间很少或根本没有任何联系。这种策略能分散企业经营风险,即使其中某个细分市场失去了吸引力,企业还能在其他细分市场盈利。

5. 完全覆盖化

企业力图用各种产品满足各种顾客群体的需求,即以所有的细分市场作为目标市场,例如,上例中的服装厂商为不同年龄层次的顾客提供各种档次的服装。一般只有实力强大的大企业才能采用这种策略。例如,IBM公司在计算机市场、可口可乐公司在饮料市场开发众多的产品,以满足各种消费需求。

(三) 目标市场营销

通过前期的市场细分后,整个大市场已经被划分为无数个小市场,可以从中选择一个或几个作为目标市场。在选定的不同目标市场中,可以实施相同或不同的营销策略。

1. 无差异市场营销策略

企业经过细分后,权衡利弊得失,考虑各细分市场的共性推出一种产品,采用一种市场营销组合策略,试图在市场上满足尽可能多的消费者需求,集中力量为之服务的策略,就是无差异市场营销策略。

无差异营销一般用于细分后的市场消费群体,这些消费群体虽有差别,但共性明显是根本性的。企业的基本营销策略可以求同存异,兼顾不同的细分市场。

该策略的优点是:产品可以大量生产、大量运输与储存,成本大大降低;企业深入了解细分市场的需求特点,能采用有针对性的产品、价格、促销和渠道策略,从而获得强有力的市场地位和良好的信誉。

该策略的缺点是:由于现实消费需求与欲望的多种多样,消费者的某些特殊需要得不到满足;当行业竞争十分激烈时,企业难以获得较好的利润;容易导致竞争激烈和市场饱和。

采用这种策略受到一些客观条件的限制,以下几种情况可以采用无差异性营销策略:第一,挑选性不大、需求弹性小的基本生活资料和主要工业原料,如棉花、粮食、煤炭等;第二,经营的企业不够、竞争性不强的产品,如石油等。

2. 差异性市场营销策略

选择若干个细分市场作为目标市场,以不同的营销策略适应不同的目标市场,这是差异性营销的战略思路。

该策略的优点是:会使产品的适销性较强,目标市场越多,消费者的需求越大,销量也就越大,利润也就越多。

该策略的缺点是:企业生产的产品多,就会增加设备、工人、研究费用等,生产成本相应增加;经营的产品多,企业的销售费用、广告费用、储存费用等都会大幅度增加,销售成本会相应增加,产品的总成本自然提高,消费者能否接受是企业应当慎重考虑的。

3. 集中性市场营销策略

在细分市场的基础上,选择一个或有限的几个细分市场作为目标市场,集中企业资源,以相对统一的营销策略开拓市场,这种战略思路称作集中性营销。

该策略的优点是:可以照顾个别市场的特殊性,在个别市场占有优势地位,提高企业的市场占有率和知名度;由于采用针对性强的营销组合,节约了成本和营销费用,因此,中小企业较适合运用集中性市场营销策略,大企业在拓展某一区域或国别市场的初期,也可借鉴这种战略思路。

该策略的缺点是:企业的目标市场比较狭小,产品过于专业化,一旦经营市场发生变化,经营风险较大,发展潜力小。

二、商品市场定位

市场定位是指树立企业及其产品在消费者心目中特定的形象和地位。

(一) 市场定位的步骤

市场定位的关键是要设法在自己的产品上找出比竞争者更具有优势的特性。

竞争优势一般有两种基本类型:一是价格竞争优势,就是在同样的条件下比竞争者定出更低的价格。这要求尽一切努力降低产品的单位成本。二是偏好竞争优势,即能提供确定的特色来满足顾客的特定偏好,这要求经营者尽一切努力在产品特色上下功夫。因此,商品市场定位的全过程可以通过以下 3 个步骤来完成。

1. 分析目标市场的现状,确认自身商品潜在的竞争优势

这一步骤的中心任务是要回答以下 3 个问题:一是竞争对手商品定位如何? 二是目标市场上顾客欲望满足程度如何? 三是还需要什么? 要回答这 3 个问题,必须通过一切调研手段,系统地设计、搜索、分析并报告有关上述问题的资料和研究结果。

通过回答上述 3 个问题,就可以从中把握和确定自己的潜在竞争优势在哪里。

2. 准确选择竞争优势,对目标市场初步定位

竞争优势表明自身商品拥有胜过竞争对手的能力,这种能力既可以是现有的,也可以是潜在的。选择竞争优势实际上就是一个与竞争者各方面实力上相比较的过程。比较的指标应该是一个完整的体系,只有这样,才能准确地选择相对竞争优势。通常的方法是:分析、比较与竞争者在经营管理、技术开发、采购、生产、市场营销、财务和产品 7 个方面究竟那些是强项,哪些是弱项。在此基础上选出最合适自身的优秀项目,以初步确定自身商品在目标市场上所处的位置。

3. 显示独特的竞争优势和重新定位

这一步骤的主要任务是:要通过一系列的宣传促销活动,将其独特的竞争优势准确的传播给潜在的消费者,并在消费者心目中留下深刻的印象。因此,首先,应使目标消费者了解、知道、认同、喜欢和偏爱本商品的市场定位,在消费者心目中建立与该定位一致的形象。其次,通过各种努力强化目标消费者形象,保持目标消费者形象,保持目标消费者的了解,稳定目标消费者的态度和加深目标消费者的感情来巩固与市场定位一致的形象。最后,企业应注意目标消费者对其市场定位理解出现的偏差或由于商品市场定位宣传的失误而造成的目标消费者模糊、混乱和误会。

(二) 市场定位的方法

要在市场中树立特有的形象和地位,最重要的工作就是寻求独特卖点和突出自身的差异化。

1. 产品差异化

在产品质量、价格、用途、产品特色以及目标用户类型等方面创造差异,从而区别于竞争者。

2. 品牌差异化

品牌的功能在于把不同企业之间的同类产品区别开来,给消费者留下一个深刻的印象。例如,全球头号零售品牌"沃尔玛"最初的定位就是"平价",明显区别于其最大的竞争对手"希尔斯",从而赢得了消费者。

3. 服务差异化

在获得竞争优势中,服务差异是不可忽略的重要一环,因为在生产差异与品牌差异难以让消费者取舍时,消费者往往会根据预期得到的服务作为选购的标准。这种服务差异可以体现在以下几个方面:产品提供给消费者的利益,或安装、维修服务,或咨询与服务、特色服务。

4. 人员差异化

可以通过聘用和培养比竞争者更好的人员来获得更强的竞争优势,尤其是随着市场竞争的加剧,人员素质的培养和提高,对扩大企业差异化的质量起着越来越重要的作用。如当年上海航空在国内率先招聘空嫂取代空姐进行服务,获得了不错的口碑和上座率。

5. 形象差异化

商品形象不同,会给购买者带来不同的认识。可以通过建立自己独特的形象区别于竞争对手。

应该指出的是,上述差异化选择并不是绝对分开的,在市场定位时,也不是将它们都与竞争者的产品区分开,应当是在某些方面相同,而在其他方面不同。

 实战演练

1. 练一练

请针对你所在学校的学生市场说出至少五种市场细分的因素。

2. 想一想

假如你要在校园内开展商品营销活动,你会选择哪一种商品或服务? 如何让你的商品或服务与其他竞争者产生差异并赢得竞争?

知识拓展

商品市场定位策略实质是一种竞争策略,它显示了一种商品或一家企业同类似的商品或企业之间的竞争关系。定位方式不同,竞争态势也不同,下面分析四种主要定位策略。

1. 市场领先者定位策略

这是指选择的目标市场尚未被竞争者所发现,企业率先进入市场,抢先占领市场的策略。采用这种定位策略,必须符合以下条件:

(1) 该市场符合消费发展趋势,具有强大的市场潜力;

(2) 本企业具备领先进入的条件和能力;

(3) 进入的市场必须有利于创造企业的营销特色;

(4) 有利于提高市场占有率,使本企业的销售额在未来市场的份额中占40%左右。

2. 市场挑战者定位策略

这是指企业把市场位置定在竞争者的附近,与在市场上占据支配地位的,亦即最强的竞争对手"对着干",并最终把对方赶下现在的市场位置,让本企业取而代之的市场定位策略。企业采取这种定位策略,必须具备以下条件:

(1) 要有足够的市场潜力;

(2) 本企业具有比竞争对手更丰富的资源和更强的营销能力;

(3) 本企业能够向目标市场提供更好的商品和服务。

3. 跟随竞争者定位策略

这是指企业发现目标市场竞争者饱和,已座无虚席,而该市场需求潜力又很大,企业跟随竞争者挤入市场,与竞争者处在一个位置上的策略。企业采用这种定位策略,必须具备下列条件:

(1) 目标场还有很大的需求潜力;

(2) 目标市场未被竞争者完全垄断;

(3) 企业具备挤入市场的条件和与竞争对手"平分秋色"的营销能力。

4. 市场补缺者定位策略

这是指企业把自己的市场位置定在竞争者没有注意和占领的市场位置上的策略。当企业对竞争者的市场位置、消费者的实际需求和自己经营的商品属性进行评估分析后,如果发现企业所面临的目标市场并非竞争者饱和,存在一定的市场缝隙或空间,而且自身所经营的商品又难以正面抗衡,这时企业就应该把自己的位置定在目标市场的空挡上,与竞争者成鼎足之势。采用这种市场定位策略,必须具备以下条件:

(1) 本企业有满足这个市场所需要的货源;

(2) 该市场有足够数量的潜在购买者;

(3) 企业具有进入该市场的特殊条件和技能;

(4) 经营必能盈利。

当然,市场定位并不是一劳永逸的,而是随着目标市场竞争者状况和企业内部条件的变化而变化的。当目标市场发生下列变化时,就需考虑重新调整定位的方向:

(1) 当竞争者的销售额上升,使企业的市场占有率下降,企业出现困境时;

(2) 企业经营的商品意外地扩大了销售范围,企业在新的市场上可以获得更大的市场占有率和较高的商品销售额时;

(3) 新的消费趋势出现和消费者群的形成,使本企业销售的商品失去吸引力时;

(4) 本企业对经营战略和策略做重大调整时等。

总之,当企业和市场情况发生变化时,都需要对目标市场定位的方向进行调整,使企业的市场定位策略符合突出企业特色、发挥企业优势的原则,从而取得良好的营销利润。

思考与练习

一、单选题

1. 同一细分市场的顾客需求具有( )。

　　A. 绝对的共同性　　　　　　　　　B. 较多的共同性

　　C. 较少的共同性　　　　　　　　　D. 较多的差异性

2. ( )差异的存在是市场细分的客观依据。

　　A. 产品　　　　　　B. 价格　　　　　　C. 需求偏好　　　　D. 细分

3. 某工程机械公司专门向建筑业用户供应推土机、打桩机、起重机、水泥搅拌机等建筑工程中所需要的机械设备,这是一种( )策略。

　　A. 市场集中化　　　　　　　　　　B. 市场专业化

　　C. 全面市场覆盖　　　　　　　　　D. 产品专业化

4. 采用无差异性营销战略的最大优点是( )。

　　A. 市场占有率高　　　　　　　　　B. 成本的经济性

　　C. 市场适应性强　　　　　　　　　D. 需求满足程度高

二、多选题

1. 目标市场营销的策略包括( )。

　　A. 无差异营销　　　B. 差异性营销　　　C. 集中性营销　　　D. 分散性营销

2. 市场定位的关键是要设法在自己的产品上找出比竞争者更具有优势的特性。竞争优势一般有( )和( )。

　　A. 价格竞争优势　　　　　　　　　B. 资源竞争优势

　　C. 偏好竞争优势　　　　　　　　　D. 营销竞争优势

三、案例分析

大庆油田照片 "泄密" 事件

2010 年 7 月 25 日,英国伦敦爆料网站"维基解密"披露了 9 万多份机密文件,其中 1964 年中国最著名的大庆油田"铁人"王进喜的照片成为令人震惊的泄密事件之一。

1964 年的《中国画报》封面刊登了一张照片,照片中,大庆油田的"铁人"王进喜头戴大狗皮帽,身穿厚棉袄,顶着鹅毛大雪,握着钻机手柄眺望远方,在他身后散布着星星点点的高大井架。"铁人精神"整整感动了一代人,但此照片无意中也透露了许多的秘密。

日本情报专家据此解开了大庆油田之谜,他们根据照片上王进喜的衣着判断,只有在北纬 46°至 48°的区域内,冬季才有可能穿这样的衣服,因此推断大庆油田位于齐齐哈尔与哈尔滨之间。并通过照片中王进喜所握手柄的架势,推断出油井的直径;从王进喜所站的钻井与背后油田间的距离和井架密度,推断出油田的大致储量和产量。

日本人又利用到中国的机会,测量了运送原油火车上灰土的厚度,大体上证实了这个油田和北京之间的距离。

此后,《人民中国》杂志有一篇关于王进喜的文章,提到了马家窑这个地方,并且还提到钻机是人推、肩扛弄到现场的。日本人推断此油田靠车站不远,并进一步推断就在安达车站附近。日本人对中国东北的地图非常清楚,从地图上,他们找到了马家窑是中国黑龙江海伦市东南的一个小村。

此外,日本人还从一篇报道"王铁人"1959 年 10 月 1 日在天安门广场观礼的消息中分析出,1959 年 9 月王铁人还在甘肃省玉门油田,以后便消失了,这就证明大庆油田的开发时间自 1959 年 9 月开始。

有了这些准确情报,日方迅速设计出适合大庆油田开采用的石油设备。当中国管理机构向世界各国征求开采大庆油田的设计方案时,日方一举中标。

思考:

1. 市场分析的基础是什么?

2. 总结一下日方最终能够一举中标的原因。

学习任务 3.2　互联网＋商品选品操作

任务目标

1. 了解互联网＋商品选品原则。

2. 掌握互联网＋商品选品技巧。

学习活动 3.2.1　互联网＋商品选品原则分析

想一想

1. 如果你要进行网络商品经营,你会选择什么样的商品?

2. 说说你选品的依据。

一、电商类型划分

我们习惯称互联网＋商品模式为电商,在介绍选品的原则和方法之前,首先需要对电商的类型进行一下划分。根据使用的推广平台不同,可以将电商划分为一类电商和二类电商,二者的选品有不同的原则和方法。

(一) 一类电商

一类电商就是指大家经常用到的淘宝、京东、拼多多、亚马逊等,通过在线支付形式的店铺推广方式。这是当下最流行,也是受众群体最广的电商类型。它们的交易流程基本为:商品上架—客户下单—在线支付—签收回款。

(二)二类电商

二类电商主要是借助于不同的媒体平台去推广产品,最常见的有今日头条、uc头条信息流、智汇推和广点通以及腾讯新闻等。二类电商的交易流程基本为:制作单品广告落地页—付费主动推广—客户下单—客户签收—回款。

(三)一类电商和二类电商的区别与联系

1. 一类电商和二类电商的差异

(1)支付方式:一类电商为在线支付,二类电商为货到付款型。

(2)推广:一类电商为店铺推广,二类电商为单品页面推广。

(3)结算方式:一类电商与第三方托管平台结算,二类电商和快递公司结算。

2. 一类电商和二类电商的相同点

(1)都是以卖出产品为目的。

(2)都要通过网络进行推广。

一类电商的商家可以在店铺后台进行订单管理,功能齐全;而二类电商的商家则可以在广告投放平台上的后台进行订单管理,功能比较简单。

总的来说,二类电商是一类电商的补充,其实最早的二类电商应该是搜狐,新浪这些门户,都是针对三、四线城市具有消费力的人群,这种人群会特别谨慎或者没有在线支付的方式,但是他们又会上网,对网购有比较大的兴趣,所以会选择二类电商的货到付款形式,更愿意相信一手交钱一手交货。

二、一类电商的选品原则分析

亚马逊是当今世界上流量最大、复购率最高的一类电商平台,通过对亚马逊选品规则的仔细分析和研判,可以知道互联网+环境下商品的选品需要遵循以下原则。

1. 重量不能太重

从节省成本的角度考虑,尽量选择一些重量不超过500g的产品作为初次进行网络销售的试验品。目前商品运输的成本在整个运营成本中占了很大的比例,有些甚至占到了产品采购成本的一半,所以选择一些较轻的商品有助于节约成本。

2. 排除敏感货、危险品等品类

敏感货就是指一些液体状、粉末状、带电池的、有异味的产品,这些产品由于运输有风险,导致很多物流服务商不愿意接单,所以在无形之中增加了发货的难度和成本,而且敏感货和危险品在运输途中也存在很多不确定因素,中间如果有一个环节出了问题,就会导致这个产品不能按时上架,会引起一系列连锁反应,影响后续经营活动的开展。

3. 尽量不选择需要类目审核的产品

目前,亚马逊有些类目不对第三方卖家开放,有些类目不对美国本土以外的买家开放,还有些类目属于半开放式,即如果想卖此类商品必须先通过亚马逊的类目审核。这类产品

通常和人的健康息息相关,比如婴幼儿产品类、车辆配件类、食品相关类。亚马逊通过类目审核来确保卖家具备一定的实力和资质来经营这些产品,类目审核的通过率不是100%,这就意味着如果审核通不过,前期选品所耗费的时间、精力都将付诸东流。

4. 选品的利润不能太低

现在亚电商平台的运营成本居高不下,有些PPC广告(Pay-per-Click)是根据点击广告或者电子邮件信息的用户数量来付费的一种网络广告定价模式)点击一下就要十几元甚至几十元,如果选品售价过低,没有盈利空间,也就失去了运营的意义。

5. 规避垄断寡头品牌的类目

亚马逊开放第三方卖家入住已经很多年,亚马逊自营的产品类目也越来越多,这些卖家中一些有实力、有技术、有资源的先进入者已经将自己的品牌做大做强,基本处于行业垄断地位,如果进入到这些类目进行竞争,结局往往一败涂地。

6. 市场容量不能太小

进入容量太小的市场并没有多大的获利空间意义,要想知道市场容量,可以通过检测竞争对手销量的方式实现。通过付费软件进行检测是最方便、最准确的方法,费用也不是很高。

7. 要兼顾大小类目的排名

在亚马逊listing(产品)页面有一个bestseller(最佳销量)排名,上面是大类目排名,也就是一级类目排名,下面还会有一个或多个小类目排名,通常为四级或三级类目排名。这两个排名通常是按照销量来划分名次的,而且每个小时会重新计算一次,这也就意味着每个listing的排名在每个小时都会有不同的变化。兼顾大小类目排名是指要注意观察选品的小类目的排名情况,但是更要关注大类的排名情况,举个例子,有些产品在小类目排名前三,但是在大类目排名"30000+"之外,这就说明这个产品的市场容量很小,不适宜进入这种类目。

8. 尽量不选季节性或节日性的产品

拿亚马逊美国站为例,美国每年有很多的节日,万圣节、圣诞节、感恩节等,选品应尽量避开这些季节类的产品,因为一旦该季节过去,产品势必会出现滞销,需要等到下年再找机会继续销售,后续的仓储管理费用和产品更新换代淘汰风险都很高。所以尽量选择无季节、无节日特征的产品,全年可售,把选品失误的风险降到最低。

9. 做好查询工作,避免侵权行为的发生

众所周知,目前全球对知识产权的保护越来越严格,有些欧美国家甚至到了苛刻的程度,如果销售的商品上面出现了侵权的图案或文字,结果不单单是删除商品,店铺也会面临关闭的风险。确定一个产品前最好去相关专利网站去查询一下专利情况,避免出现侵犯知识产权这类低级错误。

三、二类电商的选品原则分析

从最初的谷歌竞价、百度竞价、微信卖货、社交电商、头条在线卖货,到如今的二类电商,电商的形式不断变化,但选品真正要把握的核心原则万变不离其宗,即选品必须遵守一定的客观规律。

二类电商选品的黄金原则主要是 3 个方面——渠道、产品、市场。

(一) 二类电商的选品原则一：渠道

渠道主要指售卖产品的平台。目前业内对电商的分类，主要的就是按照渠道分：如以淘宝、天猫、京东、拼多多等平台为依托的国内常规电商；以亚马逊、eBay、速卖通、Wish 等平台为依托的跨境电商；以信息流广告、竞价单页为依托的二类电商。

渠道差异对选品有着重大影响，例如，京东 3C 占据强势地位，拼多多低价产品易成爆款，咸鱼以闲置二手为主，有卖点噱头在二类电商易出货，跨境选品尽量避免售后以及运输方便。

(二) 二类电商的选品原则二：产品

产品指的是产品本身的各方面特质。

一款好的电商产品，往往具备以下特征。

（1）安全可靠，用了吃了不容易出安全事故。例如医疗类板块，电商一般销售的都是外用或者器械，内服的药物一般不售卖。

（2）行业成熟，供应链健全。销售火爆了，货源供不上，或者供货质量不稳定，会带来极大困扰。

（3）有鲜明的效用，最好有即时反馈。商品用后效果立竿见影，获得即时反馈有助于销量提升，反之，如果商品用了完全没效果，电商客户的差评就会铺天盖地，直接把商品推上绝路。

通常来说，适合二类电商的商品一般有以下几点规律。

① 价格不贵，用户试错成本低。

② 季节周期，去年的这个时间的爆款，今年一样能卖起来。

③ 产品具备新奇特、高精尖、性价比高、黑科技等特点。

④ 功能性实用，这样的产品覆盖用户广，易吸引客户下单尝试。

（4）保质期较长，易运输、存储。运输对电商的影响不用多提，尤其是跨境电商，仓储成本、管理难度也是重要因素，需要慎重考虑。

（5）快速消费品，用户重复购买的商品是首选。获得一个客户不容易，能复购的客户，会为商家节省不少成本。

（6）售后简单甚至不用售后，交易结束后不会带来额外的麻烦。

(三) 二类电商的选品原则三：市场

市场是个多方角力的场所，在选品方面，市场方面需要重点考虑两点因素。

1. 市场容量

市场容量也就是市场有多大，看看行业报告就可以获得数据，普通小卖家甚至不用过多考虑这一点，作为全球大的单一市场，国内再小的品类都是门不小的生意。

2. 市场竞争情况

所谓市场竞争情况，是指你选出的产品做的人多不多，实力强不强，有没有其他定位区间。这点非常重要，哪怕选品符合所有原则，但竞争对手太过强劲，做起来难度也是极高的。

实战演练

1. 练一练

请列举你在生活中使用的一类电商和二类电商。

2. 看一看

以下哪些是一类电商？哪些是二类电商？如图 3-1 所示。

图 3-1　判断电商类型

知识拓展

淘宝选品原则

淘宝选品的方法很多，如直接跟款、筛选、直通车测款或各种渠道。任何方法都有其价值。但万变不离其宗，选品最关键的因素还是产品本身。

1. 产品质量

优质产品才能经受住市场的考验。可以搜索淘宝销售的产品，找到销售量最多的 10 家公司，通过差评去了解产品的不足和需要注意的地方等。产品需要什么改善。了解客户的喜好和要求才是最重要的。

2. 货源优势

对小卖家来说如果选品差，销量少，后期的经营就难以为继，因此选品很重要，我们应该遵循的原则是选择当地优势较大的产品，包括成本低、质量好、声誉好的产品。首先，当地如果有产品，供给稳定，就不会出现突然的订货量变多，货物不能及时发出的情况，而发货延迟是需要支付违约金的，所以货源稳定很重要。

3. 尽可能选择蓝海产品

如果选择的商品在淘宝上已经有很多人在卖，并且还是一些淘宝大卖家的爆款，那么再选择上架这款商品的话，很容易被淘宝大卖家挤压市场，也没有足够的资金去进行活动推广，而且大卖家由于占据规模经济优势，经营的成本会更低，价格空间也就更大。与大卖家竞争，很难赢得客户获得足够的口碑。

4. 利润超过 40%

没有利润是没有办法做推广的。保证足够的利润空间,后期才有足够的资本进行推广等活动。

5. 搜索指数高

无论是哪种品类的商品,如果没有人来进行搜索,就证明商品没有市场需求,自然也就不会产生销量。

6. 点击转化率高

搜索指数和点击转化率当然越高越好。根据淘宝平台提供的数据可以判定商品的点击转化率高低,选择转化率高的商品,在后期能够节省更多商品推广费用。

思考与练习

一、判断题

1. 一类电商多通过在线支付形式的店铺推广方式。 （ ）

2. 二类电商的商家可以在店铺后台进行订单管理,功能比一类电商丰富。 （ ）

二、多选题

1. 以下属于一类电商的是（ ）。

A. 淘宝 B. 苏宁易购 C. 京东 D. 亚马逊

2. 以下属于二类电商的是（ ）。

A. 京东 B. 今日头条 C. 凤凰网 D. 1号店

3. 电商选品的黄金原则主要是（ ）。

A. 渠道 B. 产品 C. 市场 D. 客户

学习活动 3.2.2 互联网＋商品选品方法的运用

想一想

1. 怎样才能确保选品有较高的成功率?

2. 选品有没有科学客观的方法?

选品的方法有很多,一种方法不能适合所有商品,也不一定适合每一个人,所以在选品时可以多尝试几种方法,然后从中发现适合自己的选品方法。

一、差评数据分析法

差评数据分析法,是指以抓取平台上热卖商品的差评数据为主,找出客户不满意的地方,然后进行产品改良或选择能解决客户痛点的供应商的产品。差评数据分析法侧重于抓取差评数据,同时也注重分析商品的好评数据,分析出客户真正的需求点和期望值。

换言之,差评数据分析法既从产品好评中找参考,也从差评中挖掘出有用的信息。选择能满足客户痛点的产品,产品自然就容易获得相当的曝光,销量也能迅速做大。不过,要获得这些数据并不容易,需要不少时间去采集,并花费大量的时间进行数据分析。

建议：在做数据分析时，往往会用到数据分析工具，如各种调研工具如 Terapeak，Trendsamazon，数字酋长等，也很可能需要委托数据分析师用数据挖掘工具去分析。

二、选品组合分析法

选品组合分析法是指以产品组合的思维来选品，即在建立产品线时，规划 20％的核心产品，用以获取高利润；10％的爆款产品，用以获取流量；70％的常态产品，用以互相配合。选品要针对不同的目标客户，不能把所有的产品都选在同一个价格段和同一个品质，一定的价格和品质阶梯能产生更多的订单。

这里特别说一下爆款产品。如何选择爆款产品？可以参考亚马逊的销售排行榜，参考其中的热门商品来设置爆款产品。此外，不管是核心产品、爆款产品，还是常态产品，选品时都必须评估产品的毛利。如何计算产品的毛利？简单来说，单产品毛利＝销售单价－采购单价－单品运费成本－平台费用－引流成本－运营成本。

建议：核心产品倾向于选择小众化、利润高的产品。爆款产品倾向于选择热门产品或与紧跟热点并将流行的产品。常态产品倾向于选择性价比较高的产品，即客户认为价值较高但价格适中的产品。

三、谷歌趋势分析法

谷歌趋势分析法，是指利用谷歌的数据分析工具，对企业外部的行业信息和内部的经营信息进行分析，并挖掘出有价值的信息，以此作为选品参考，即通过 Google Trends 工具分析品类的周期性特点，通过 Keyword Spy 工具发现品类搜索热度和品类关键词，通过 Google Analytics 工具获得已上架产品的销售信息，分析哪些产品销售好，整体动销率如何等。

谷歌趋势分析法要看行业的整体数据和变动趋势，行业内各品牌的销售情况，品类的销售和分布，单品的销售数据和价格，也要看行业内至少 3 家核心店铺和主要竞争对手的销售数据（流量、转化率、跳出率、客单价等）。此外，谷歌趋势分析法强调从选品成功和失败的产品中积累经验，循序渐进而成为选品高手。

 实战演练

练一练

请上网搜一搜还有哪些选品方法？

思考与练习

判断题

1. 差评数据分析法侧重于抓取差评数据，不分析商品的好评数据。　　　　　　　（　　　）

2. 选品组合分析法中规划 20％的核心产品，10％的爆款产品和 70％的常态产品，用以互相配合。　　　　　　　（　　　）

3. 谷歌趋势分析法要看行业的整体数据和变动趋势。　　　　　　　（　　　）

学习任务 3.3　互联网＋商品选品工具运用

任务目标

1. 掌握京东商智工具的运用方法。

2. 了解亚马逊选品工具的种类。

学习活动 3.3.1　国内互联网＋商品选品工具运用

想一想

怎样才能确保自己选品的成功率？

国内知名电商集团——京东于 2004 年正式涉足电商领域,2019 年 7 月,京东集团第四次入榜《财富》全球 500 强,位列第 139 位,是中国线上线下最大的零售集团。京东零售已完成全品类覆盖,是中国领先的电脑数码、手机、家电、消费品零售商,也是全球 2000 多家超亿元品牌和超过 25 万个第三方商家的最大增量场。2017 年,京东集团推出大数据智能工具"京东商智",涵盖销量、流量、用户、商品、行业、竞品六个维度,用以帮助商家实现精准化决策,提升精细化运营效率。

本文将以"京东商智"为例,介绍大数据选品工具的使用方法。

一、品牌分析

通过京东商智-行业分析-品牌分析,可以查看到自身类目行业下各品牌的数据,包括:排名、品牌信息、成交金额指数、成交单量指数、访客指数、搜索点击指数、关注等。

品牌分析模块是在行业分析下的一个子模块,帮助商家快速了解行业下的品牌情况,主要包括品牌榜单和品牌详情两大模块。

(一) 品牌榜单

品牌榜单从交易、人气两个维度反映行业 TOP 品牌情况,提供交易榜单和人气榜单,呈现各个品牌的交易情况、人气情况,可以选择行业中顶尖品牌、飙升品牌的态势。品牌榜单有分为交易榜单与人气榜单,点击详情可以查看品牌详情。

(二) 品牌详情

品牌详情从品牌概况、品牌行业分布、商家交易榜单、商品交易榜单四个维度对某个品牌进行详细分析。

可以通过顶部的品牌选择框选对想分析的品牌,输入想要分析的"格力(GREE)"。通过品牌下拉列表的搜索框可以搜索到目标品牌,选定目标品牌就可以看到该品牌的相关数据。

1. 品牌概况

品牌概况,展示该品牌的概况数据。主要包括排名、成交转化、搜索关注、客单价、店铺数等数据。同时,可以查看各个指标的时间趋势,如图 3-2 所示。

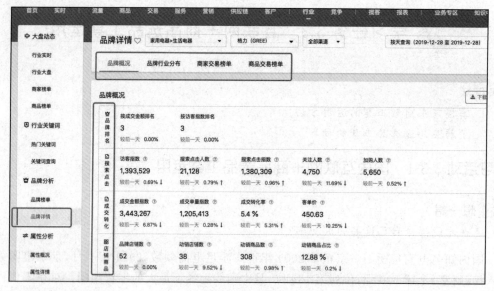

图 3-2　品牌概况

2. 品牌行业分布

选定类目时,此处呈现各个子类目的指标,占父类目的比例。例如,选择一级类目时,二级类目的动销店铺数占比,指的是这个二级类目下,动销这个品牌商品的店铺,占一级类目下动销品牌的店铺的比例,而不是单指这个二级类目下,动销该品牌的店铺数量,占所有店铺数量的比例,如图 3-3 所示。

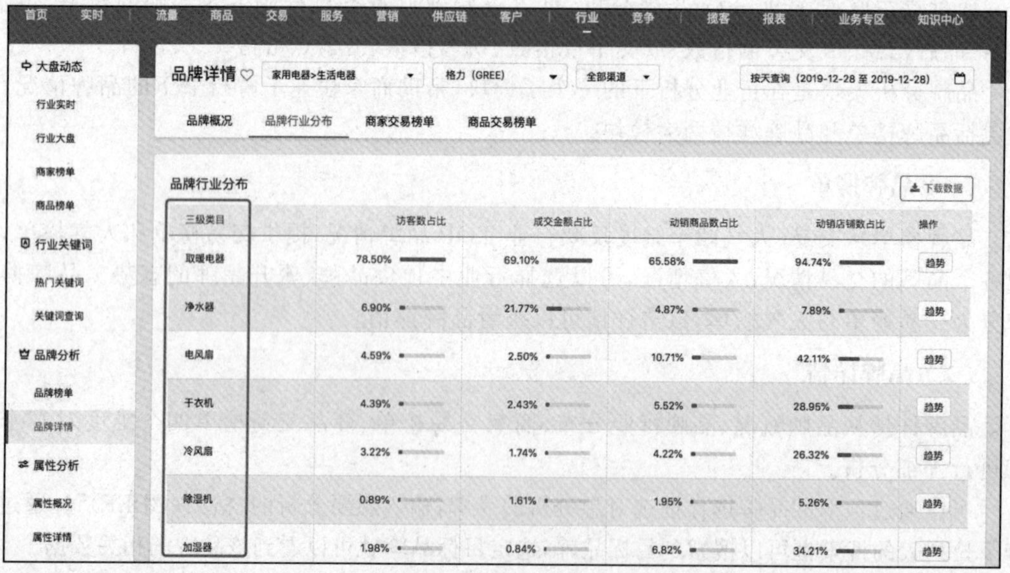

图 3-3　品牌行业分布

3. 商家交易榜单

商家交易榜单,是经营该品牌的所有店铺的成交 TOP 榜单。每个店铺后方,可以点击详情查看店铺的详细数据。一级类目下,榜单的店铺,详情链接暂时置灰不能点击,切换为二级类目后可以点击,如图 3-4 所示。

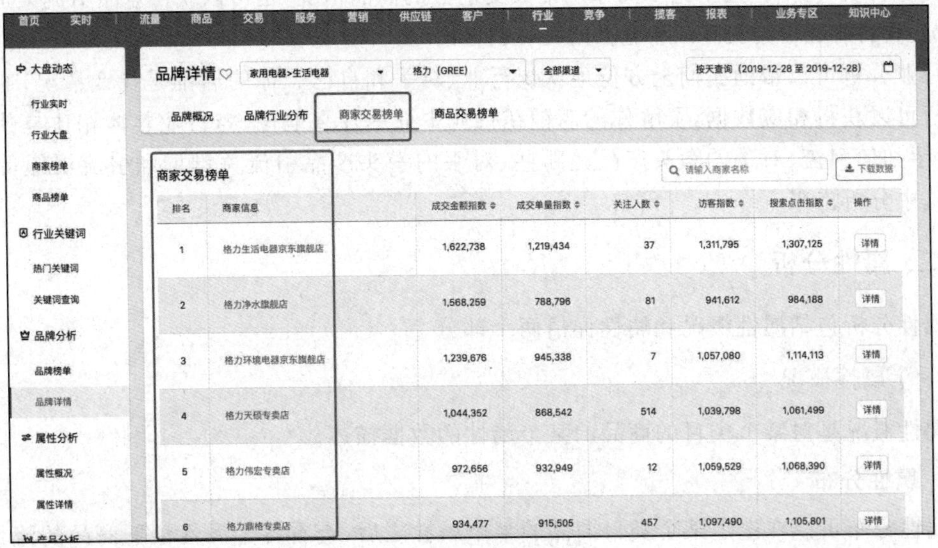

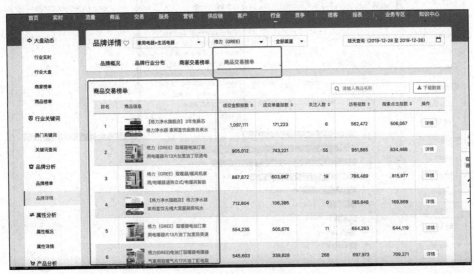

图 3-4 商家交易榜单

4. 商品交易榜单

商品交易榜单,该品牌的所有商品的成交 TOP 榜单。每个商品后方,可以点击详情查看商品的详细数据。一级类目下,榜单的商品,详情链接暂时置灰不能点击,切换为二级类目后可以点击,如图 3-5 所示。

图 3-5 商品交易榜单

商品交易榜单为该品牌下交易指数从高到低的 TOP 商品情况,包括 TOP 商品的成交金额指数、成交单量指数、访客指数、搜索点击指数,以及该商品的详情分析页面。

通过高级版京东商智的行业分析我们发现,可以对某些品牌、商家和竞品进行详细分析,从而了解品牌客单价、品牌转化率、品牌交易额在不同类目的分布情况,以及同一品牌下的商品交易和人气排名,甚至竞争商家店铺成交前五的商品情况,也可以获得竞品引流渠道和占比情况、竞品前五引流关键词和竞品的关联销售情况。

行业分析可以帮助我们全方位地认识行业、对手和自己。你的店铺是什么情况,通过经营分析可以获得相应数据,了解你的店铺在行业中处于什么地位,与行业整体相比是什么情况,对手如何引流、对手的拳头产品是哪些、对手的拳头产品引流关键词和引流渠道等也能够在其中分析出来。

二、属性分析

属性分析包括属性概况和属性详情两个部分。

(一) 属性概况

属性概况是对某个类目的商品的某个属性的数据描述。

1. 属性分布

属性分布可以在选定某个类目商品的某个属性之后,查看各个属性值下商品的流量、销量、商品数、店铺数等关键数据。

例如,这个是"洗衣机"产品的属性分布,我们可以查看每个属性下的价格、容量、功能、能效等级、颜色等去分析数据,最终可以汇总到一个表格里面去,方便我们对比分析各个数据占比。这个可以给我们自己做什么的产品,价格定位,功能卖点要写什么,哪些卖点是热卖型的,哪些是少量型,这样可以提供给我们一个指导的作用,如图 3-6 所示。

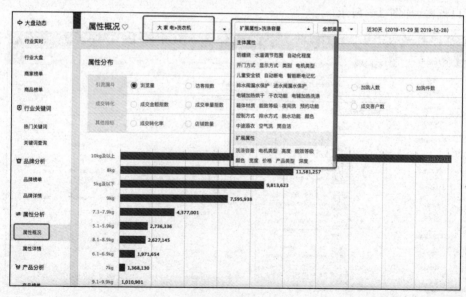

图 3-6　属性分布图

2. 属性分析表

属性分析表是用表格的形式，对所选属性的所有属性值进行数据展示（包括属性名称、交易指数、人气指数、店铺数量、商品数量），以便对比各个属性值的各项指标。表格右上角，可以搜索想要查看的属性值。点击表格第一列中的属性值名称，可以跳转查看该属性值的属性详情。每个属性值的行的最后一列，可以点击查看属性值下，排行最靠前的店铺和商品，如图 3-7 所示。

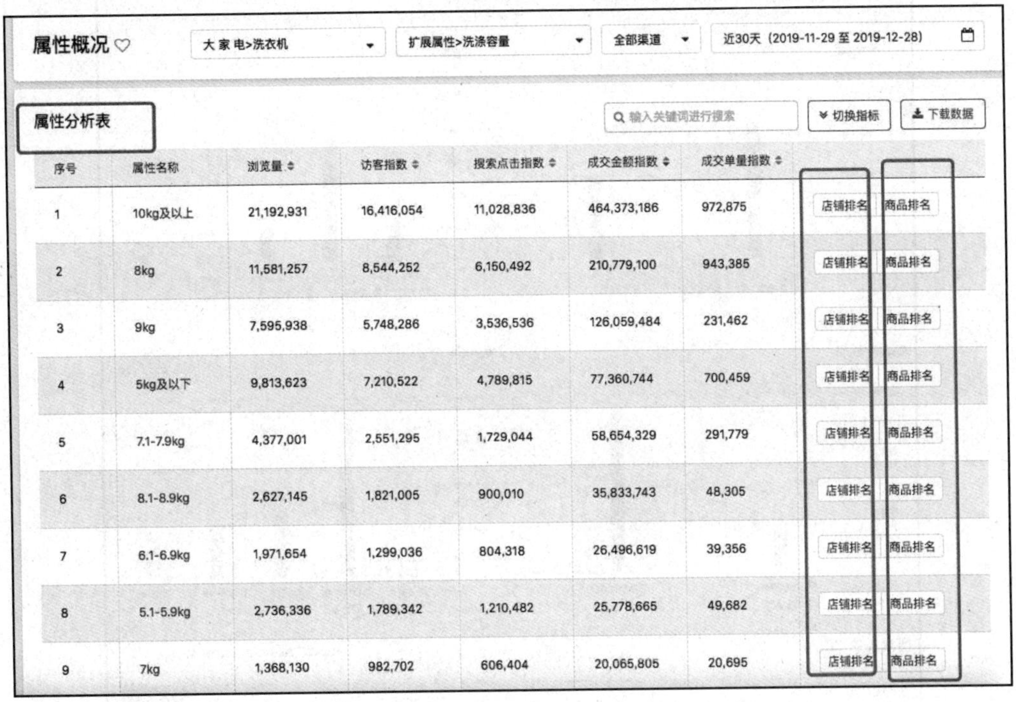

序号	属性名称	浏览量	访客指数	搜索点击指数	成交金额指数	成交单量指数	
1	10kg及以上	21,192,931	16,416,054	11,028,836	464,373,186	972,875	店铺排名 商品排名
2	8kg	11,581,257	8,544,252	6,150,492	210,779,100	943,385	店铺排名 商品排名
3	9kg	7,595,938	5,748,286	3,536,536	126,059,484	231,462	店铺排名 商品排名
4	5kg及以下	9,813,623	7,210,522	4,789,815	77,360,744	700,459	店铺排名 商品排名
5	7.1-7.9kg	4,377,001	2,551,295	1,729,044	58,654,329	291,779	店铺排名 商品排名
6	8.1-8.9kg	2,627,145	1,821,005	900,010	35,833,743	48,305	店铺排名 商品排名
7	6.1-6.9kg	1,971,654	1,299,036	804,318	26,496,619	39,356	店铺排名 商品排名
8	5.1-5.9kg	2,736,336	1,789,342	1,210,482	25,778,665	49,682	店铺排名 商品排名
9	7kg	1,368,130	982,702	606,404	20,065,805	20,695	店铺排名 商品排名

图 3-7 属性分析表

(二) 属性详情

属性详情针对所选的类目商品的属性值，展示该属性商品的整体数据，以及属性商品的商家榜单和商品榜单。

属性值概况呈现选定属性值的商品的整体情况，包括浏览、关注、加购、成交、店铺、商品等指标。在页面下半部分，可以查看各个指标的趋势。

三、行业客户分析

行业客户分析模块分为搜索人群、行业客户和卖家分析。通过对指定人群的用户属性、购物行为的分析快速洞察人群，从而制定更加贴合市场、消费者需求的经营策略。

(一) 搜索人群

搜索人群下面人群类型可以分 3 个：搜索人群、点击人群、成交人群。在这里我们可以输入产品的关键词，例如，“洗衣机”，可以查看该产品下的搜索人群特点：性别、年龄段、

PLUS会员构成、用户级别、职业分布、购买力分布、省份排名、城市排名、下单时间段，如图3-8所示。

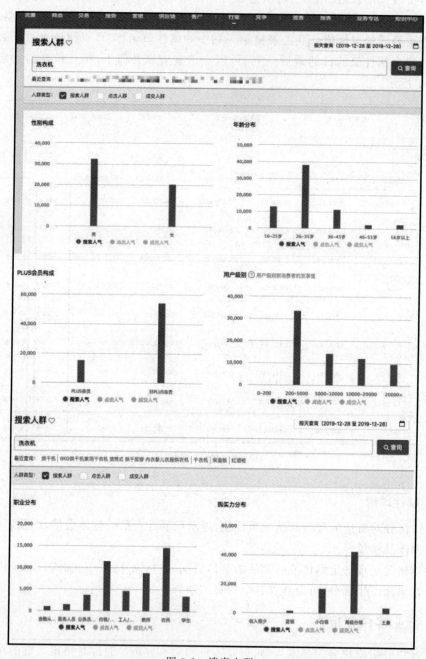

图3-8　搜索人群

（二）客户分析

页面主要分为页面顶部、属性筛选、客户属性、客户行为、消费能力和购买偏好，如图3-9所示。

图 3-9 客户分析

1. 页面顶部

在页面的顶部，可以切换类目、渠道和时间。类目允许切换一级至三级类目，时间包含了天、周、月、近 7 天、近 30 天和自定义时间，自定义时间是指用户可以任意指定开始时间和结束时间，最长不超过 30 天。

2. 属性筛选

属性筛选区包含可选标签为：新老客户、性别、年龄、地区和价格。通过多维度地组合可以圈定所需的人群范围进行分析，针对店铺经营过程中需要经常关注的人群，提供收藏功能，最大支持收藏 5 个固定人群。

新老客户：按照 180 天作为固定复购周期，计算新老客户。在所选时间范围的起始日期向前推 180 天，如果有发生成交行为，则在所选周期内算作老客户，否则算作新客户。

价格：采用用户成交的商品京东价计算分为 6 个区间的价格带，同时可以通过设置最低价和最高价，形成新的价格区间。

地域：按照客户占比显示 TOP 5 省份，同时支持自定义省份。

3. 客户属性

客户属性，展示所选人群的省份、城市、职业和用户级别(京享值和 Plus)分布情况。

通过行业的客户人群分析，想好自己的产品适合什么样的人群，主要销售年龄段是多少，然后进行价格段定位，消费能力定位，商品给这些人解决什么样的痛点。如果把这些都搞清楚了，就可以进行推广了。

 实战演练

练一练

请搜索国内还有哪些电商选品工具，并比较它们各自的优缺点。

学习活动 3.3.2　国外互联网＋商品选品工具介绍

想一想

跨境电商中怎样才能确保自己选品的成功率？

一、速卖通选品工具介绍

全球速卖通（AliExpress，AE）是阿里巴巴旗下的面向国际市场打造的跨境电商平台，是中国最大的出口 B2C 电商平台，2010 年平台成立至今始终高速发展，日趋成熟。速卖通覆盖全球 230 个国家和地区，主要交易市场为俄、美、西、巴、法等国，支持世界 18 种语言站点，海外成交买家数量突破 1.5 亿。AliExpress App 海外装机量超过 6 亿，入围全球应用榜单 TOP 10。

速卖通为客户提供大数据运营分析工具——数据纵横，其功能主要包括以下六方面，如图 3-10 所示。

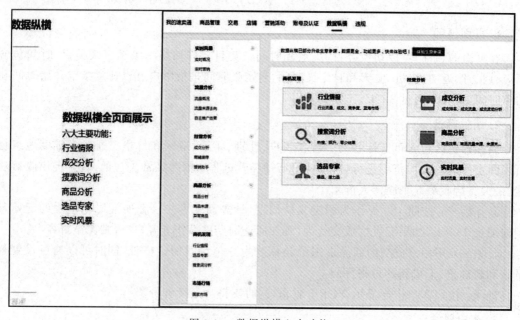

图 3-10　数据纵横六大功能

1. 行业情报

（1）行业重要数据及周涨幅：提供行业流量、交易、供需指数占比以及周涨幅等数据。

（2）行业趋势以及明细数据：明细数据可以下载到本地。

（3）行业国家分布：新增行业成交额国家分布、蓝海行业。

其中蓝海行业又可细分为：一级蓝海行业和细分蓝海行业。一级蓝海行业指网站整体竞争不大，有市场空间的一级行业；细分蓝海行业可以查看所有行业下细分的蓝海市场，如图 3-11 所示。

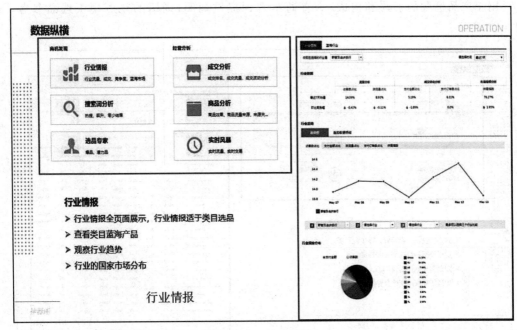

图 3-11　行业情报

2. 成交分析

提供商铺二级类目的排名情况、App 与非 App 成交概况、店铺成交国家分布、App 与非 App 成交核心指标分析,这部分数据都可用于查无线端运营的情况,如图 3-12 所示。

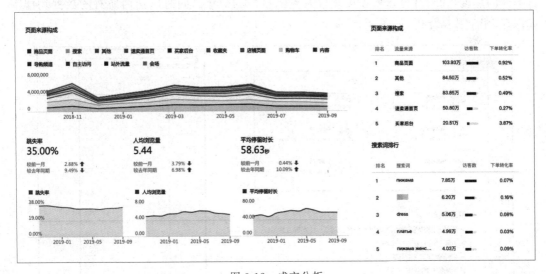

图 3-12　成交分析

3. 搜索词分析

搜索词分为热搜词、飙升词、零少词三类,全部可以下载。

用于产品标题的书写和构成；为直通车选词提供词源；词语的热度用于选品参考，如图 3-13 所示。

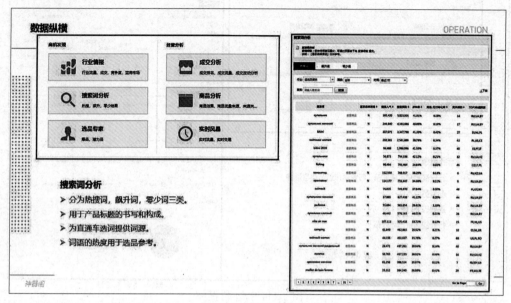

图 3-13　搜索词分析

4. 商品分析

提供一段时间内产品的曝光，访客，浏览，加购等流量指标。数据可以用于判断产品流量上升的热度、判断潜力爆款和爆款以及判断推广的效果。同时店铺内所有的数据均能下载保存，用于数据分析，如图 3-14 所示。

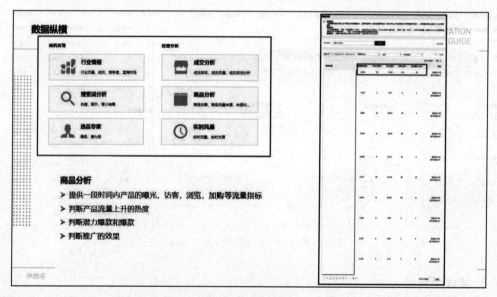

图 3-14　商品分析

5. 选品专家

提供二级类目或三级类目产品热度;判断产品流量上升的热度,提供选品依据;有蓝到红,产品竞争力度逐渐加大;单击关键词进入二级页面,可以查看该类产品详细竞争指标,如图 3-15 所示。

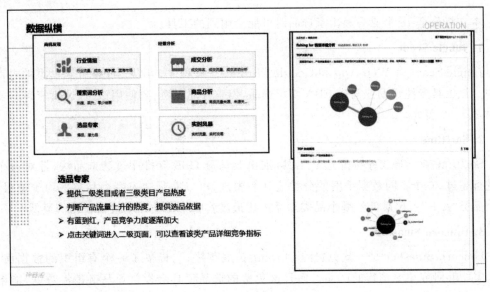

图 3-15 选品专家

6. 实时风暴

提供实时成交金额;提供实时曝光、浏览、访客、订单数、转化率、加购、加收藏人数;流量数据对比柱状图;实时商品流量数据,如图 3-16 所示。

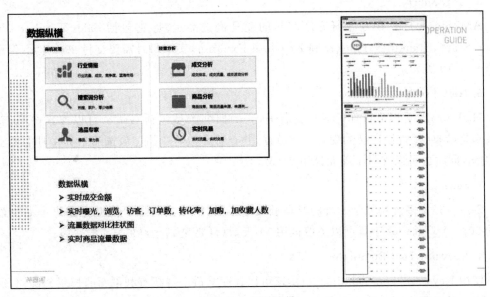

图 3-16 实时风暴

数据纵横是 AE 平台为卖家提供运营数据的重要数据阵地,为卖家提供了大量的数据,从行业情况、选品、选词、数据收集、数据分析、实时数据六个角度提供数据支撑以达到数据化运营的目的。同时当卖家店铺运营到达瓶颈时,用于突破店铺流量和销售额的瓶颈。

二、亚马逊选品工具介绍

本文将分享 18 个亚马逊卖家选品时可能会用到的工具。

1. Jungle Scout

Jungle Scout 有 Web App 和 Google Chrome 扩展程序,可以无缝整合到卖家的电商业务中。该工具专注帮助亚马逊 FBA 卖家选品,但它并非免费,要使用该工具,卖家每月需要支付 29～99 美元。

2. Sorftime

Sorftime 亚马逊卖家标配选品工具,推出亚马逊 DSF 双排序过滤选品法,针对每个类目进行超过 20 个不同数据维度的分类统计和整理,可以立刻知道哪个品类平均价格最高?哪个品类"A＋"占比最低?哪个品类新品占比最高?哪个品类亚马逊自营比例最低?

3. Unicorn Smasher

Unicorn Smasher 是一款免费的 Chrome 扩展程序,它提供了一个有组织的数据面板,让卖家能够研究想要销售的产品。而且该免费的选品工具会提供亚马逊销售数据,能帮助卖家快速找到有潜在商机的产品。

4. CamelCamelCamel

CamelCamelCamel 是可以追踪亚马逊特定产品价格的免费工具,它还能让卖家获取想采购的产品价格更新。

5. AMZShark

AMZShark 是一套专注研究新产品的亚马逊选品工具,它包括 Sales Tracker、Niche Scout、Search Rankings Tracker 和 Keyword Explorer,卖家每月需要支付 299 美元,但第一个月只要 10 美元。

6. HelloProfit

HelloProfit 可以分析你的亚马逊店铺,它的捆绑产品包括 Genie,可以搜索产品、获取相关销售数据、销售该产品的现有卖家数据,并查看类似的产品。该选品工具每月需要支付 97 美元,同时也可以支付 1 美元试用 21 天。

7. Sellics

Sellics 是集多种功能于一身的亚马逊卖家工具,该工具可以研究亚马逊每个品类最畅销的 5000 个产品。该工具可以免费试用 14 天,每月要交 77～499 美元的费用。

8. Keyword Tool Dominator

使用 Keyword Tool Dominator,卖家可以在亚马逊上寻找有利可图的长尾关键词,这也是卖家选品过程中用于搜索分析的工具之一。卖家只需要一次性支付 49.99 美元的费用,就可以终身使用。

9. KeywordInspector

卖家使用 KeywordInspector 可以"查找所有亚马逊消费者正在使用的关键词",它有助于识别有利可图的产品和利基产品。该工具每月会收取 39.95 美元的费用,试用免费。

10. Keyword Tool

卖家使用 Keyword Tool 可以研究潜在的产品关键词,它提供了搜索量、CPC 费用和竞争方面相关数据。使用该工具,卖家每月最高需要支付 88 美元的费用。

11. AmaSuite

AmaSuite 可以帮助卖家发现能在亚马逊上盈利的产品和关键词。该软件第五版允许卖家搜索特定产品,然后检索各种数据,如评论、评级和售价等。要使用该工具卖家需要一次性支付 297 美元,然后就能永久使用。

12. Ali Inspector

Ali Inspector 是功能强大的三合一软件,可以帮助卖家生成利基关键词,分析热门产品并发现好的 drop shipping 产品。如果卖家使用速卖通采购产品,那么该工具将有所帮助。要使用该工具,卖家需要一次性支付 147 美元的费用。

13. ASINspector

ASINspector 是一个强大的亚马逊产品研究工具,它可以帮助卖家获取实时销售数据、研究畅销产品、预估特定 ASIN 的营收等。要使用该工具,卖家一次性需要支付 97～147 美元。

14. CashCowPro

CashCowPro 是一款全面的亚马逊管理工具,它的产品研究部分允许卖家获取关于产品、竞争对手和关键词的实时销售数据。要使用该工具,卖家每月需要支付 49.97 美元的费用。

15. ZonGuru

ZonGuru 是 Chrome 扩展程序,它的 SaleSpy 会分析关键词和竞争对手的产品。要使用该工具,卖家每月需要支付 35～119 美元的费用。

16. AMZScout

AMZScout 能帮卖家研究新产品商机,了解特定产品的竞争格局,并查看产品的季节性销售趋势。要使用该工具,卖家每月需支付 19.99～39.99 美元,也可以免费试用 7 天。

17. AmazeOwl

亚马逊选品工具 AmazeOwl 可以让卖家了解卖什么以及什么产品配送费用低,什么产品竞争少等问题。要使用该工具,卖家每月至多需要支付 0～200 美元。

18. FBA Wizard

FBA Wizard 是一款亚马逊工具,它能帮助卖家研究 drop-shipping、批发和可以创建自有品牌的产品。要使用该工具卖家每月需要支付 97 美元,可以免费试用 10 天。

如今,选品软件已经成为电商运营人员不可缺少的工具,它能够帮助我们快速发现热门产品,降低选品失败的几率。

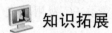 实战演练

目前比较流行的跨境电商交易平台有哪些? 市场份额如何?

知识拓展

淘宝选品小工具

1. 微淘

和老客户的方法类似,投票选款的方式来让客户参与,可以通过微淘签到、真人秀等方式达到增粉和粉丝互动的双重效果。淘宝达人的崛起,把内容玩火了。只要内容够精致,够有创意就能让官方曝光,展示到微淘广场。

优点:免费、互动性高、增粉容易。

缺点:粉丝基数要求高,互动内容要求高,创意要求高。

2. 淘宝客

通过高佣金的方式来测试产品点击情况,跨度在 7 天左右,可以测试产品的转化,点击情况是否受市场欢迎。

优点:推广价格低,使用 CPS 付款(成交之后支付佣金)模式。

缺点:流量低,不可控,时间跨度长。

3. 钻展

通过手机淘宝首焦 2、3 屏,投放 5 个创意以上,测试点击、收藏、加购情况;设置区域定向、种子店铺,以及时间等,确保产品最大化,让真正的客户看到,保证数据真实。

优点:费用低,流量大,速度快,多款产品同时进行。

缺点:流量不可控,转化低,创意要求比较高。

4. 麻吉宝

麻吉宝的功能越来越强大。使用麻吉宝最新的功能,投票选款的方式快速选出客户心仪的产品。

优点:流量大;费用低;产品人气(产品人气是收藏和加购)快速增加。

缺点:用户不精准,转化低,造成人群标签紊乱。

5. 直通车

直接上车测试,看点击率,转化率、加购、收藏、平均浏览时间等综合数据。

优点:流量精准,转化率高(客户有明确的购物需求)。

缺点:质量得分不可控,前期成本高。

思考与练习

一、填空题

速卖通的数据纵横,其功能主要包括_____、_____、_____、_____、_____

和_____。

二、案例分析

亚马逊的图片上传标准

众所周知,亚马逊的图片审核标准是很高的,在亚马逊平台中,上传产品图片分主图(Main Images)和辅图。主图1张、辅图8张,共9张,但在产品页面直接展示的只有6张,其余两张需要点击图片界面以查看。

(1) 亚马逊图片最长边必须至少为1000像素。当图片的高度或宽度至少1000像素时,该图片具有缩放功能,卖家能放大图片局部查看商品细节,这个功能具有增加销售量的作用。

(2) 图片最短的边长(相对的宽或高)不能低于500像素。否则无法上传到亚马逊后台。图片太小了,也不方便买家查看商品,建议卖家在上传商品图片时,边长在1001以上的。

(3) 在上传主图与辅图时,建议尺寸一致,这样会比较美观。

(4) 图片的格式可以使用JPEG、TIFF、GIF,这几种在亚马逊上是可以上传的,建议使用JPEG格式的,这种格式的图片在上传时的速度比较快。

(5) 图像的横向和纵向比例是1∶1.3时,可以在亚马逊的网站达到最佳的视觉效果。

其中主图详细要求如下。

(1) 主图的背景必须是纯白色(亚马逊搜索和产品详情界面的也是纯白的,纯白的RGB值是255,255,255)。

(2) 主图要是产品的实际图,不是插图,更不是手绘图或漫画图。

(3) 主图不能带LOGO和水印,也最好不要有不在订单内的配件、道具等(产品本身的LOGO是允许的)。

(4) 有些类目允许有模特(如Apparel、内衣、袜子),而且只能使用真人模特,不能使用服装店里的那种模型模特。模特必须是正面站立,不能是侧面、背面、多角度组合图、坐姿等。主图模特身上不能有非售物品。

有些类目主图则不允许使用模特(如Bag、Jewelry、Shoes)。

注意:

① 鞋子的主图必须是单只鞋子的照片,最好是左脚朝左。穿在模特脚上的图片只能出现在辅图,不能出现在主图上。

② 耳环主图要成对出现。

③ 袜子单双卖需放单双主图,成套卖主图上可以出现所有套装中的袜子,但不能有卡纸。

(5) 不能包含裸体信息。

(6) 小部分home装饰用品主图不强制一定要用纯白背景,如床上四件套、蚊帐、窗帘、沙发、墙挂画、灯。这些产品主图可以用非纯白背景的情景图等。

辅图的具体要求如下。

(1) 辅图可以展示细节、其他面或搭配图等。辅图应该对产品做一个不同侧面的展示,产品使用的展示,或对在主图中没凸显的产品特性做补充,亚马逊产品listing中卖家可以最多添加 8 张辅图。

（2）辅图最好也是和主图一样是纯白的背景,但这不做强制要求,不是纯白的问题也不大。

（3）辅图不能带 LOGO 和水印(产品本身的 LOGO 是允许的)。

（4）产品必须在图片中清晰可见,如果有模特,那么模特不能是坐姿,最好站立,用真人模特,不能使用模型模特。

（5）不能包含裸体信息。

最后需要注意的是,对于那些知名产品、卡通、影视等形象(包括 LOGO、brand name、设计、版权、肖像权……),未经正规授权,不能私自盗用,不能有任何形式的侵权行为。同时要注意对原始图片信息的保存,不排除日后会有别的卖家恶意投诉你所使用的图片存在侵权行为。

思考:

1. 亚马逊对于图片的要求与国内电商平台有什么根本不同?

2. 分析跨境电商中选品、拍摄、店铺装修等环节应注意的问题。

项目 **4**

商品采购

学习目标

知识目标

1. 掌握采购管理的概念。

2. 明确采购管理的目标。

3. 归纳供应链下的采购管理模式特点。

3. 掌握供应商的分类。

4. 明确供应商选择的方法。

5. 明确商品采购合同签订流程。

6. 掌握供应商绩效评估的意义。

7. 明确现有供应商的绩效考核指标。

能力目标

1. 制订采购认证计划。

2. 制订采购订单计划

3. 掌握商品采购谈判的技巧。

4. 掌握电子商务采购技巧。

5. 掌握供应商绩效评估的SWOT分析和采购品定位矩阵分析。

6. 掌握电商采购绩效考核指标。

7. 明确采购员岗位职责。

8. 掌握采购员绩效考核指标。

素质目标

1. 能够对专业知识学习精益求精,面对复杂的采购工作能够做到细致入微。

2. 通过实战演练,能够明确采购在企业发展中的重要性。

导入案例

年轻人与2000支铅笔

一个年轻人到某公司应聘,在最后一轮面试中,主持人出了一道笔试题:假定公司派你去采购2000支铅笔,你要带多少钱?

第一个应聘者的答案是120美元,他解释说:"采购2000支铅笔可能要100美元,其他杂用就算 20 美元吧。"

第二个应聘者的答案是 110 美元,他解释道:"2000 支铅笔要 100 美元,另外需要 10 美元左右。"

最后轮到这位年轻人,他的答卷上写的是 113.86 美元,主持人很惊奇,要求应试人解释,这位年轻人说:"铅笔每支 5 美分,2000 支是 100 美元。从公司到这个工厂,乘汽车来回票价 4.8 美元;午餐费 2 美元;从工厂到汽车站为半英里,请搬运工人需要 1.5 美元⋯⋯因此,总费用为 113.86 美元。"

图 4-1　《戴尔·卡耐基全集》封面

最后这个年轻人被录用了,这个人就是后来大名鼎鼎的卡耐基(见图 4-1)。

戴尔·卡耐基(Dale Carnegie,1888—1955),美国著名人际关系学大师,美国现代成人教育之父,西方现代人际关系教育的奠基人,被誉为 20 世纪最伟大的心灵导师和成功学大师。

 ## 启示

做任何事情时,都要以严谨的作风认真对待。我们平时在做数学题时,经常因忽视了某个地方,使得整道题目全错,这就是没有认真对待每件事的后果。我们决心做的每一件事都要认真、严谨地对待,而不是"大概""差不多"应付过去。即使是一件微不足道的小事,也有可能因你的疏忽大意而影响了你一生的命运。特别是我们这些将来可能掌管着百万元、千万元采购大权的采购人员,细致入微,是采购人员十分重要的必修技能。

知识结构图

学习任务 4.1　商品采购概述

任务目标

1. 掌握采购的概念。
2. 明确三种采购制度的优缺点。
3. 掌握采购管理的概念。

4. 明确采购管理的目标。

5. 掌握采购管理的内容。

6. 归纳供应链下的采购管理模式。

学习活动 4.1.1 商品采购制度认知

想一想

企业采购对利润的影响

假设某企业现在的目标是将利润提高一倍。现在,该企业的总销售额为 1 亿元,利润为 500 万元。

问题:销售额、价格、工资、企管费、采购成本需要增加或减少多少,才能使利润从目前的 500 万元提高到 1000 万元? 相关财务数据见表 4-1。

表 4-1 影响利润的因素比较 单位:百万元

项 目	现状	销售额+17%	价格+5%	工资-50%	企管费-20%	采购成本-8%
销售额	100	117	105	100	100	100
采购成本	60	70	60	60	60	55
工资	10	12	10	5	10	10
企管费	25	25	25	25	20	25
利润	5	10	10	10	10	10

表 4-1 列出了为使利润翻番,每个项目应变化的幅度。我们可以看出,除了价格和采购外,其余各项都必须经历大幅度变动才能使利润增加一倍。而即使是价格一项,市场上的激烈竞争也会使价格的上涨很难实现。

在成本方面,我们虽然无法控制购入产品成本的主要部分,但是可以通过一些简单的手段来大幅度降低采购成本。例如,让两个供应商对同一产品报价、与供应商紧密协作来控制成本、利用供应商的数量折扣或者仔细选择货源、运输路线、运输方式等。

采购成本不需要下降很多就可以实现产品绝对成本的大幅下降,利润的大幅提高。

思考:

(1) 你认为在上面的案例中该企业能降低成本最好的途径是什么?

(2) 尝试总结采购在企业中的重要性可以体现在哪些方面?

一、采购的定义

(一) 基本概念

一般任务,采购是指单位或个人基于生产、销售、消费等目的,购买商品或劳务的交易行为。根据人们取得商品的方式和途径的不同,采购可以从狭义和广义两个方面来理解。

1. 狭义的采购

简单地说,狭义的采购就是买东西,扩展开来是指企业根据需求提出采购计划、审核计划、选好供应商、经过商务谈判确定价格、交货及相关条件,最终签订合同并按要求收货付款的全过程。

2. 广义的采购

广义的采购是指除了以购买的方式获取物品之外,还可以通过下列途径取得物品的使用权,以达到满足需求的目的。广义的采购除了"购买"以外还包括以下几种途径。

(1)租赁,即一方以支付租金的方式取得他人物品的使用权。

(2)借贷,即一方以无须支付任何代价的方式取得他人物品的使用权;使用完毕,仅返还原物品。这种无偿借用他人物品的方式,通常是基于借贷双方的情谊与密切关系,特别是借方的信用。

(3)交换,以物易物的方式取得物品的所有权及使用权,但是并没有直接支付物品的全部价款。换言之,当双方交换价值相等时,不需要以金钱补偿对方;当交换价值不相等时,仅由一方补贴差额给对方。

综合以上说明,我们可以知道,广义的采购是:单位或个人为了满足某种特定的需求,以购买、租赁、借贷、交换等各种不同的途径,取得商品及劳务的所有权或使用权的活动过程。

(二)采购的地位

在现代企业的经营中,采购已显得越来越重要。一般情况下,企业产品的成本中外购部分占了比较大的比例(60%～70%)。这意味着,在获得物料方面所做的点滴成本节约对利润产生的影响,要大于企业其他成本节约—销售领域内相同数量的节约给利润带来的影响。因此,外购件与原材料的采购成功与否在一定程度上直接影响着企业的竞争力,采购与采购管理往往是竞争优势的来源之一。

二、采购制度

(一)集中制采购制度

集中制采购制度是指由企业的采购部门全权负责企业采购工作,即企业生产中所需物资的采购任务,都由一个部门负责,其他部门(包括分厂、分企业)均无采购职权。集中制采购的组织结构,如图 4-2 所示。

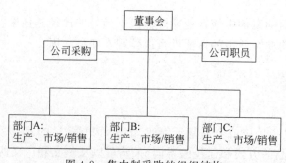

图 4-2　集中制采购的组织结构

1. 集中制采购制度的优点

集中制采购制度的优点主要有：第一，降低了企业采购费用，集中采购可以使采购数量增加，提高与卖方的谈判力量，比较容易获得价格折扣和良好的服务；第二，有利于实现采购作业及采购流程的规范化和标准化；第三，有利于对采购工作实施有效控制；第四，可以统一组织供应，合理配置资源，最大限度地降低库存。

2. 集中制采购制度的不足

集中制采购制度也存在不足，主要有：第一，采购流程过长，时效性差，难以适应零星、地域性及紧急采购状况；第二，非共同性物料集中采购，企业难以得到数量折扣利益；第三，采购单位与使用单位分离，缺乏激励，采购绩效比较差。

3. 集中制采购制度的适用条件

集中制采购制度的优点是在价格和成本方面以及服务和质量方面从供应商处得到更好的优惠条件。其缺点也很明显，即每个部门的经理只对采购的决策负有限的责任，这样他们将逐渐削弱公司级别的中心采购部门的地位，这种采购制度在几个部门购买相同产品，并在同时对它具有战略重要性的情况下是适用的。

例如，连锁店的采购配送中心实行的是集中制采购制度。

（二）分散制采购制度

分散制采购制度，是指按照需要由各单位自行设立采购部门负责采购工作，以满足部门生产需要。

分散制采购制度可以有效地完善和补充集中采购的不足；采购针对性强，决策效率高，权责明确，过程短，直接快速，有较强的激励作用；同时占用资金较少和占用库存空间较小。但是这种采购制度权力分散，不利于采购成本的有效降低，易于产生暗箱操作；如果管理失控，将会造成供应中断，加大采购成本，影响生产活动的正常进行。

分散化采购适合于大型生产企业或大型流通企业，如实行事业部制的企业，每一事业部设有独立的采购供应部门。

这种结构对于拥有部门结构跨行业的企业特别有吸引力。因为每一个部门采购的产品都是唯一的，并且与其他部门所采购的产品有显著的不同。分散制采购的组织结构如图 4-3 所示。

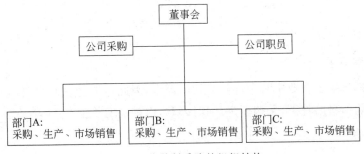

图 4-3　分散制采购的组织结构

（三）混合制采购制度

混合制采购制度,是指将集中制采购和分散制采购组合成的一种新型采购制度。依据采购物资的数量、品质要求、供货时间、价值大小等因素,需求量大且价值高,进口货物等可由总公司采购部集中采购;需求量小,价值低的物品,临时性需要采购的物资,由分公司和分厂的采购部门分散采购,但在采购中应向总公司反馈相关的采购信息。混合制采购的组织结构如图 4-4 所示。

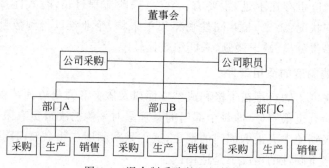

图 4-4　混合制采购的组织结构

三、采购作业流程

采购作业流程会因采购的来源—国内采购、国外采购、网络采购,采购的方式——议价、比价、招标,以及采购的对象—物料、工程发包等不同而在作业细节上有若干差异。但对于基本的流程则每个企业都大同小异。

采购的关键步骤可以概括为以下 9 步,如图 4-5 所示。

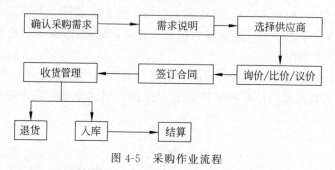

图 4-5　采购作业流程

1. 确认采购需求

任何采购都产生于企业中某个部门确切的需求,因此在进行采购之前,采购部门应先确定整个企业采购物料的种类,采购多少,何时采购,由谁决定等。

2. 需求说明

如果采购部门不了解使用部门到底需要些什么,采购部门不可能进行采购。因此在确认需求之后,就必然要对需要采购的商品或服务有一个准确的描述,即对需求的细节,如品质、包装、售后服务、运输及检验方式等,加以明确说明,以便使来源选择及价格谈判等作业能顺利进行。

3. 选择、评估供应来源

供应商选择是采购职能中重要的一环,它涉及了高质量物料或服务的确定和评价。这一环节主要是根据需求说明在原有供应商中选择良好的厂商,通知其报价,或以登报公告等方式公开征求合适的供应商。

4. 确定适宜的价格

决定可能的供应商后,应进行价格谈判,可通过询价/比价/议价来确定合适的采购价格。

5. 签订合同

在价格谈妥后,应办理定货签约手续。订单和合约,均属于具有法律效力的书面文件,对买卖双方的要求、权利及义务,必须予以说明。

6. 订单追踪与稽核

在签约定货之后,为使供应厂商能够按期、按质、按量交货,应依据合约规定,及时督促厂商按规定交运,并予以严格检验入库。

7. 货物的验收

在签订合同后,采购企业应按照合同上的规定对供应商所提交的产品进行验收,凡厂商所交货品与合约规定不符而验收不合格者,应依据合约规定退货。并立即办理重购,予以结案。

8. 核对发票

在通过厂商交货验收合格后,随即开具发票。供应商要求付清货款时,对于发票的内容是否正确,应先经采购部门核对,然后财务部门才能办理付款。

9. 结案

凡经过验收合格的产品进行付款,或验收不合格的产品进行退货,采购部门都须办理结案手续,清查各项书面资料有无缺失,绩效好坏等,报高级管理层或权责部门核阅批示。

10. 记录与档案维护

凡经结案批示后的采购业务,应列入档案登记并进行分类编号,予以保管,以备参阅或事后发生问题时进行备查。

 实战演练

练一练

如果你是连锁超市的经理,请问所学三种采购制度中你会选择哪一种? 为什么?

知识拓展

采购重在掌握运用

中华人民共和国成立初期,某研究所拆开一台苏联产的机器,所有工程师都傻眼了。里面近一百根管子,盘根错节,很难分清出口和入口,大家绞尽脑汁不得其解。这时,一个看门的老人一手拿个烟斗,一手拿根粉笔,随便找根管子吐进烟去,再做上标记,以此类推,很快厘清了对应关系。在纷繁复杂的工作中,看门老人依靠经验理出了头绪。

启示

采购智慧重于采购知识,采购经验重于采购智慧,采购效果关键看如何掌握运用。

思考与练习

一、填空题

1. 采购制度根据组织结构不同分为_____、_____和_____三种。

2. 采用混合制采购制度时,需求量大且价值高,进口货物等可由_____采购部集中采购。

3. 采用混合制采购制度时,对于临时性需要采购的物资可以由分公司和分厂的采购部门分散采购,但在采购中应向总公司反馈_____。

4. 广义的商品采购除了_____以外,还包括_____、_____和_____三种途径。

二、判断题

1. 交换物品属于采购。 （   ）

2. 事业部制的企业使用集中采购,连锁超市适用分散采购。 （   ）

3. 分散采购的优点是能最大限度地降低库存。 （   ）

学习活动 4.1.2　商品采购管理认知

想一想

耐克(Nike)公司是世界运动鞋霸主,却没有直接的原材料供应商,甚至没有自己的工厂。在很多发展中国家的工厂里,耐克鞋被日夜不停地生产出来,而工厂的主人却不是耐克。这些工厂拥有自己的原料供应商——布匹、塑料、生产设备等。这些供应商们也同样拥有自己的供应商。

耐克无疑是成功的。从1992年到1998年,这家公司的股东获得了超过30%的股本收益。这种成功在很大程度上是建立在"大采购"战略成功的基础之上的。从生产到广告,从飞机票到午餐,从仓储到市场调研等,都是通过采购得以实现的。

耐克"大采购"战略成功的经验是什么?

一、采购管理的概念

(一) 什么是采购管理

采购管理是指为保障整个企业物资供应面对企业采购活动进行的管理,是整个采购活动的重要组成部分。它着眼于组织内部、组织和供应商之间,构建和持续改进采购过程。

(二) 采购与采购管理的区别

采购管理是对整个企业采购活动的计划、组织、指挥、协调和控制,是一项管理活动。它不但面向企业全体采购员,而且也面向企业其他组织管理人员(进行有关采购协调配合工作的相关人员),一般由企业的采购科(部、处)长、供应科(部、处)长、企业副总(以下统称为采购科长)来承担。其使命,是保证整个企业的物资供应,其权利是可以调动整个企业的资源。

采购是指具体的采购业务活动,是一项作业活动,一般是由采购人员承担,只涉及采购人员个人,其职责就是完成采购部布置的具体采购任务,其权利只能调动采购部的有限资源。

可见,采购管理与采购是有区别的。但是,采购本身也有具体管理工作,它属于采购管理。而采购管理本身,又可以直接管理具体某项采购业务的每一个步骤、每一个环节和每一个采购员。可见,采购管理与采购是有联系的,如表4-2所示。

表 4-2 采购与采购管理的联系与区别

项目	采 购	采购管理
区别	① 具体的采购业务活动,是一项作业活动 ② 只涉及采购员个人 ③ 只能调动采购部的有限资源	① 对整个企业采购活动的计划、组织、指挥、协调和控制活动,是管理活动 ② 面向整个企业 ③ 可以调动整个企业的资源
联系	采购本身,也有具体管理工作,它属于采购管理。采购管理本身,又可以直接管理具体的采购业务的每一个步骤、每一个环节、每一个采购员	

(三) 采购管理的目标

采购管理的总目标是为了保证物资供应。物资供应的有效性可以通过实施采购管理做到。采购管理的目标可以归结为"五个合适"。

1. 选择合适的供应商

选择供应商是采购管理的首要目标。对采购方来讲,选择的供应商是否合适,会直接影响采购方的利益。供应商的选择,主要应考察供应商的整体实力,生产供应能力、信誉等,以便建立双方相互信任的长期合作关系,实现采购与供应的"双赢"。

2. 适当的质量

采购商进行采购的目的,是为了满足生产需要。因而,为了保证企业生产的产品的质量,首选应保证所采购材料的质量,能够满足企业生产的质量标准要求。保证质量应该做到"适当",一方面如果产品质量过高,会加大采购成本,同时也造成功能过剩;另一方面所采购原材料质量太差,就不能满足企业生产对原材料品质的要求,影响最终产品的质量,甚至会危及人民生命财产安全。

3. 适当的时间

采购管理对采购时间有严格的要求,即要选择适当的采购时间,"适当"就是指既要保证供应不间断,库存合理;又不能出现过早采购而出现积压,占用过多的仓库面积,加大库存成本。

4. 适当的数量

科学地确定采购数量也是采购管理的一个重要目标。在采购中要防止超量采购和少量采购。如果采购量大,易出现积压现象;如果采购量小,可能出现供应中断,采购次数加大,使采购成本增大。因此,采购数量定要适当。

5. 适当的价格

采购价格的高低是影响采购成本的主要因素。因此,采购中是否能够做到以"适当的价格"完成采购任务是采购管理的重要目标之一。如果采购价格过高,加大了采购方的生产成本,产品将失去竞争力,供应商也将失去一个稳定的客户,这种供需关系不会长久;但如果采购价过低,供应商利润空间小,无利可图,将会影响供应商供货积极性,甚至出现以次充好,以降低产品质量来维持供应。

(四) 采购管理的作用

采购不但是企业的物料来源,也是资源市场信息的来源。通过企业采购人员的采购活动可以为企业适时地提供原材料、设备和工具,保障生产得以顺利进行;企业信息来源,是通过企业物资采购人员的采购活动,通过与资源市场广泛接触,了解资源市场的产品信息、技术水平信息、发展动态信息、运输信息等,这些信息对企业都非常重要。

对企业采购活动进行管理具有以下几个方面的作用。

(1) 采购管理可以为企业制定最优的采购策略提供支持,企业可以利用采购活动中所获取的信息选择最好的供应商、最好的产品和最好的运输路线、运输方式,进行最有效率的采购。

(2) 通过采购管理可以及时了解资源市场中资源的发展变化动态,技术动态信息等,对企业随时制定和调整产品策略、生产决策提供有力的支持。企业应当根据资源的发展变化来随时调整产品策略和生产策略。

(3) 采购管理有利于与供应商建立起一种比较友好的关系,为企业的采购和生产提供一种比较宽松和高效率的外部环境条件。供应链思想的核心是要建立起企业与供应商之间的高效率的运作体系,因此,采购在其中的重要职能,就是要通过采购人员建立起与资源市场的各个供应商之间的友好、宽松、有效的供需关系。

(五) 采购管理的内容

为了实现企业的采购目标并使采购管理在企业的生产经营中起到良好作用,企业必须重视和加强企业采购管理。企业采购管理的主要内容,如图4-6所示。

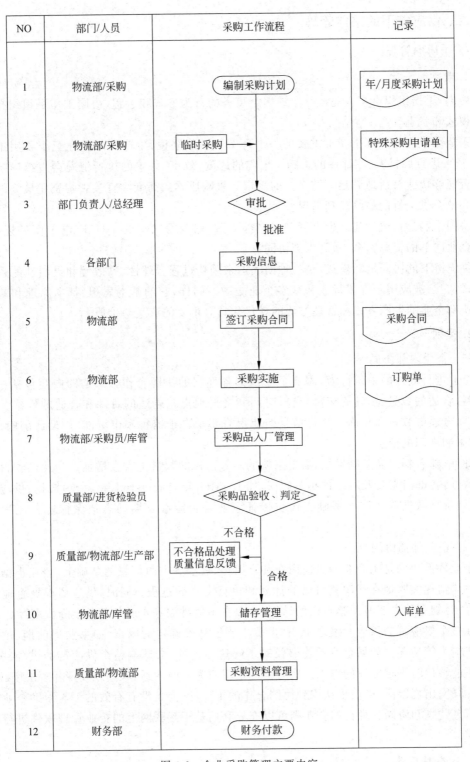

NO	部门/人员	采购工作流程	记录
1	物流部/采购	编制采购计划	年/月度采购计划
2	物流部/采购	临时采购	特殊采购申请单
3	部门负责人/总经理	审批　批准	
4	各部门	采购信息	
5	物流部	签订采购合同	采购合同
6	物流部	采购实施	订购单
7	物流部/采购员/库管	采购品入厂管理	
8	质量部/进货检验员	采购品验收、判定	
9	质量部/物流部/生产部	不合格品处理质量信息反馈　不合格　合格	
10	物流部/库管	储存管理	入库单
11	质量部/物流部	采购资料管理	
12	财务部	财务付款	

图 4-6　企业采购管理主要内容

二、供应链下的采购管理

(一) 协同管理

1. 概念

协同,泛指组织中多人完成一个或多个事务的行为方式和过程,协同工作是组织行为的基本模式和状态。

采购是供应链管理中非常重要的一个环节。一般来说,生产型的企业至少要用销售额的 50% 来进行原材料、零部件的采购。采购的速度、效率、订单的执行情况会直接影响本企业是否能够快速灵活地满足下游客户的需求。采购成本的高低会直接影响企业最终的定价情况和整个供应链的最终获利情况。

协同采购是指通过建立生产管理、销售、采购、财务等共享的 e-Hub(电子商务枢纽)来实现企业内部的资源整合,做到内部协同。

供应链下的协同采购模式,是一种彻底追求采购过程合理性、高效性和灵活性的采购管理模式,它已被应用于许多行业和众多企业之中。同样,它的基本思想、基本原理和基本技法对所有企业的生产方式和管理方法的现代化具有重要的意义与价值。

2. 类别

(1) 企业内部协同

企业进行高效的采购行为,需要企业内部各部门的协同合作。采购的内容包括:正确的物料、合适的数量、正确的交付(交付时间和交付地点)、合适的货源和合适的价格。正确的物料、合适的数量和正确的交付信息的获得需要来自于销售和市场部门、设计部门,生产部门、采购部门的信息。

此外,随着新产品急剧增加,需要采购的新零部件的数量也大大增加。为达到物料数据的一致性,各部门需要及时维护相关数据,如 BOM(bill of material,物料单)数据、供应商数据、采购价格数据等。该项基础工作将保证企业是否能够长期动态地保持业务流程的稳定性。

(2) 企业外部协同

企业外部协同是指企业和供应商在共享库存、需求等方面信息的基础上,企业根据供应链的供应情况实时地在线调整自己的计划和执行交付的过程。同时,供应商根据企业实时的库存、计划等信息实时调整自己的计划,可以在不牺牲服务水平的基础上降低库存。

在整个供应链的供应网络之中,有很多不能够精确确定的因素,如采购提前期、供应商的生产能力等情况。如果企业不能够及时了解这些情况,会影响整个供应链的供/需关系,导致不能够按时满足客户的需求。实时协同使得双方实时沟通,快速地发现和解决问题。

互联网出现以前,人们也认识到协同合作的重要性,但是没有有效的工具帮助企业实时进行信息共享和协同。现在的企业则可以充分利用基于互联网上的企业管理软件进行采购的协同。

(二) 全球采购

全球采购是指利用全球的资源,在全世界范围内去寻找供应商,寻找质量最好,价格合理的产品。一般是指不包括企业行为的"官方采购",如联合国、各种国际组织、各国政府等机构和组织,为履行公共职能,使用公共性资金所进行的货物、工程和服务的采购。采购的对象包罗万象,既有产品、设备等各种各样的物品,也有房屋、构筑物、市政及环境改造等工程,还有种种服务。也就是说某辆车的发动机可能是德国本土造的,而电子设备是马来西亚产的,轮胎是日本产的,汽车的座椅是中国台湾产的,等等,真可谓是"万国"产品。

(三) 网络采购

最近几年,随着计算机网络和信息技术的发展,通过互联网的B2B网络采购已经成为一个快速减少采购成本的解决办法。在线竞价通常能节约5%~40%的总采购成本,典型的采购成本下降范围是15%~20%。物料采购成本的显著减少,直接带来了企业产品成本的下降,提高了企业的市场竞争能力。

电子商务的发展带来了采购领域的革命,使采购的形式、过程、交易手段都发生了极大的变化,而且特别是在政府采购和集团采购等比较大宗的、要求规范的公开采购领域,影响尤为明显,它不仅提高了采购效率,促进了过程透明化,而且也为双方提供了更多的机会。

网络采购是指企业或政府集中采购项目通过互联网发布采购信息,接受供应商网上投标报价、网上开标以及公布采购结果的全过程。

网络采购相对于传统的采购方式,最主要的区别就是网上采购采取现代计算机网络的技术、特别是互联网的应用为工具,把采购项目的信息公告、发标、投标报价、定标等过程放在计算机网络上来进行,采购相关的数据和信息实现了电子化。

 实战演练

思科公司的"长鞭效应"

赶车人手中的鞭子轻轻挥一下,鞭子的末尾部分就会剧烈地抖动,这就是通俗意义的"长鞭效应"。对应到供应链上,就是说市场稍微变化,回推到上游所产生的影响是很大的。理论派认为效应的大小与供应链的长短有很大的关系,一般而言,供应链越短,长鞭效应就会越小。但是不幸的是,随着越来越多的公司加入供应链上来,供应链已经变得越来越长,也就是说长鞭效应已经变得越来越大。那么在现实的管理中如何减弱长鞭效应呢?

这里以思科公司为例加以说明。2001年,思科公司宣布其库存损失达21亿美元。原因何在? 我们重新审视一下它的供应链,思科公司的供应链一共有三层:第一层是Celestica、Flextronics、Solectron这样的代工厂商;第二层第一阶零部件供应厂商,提供LCD、CPU、HD等零部件;第三层是第二阶供货商,为第一阶厂商提供原材料等。现在假设思科公司需要100个订单,按照以前的做法,它会把这些订单下给它的不同的代工厂商,而代工厂商为了完成任务,就会向其上游的零部件提供商要更多的零组件,依此类推,到了最上游的时候就已经远远不是当初的100份订单了,这种恶性循环就是长鞭效应。

那么思科公司是如何解决这些问题的呢? 很简单——把金字塔的供应链转换为同心圆的供应链就可以了,他们建立了一个eHub,所有的代工厂商和各阶的零部件提供商都围绕在这个Hub周围形成一个圆,在这种情况下,首先就做到了信息的透明化,每个厂商都可以看到需要多少订单,需要多少零部件之类的信息,信息的传递不再是以往的垂直式的,而是变为放射状的沟通,从而消除了"长鞭效应"的影响。

如此所带来的效益也是很直观的:库存降低了45%,订单周期降低了70%,量产时间降低了25%。第二阶段做的是生产规划,主要是对市场预测的管理,是将生产排程的管理、库存管理等放进 eHub 这个平台里。找到问题所在,答案也随之彰显,可以看到,供应链"减肥"以后的效益是非常明显的。

你认为思科公司最后是如何消除了"长鞭效应"的影响?

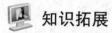 知识拓展

决胜全球采购中国不能光靠"成本低"

较低的劳动力成本吸引不少外国企业前来中国采购,但还有许多因素在制约着采购的实现。近年来,许多跨国企业受到低成本的吸引,纷纷涌入我国进行采购。我国生产的打印机、微波炉、电池等产品,在数量上已稳居全球第一。不过,在具体的采购过程中,不少跨国企业发现,低成本的确非常诱人,但在具体实施采购计划时,还有许多其他因素影响到他们的决策。

据欧洲最大的咨询企业罗兰贝格企业对爱立信、通用等32家跨国企业的调查发现,由于缺少足够的市场透明度,跨国企业往往很难判断中国供应商是否合格。供应商对西方标准缺少了解,也影响了双方的有效沟通。此外,谈判回合繁多、周期长,有时也使供应商失去了打入国际市场的机会。

美国一家大型汽车企业,准备到中国采购汽车零部件。最初来考察时,发现我国有不少颇具实力的供应商,就从中选择几家并要求其工程技术人员赴美进行技术谈判。结果供应商派出的工程师在语言沟通上出现问题,对一些国外的技术标准也不太清楚,最终使供应商错过了这一商机。不少跨国企业认为,东西方在语言、文化等方面的差异显而易见,但一个供应商如果想进入国际市场,就应该提前做好准备,不要因为一些不是特别重要的因素,如语言差异等影响到采购的成功。此外,供应商应积极了解国外的各种标准及规范,不能认为拿到一个 ISO 9000 认证就万事大吉。

还有一家国内的生产企业,在向跨国企业报价时,把自己希望获得的利润打进工资成本中去。结果跨国企业同时收到5个生产企业的报价,只有这个企业的工资成本明显高出一截,而且没有特别的原因来说明为什么高。企业不提供准确的信息,不仅使谈判夭折,而且企业的诚信度也受到怀疑。

通用电气的采购部门谈到,采购方希望供应商提供明晰的成本和详尽的信息,这并不意味着采购方会不断压价使供应商没有利润可图,而是需要以此进行鉴别挑选。罗兰贝格的中国区总裁朱伟认为,为跨国企业供货,企业必须进行相应的改进,包括增强开发能力和生产能力,实行质量和流程控制,使成本清晰透明。但相比全球采购带来的好处,这仍是值得的。首先,出口贸易中拖欠账款的风险较小;其次,出口贸易有利供应商扩大规模;更重要的是,供应商可以借此实现技术生产能力的升级,并获取更多的国际经验。

思考与练习

一、单项选择题

1. 一般情况下,企业产品的成本中采购部分占的比例为(　　　)。

    A. 60%～70%　　　　　　　　　　B. 10%～20%

    C. 80%～90%　　　　　　　　　　D. 30%～40%

2. 下面不属于集中制采购制度优点的是(　　　)。

    A. 可以使企业获得规模效益

    B. 能降低采购和物流成本

    C. 易于稳定和供应商的关系,实现有效的长期合作

    D. 手续简单,过程短,直接快速

3. 下面对分散制采购制度缺点解释错误的是(　　　)。

    A. 权力分散,不利于采购成本的有效降低

    B. 决策层次低,易于产生暗箱操作

    C. 零星、地域性及紧急采购状况难以适应

    D. 市场调研分散,难以培养采购专家

二、判断题

1. 采购是影响企业利润的一个因素。　　　　　　　　　　　　　　　　(　　)

2. 物资采购管理部门是企业库存控制的核心和司令部。　　　　　　　　(　　)

三、简答题

1. 简述采购和采购管理的区别和联系。

2. 简述采购管理的目标。

学习任务4.2　商品采购流程操作

任务目标

1. 制订采购认证计划。

2. 制订采购订单计划。

3. 掌握供应商的分类。

4. 明确供应商选择的方法。

5. 掌握商品采购谈判的技巧。

6. 掌握电子商务采购技巧。

7. 明确商品采购合同签订流程。

通过第一个任务的学习,我们知道采购作业流程有9步,分别是确认采购需求、需求说明、选择、评估供应来源、确定适宜的价格、签订合同、订单追踪与稽核、货物的验收、核对发

票、结案。本任务将采购作业流程概括为四个学习活动,分别是商品采购计划制订、商品采购供应商选择方法、商品采购谈判和商品采购合同签订。

学习活动 4.2.1　商品采购计划制订

想一想

法国曾经出过一道有奖征答的智力测验题。

题目是:如果卢浮宫不幸失火,这时你只能从里面抢出一幅名画,你将抢哪幅画?大部分人都将答案集中在《蒙娜丽莎》上。大奖最后却被法国大作家凡尔纳拿走,他说,"我抢离安全出口最近的那幅画"。

启示

最低的采购风险与采购总成本,才是采购大智慧。

你认为怎样才能降低采购成本呢?

采购计划的制订是一项复杂而细致的工作,一个好的采购计划,需要对变化的市场进行深入分析和预测。这样才能够有效避免投资风险,最大限度地降低物料成本,对企业的物流管理活动起到积极作用。

采购计划包括两部分,即采购认证计划和采购订单计划。

一、采购认证计划

采购认证是指企业采购人员对采购环境进行考察并开发的过程。对于需要与供应商合作开发项目的采购方来说,有必要进行采购认证。采购认证根据项目的大小、期限的长短等采取不同的认证方法。

制订采购认证计划的步骤是准备认证计划、评估认证需求、计算认证容量、制订认证计划,如图 4-7 所示。

图 4-7　制订采购认证计划的步骤

(一)准备认证计划

1. 接受开发批量需求

目前,开发批量需求有两种情况:一种是在现有的采购环境中可以选择的物品供应,以前所接触的供应商的供应范围比较大,就可以从这些供应商的供应范围中找到企业需要的批量物料需求;另一种是现有采购环境无法提供的新物品,需要寻找新的物品供应商,或者需要与供应商共同开发新物品。

2. 接收余量需求

随着企业规模的扩大,市场需求的快速增加,采购环境的供应量不能够支持物品采购的需求;或该种物品的采购需求持续下降,采购处于萎缩状态,导致非经常性的供应不适应需求。这两种供应小于需求产生了余量需求,推动采购环境的扩大。

3. 准备认证环境资料

采购环境包括认证环境与订单环境。有些供应商的认证容量比较大,但是其订单容量比较小;有些供应商认证容量比较小,但是订单容量比较大。认证环境是对认证过程的保证,是供应商小批量样件的试制过程,这个过程需要有供应商的可靠技术支持,有时甚至需要与供应商一起开发。订单环境是供应商的生产制造过程,其突出表现就是自动化机器流水作业及稳定的生产,技术工艺已经固化在生产流程之中,主要体现供应商的规模生产能力。

4. 制订计划说明书

认证计划说明书包括物品项目名细、需求数量、认证周期,同时应附有开发需求计划、余量需求计划和认证环境等资料。

(二) 评估认证需求

评估认证需求由分析开发批量需求、分析余量需求和确定认证需求 3 部分内容组成,如图 4-8 所示。

图 4-8 评估认证需求

1. 分析开发批量需求

要做好开发批最需求的分析不仅需要分析量上的需求,而且要掌握物料的技术特征等信息。开发批量需求有以下多种形式。

(1) 按需求环境,可分为研发物品开发认证需求和生产批量物品的认证需求。

(2) 按采购环境,可分为环境内物品需求和环境外物品需求。

(3) 按供应商状况,可分为可直接供应物品的需求和需要订制物品的需求。

(4) 按照国界,可分为国内供应物品和国外供应物品。

计划人员应对开发物品需求进行详细的分析,必要时与开发人员、认证人员共同研究开发物品的技术特征,按照已有的采购环境及认证计划经验进行合理分类。

2. 分析余量需求

分析余量需求,首先要对余量需求进行分类,一是市场销售需求的扩大,二是采购环境订单容量的萎缩。这两种情况都导致了采购环境的订单容量难以满足采购需求,因此需要增加采购环境容量。对于市场需求原因造成的余量需求可以通过市场及生产需求计划得到各种物品的需求量和需求时间;对于因供应商减少供应造成的余量需求,可通过分析现采购环境的总体订单容量与原订单容量的差别确定。这两种情况的余量相加形成总的需求余量。

3. 确定认证需求

根据开发批量需求及余量需求的分析结果可以确定认证需求。认证需求是通过认证程序和方法,确定具有一定订单容量的采购环境。

(三) 计算认证容量

计算认证容量主要包括下列内容:分析项目认证资料、计算总体认证容量、计算承接认证量、确定剩余认证容量,如图 4-9 所示。

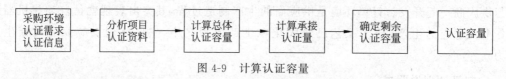

图 4-9　计算认证容量

1. 分析项目认证资料

分析项目认证资料是计划人员的一项重要事务,不同的认证项目其过程及周期也是千差万别的。计划人员除了应具有较好的财务与市场分析能力外,还应具备对采购物品的技术分析能力,特别是物品的技术适应性和物品的规模生产能力。

2. 计算总体认证容量

在采购环境中,供应商认证容量与订单容量是不同的。一般来说,供应商不情愿做样品的认证,而只希望批量订单。因此,在与供应商的认证合同中,应订明认证容量与订单容量的比例,要求供应商提供供应的资源用于支持认证操作,防止供应商只做批量订单,而不做样件认证。计算采购环境的总体认证容量是把采购环境中所有供应商的认证容量加总,并对某些供应商的认证容量加以适当的折扣。

3. 计算承接认证量

供应商接受认证量等于当前供应商正在履行的认证合同量。认证容量的计算是一个相当复杂的过程,由于各种采购物品认证周期不同,一般是计算某一时间段的承接认证量。

4. 确定剩余容量

某一物品的所有供应商的剩余容量的综合总和,即物品剩余认证容量是物品供应总体认证容量与承接认证容量的差额。可以用下列公式简单地进行说明:

物品剩余认证容量＝物品供应商群体总体认证容量－承接认证容量

采购环境中的认证容量不仅是采购环境的指标,也是企业的不断创新,保持持续发展的动力。企业新产品的出现是基于认证容量价值的体现,也可以促进新产品的形成开发。

【例 4-1】　某手机企业去年销售某型号手机 20 万台,根据市场销售情况,预计今年销售量会增加 30%。生产 20 万台手机,企业需采购某集成电路 40 万只(每台手机需要 2 只集成电路),该集成电路供应商有两家,甲年生产能力是 50 万只,已有订单 25 万只,乙年生产能力是 40 万只,已有订单 20 万只,试分析认证过程。

解:

(1) 认证需求分析。

今年销售预测:

$$20×(1+30\%)=26(万只)$$

某集成电路需求量:

$$26×2=52(万只)$$

(2) 计算认证容量。

$$物品剩余认证容量=物品供应商群体总体认证容量-承接认证容量$$

甲与乙的认证容量:

$$(50+40)-(25+20)=45(万只)$$

企业需要认证采购:

$$52-45=7(万只)$$

(四) 制订认证计划

制订认证计划包括对比认证需求与认证容量、综合平衡、确定余量认证计划和具体制订认证计划4项内容。

1. 对比认证需求与认证容量

认证需求与供应商对应的认证容量之间一般存在差异。如果认证需求量小于认证容量,可直接根据认证需求制订认证计划;如果供应商容量远不能满足认证需求量,对于剩余的认证需求要制订采购环境之外的认证计划。

2. 综合平衡

综合平衡应从全面出发,综合考虑市场、生产、认证容量、物品生命周期等要素,判断认证需求的可行性。通过调节认证计划尽可能地满足认证需求。当计划认证容量不能满足认证需求,这部分剩余认证需求要到企业采购环境以外的社会供应商群体中补充不足容量。

3. 确定余量认证计划

对于采购环境不能满足的剩余认证需求,应与采购环境以外的供应商制订认证计划,确保余量认证计划的执行。

4. 具体制订认证计划

制订认证计划用于衔接认证计划和订单计划。制订认证计划需要确定认证物品的数量和开始认证的时间,下面给出认证物品数量及开始认证时间的确定方法,公式如下:

$$认证商品数量=开发样品需求数量+检验测试要求数量+样品数量+机动数量$$
$$开始认证时间=要求认证结束的时间-认证周期-缓冲时间$$

【**例 4-2**】 在例 4-1 中,企业需要认证采购数量为 7 万只,一般认证中检验测试需求数量为此批样只数的 0.1%,样品数量和机动数量都为 0.05%,要求在 9 月 1 日前完成认证,认证周期一般为 10 天,缓冲时间为 10 天,要求认证结束的时间为 30 天。计算认证集成电路数量和开始认证时间。

解：

认证物品数量＝开发样品需求数量＋检验测试要求数量＋样品数量＋机动数量

$7＋7×0.1\%＋7×0.05\%＋7×0.05\%＝7.014$（万只）

开始认证时间＝要求认证结束的时间－认证周期－缓冲时间＝30－10－10＝10（天），应从 8 月 10 日开始认证，认证集成电路数量为 7.014 万只。

二、采购订单计划

采购订单计划内容包括准备订单计划、评估订单需求、计算订单容量和制订订单计划。

(一) 准备订单计划

1. 接受市场需求

要想制订较准确的订单计划，首先必须熟知市场需求计划。市场需求决定企业的销售计划，进而确定生产需求计划。企业的年度销售计划在上年度末制订，下发到销售和采购部门，以指导企业全年运转。根据年度计划制订季度与月度的市场销售需求计划。

2. 接收生产需求

生产需求对采购环节而言就是物品需求，生产物品需求的时间是根据计划而产生的，通常生产物品需求计划是订单计划的主要来源。为便于理解生产物品需求，采购计划人员需要深入了解生产计划及工艺过程。在 MRP 系统中，物品需求计划是主生产计划的细化，它来源于主生产计划、独立需求的预测、物品清单与库存文件等。编制物品需求计划的主要步骤如下。

(1) 确定毛需求量。

(2) 确定净需求量。

(3) 对订单下达日期及订单数量等进行计划。

3. 准备订单环境资料

订单物品的认证计划执行完毕后，形成该项物品的订单环境。订单环境资料包括以下几点。

(1) 订单商品的供应商信息。

(2) 每个供应商分摊的订单比例信息。

(3) 订单周期，从下单到交货的时间，一般以天为单位。

(4) 最小包装信息。订单环境一般使用信息系统管理。订单人员根据生产需求的物品项目，从信息系统中央查询该物品的采购环境资料。

4. 制订订单计划说明书

准备好订单计划所需要的资料，其主要内容是商品名称、需求数量、到货日期，并附有市场需求计划、生产需求计划、订单环境资料等。

(二) 评估订单需求

评估订单需求是采购计划中非常重要的一个环节，它主要包括 3 个方面的内容：分析市场需求、分析生产需求和确定订单需求。

1. 分析市场需求

市场需求和生产需求是评估订单需求的两个重要方面。订单计划除考虑生产需求之外,还要兼顾企业市场战略及潜在的需求。此外,还要分析需求计划的可靠性,分析市场合同签订数量,尚未签订合同的数量及其变化的趋势。全面考虑订货计划的规范性和严谨性,同时参照相关的历史要货数据,只有这样才能制订出一个满足企业长期发展的订单计划。

2. 分析生产需求

对生产产品的品种、数量、规格、时间、消耗定额、库存数量进行核算。

3. 确定订单需求

根据市场需求和生产需求的分析结果确定订单需求,其内容是:通过订单操作程序,在未来指定的时间内,将指定数量的合格物品采购入库。

(三) 计算订单容量

计算订单容量是采购计划中的重要组成部分。只有准确地计算好订单容量,才能对比需求和容量,经过综合平衡,最后制订出正确的订单计划。计算订单容量主要有以下 4 个方面的内容。

1. 分析物品供应资料

分析物品供应资料即对采购环境中的供应商及所能供应物品资料进行分析。

2. 计算总体订单容量

总体订单容量包括可供应的物品数量和可供应物品的交货时间,将不同的供应商在同一交货时间的供应量加总形成总体订单容量。

3. 计算承接订单容量

承接订单容量是指某供应商在指定时间内已经签下的订单量。

4. 确定剩余订单容量

剩余订单容量是指某物品所有供应商群体的剩余订单容量的总和,它是物品供应商群体总体订单容量减去已承接订单容量之差。可用以下公式表示:

剩余订单容量＝物品供应商群体总体订单容量－已承接订单量

(四) 制订订单计划

制订订单计划是采购计划的最后一个环节。它主要包括以下 4 个方面的内容。

1. 对比需求与容量

比较出需求与容量的关系才能制订订单计划。如果经过对比发现需求小于容量,则依据物品的需求制订订单计划。如经过对比发现供应商容量小于物品需求量,则要求平衡环节对于剩余物品的需求制订认证计划。

2. 综合平衡

要综合考虑市场、生产、订单容量等要素,分析物品订单需求的可行性和必要性,调整订单计划,计算容量不能满足的剩余订单需求。

3. 确定余量认证计划

对于剩余需求,要确认能否按物品需求规定的时间及数量交货。为了保证物品的及时供给,可以简化程序,由具有丰富经验的认证人员操作。

4. 制订订单计划

在采购订单计划中,有两个关键指标。

(1) 下单数量:

$$下单数量=生产需求量-计划入库量-现有库存量+安全库存$$

(2) 下单时间:

$$下单时间=要求交货时间-认证周期-订单周期-缓冲时间$$

 实战演练

1. 说一说

采购认证中应注意的事项。

2. 练一练

某企业去年销售电视机 20 万台,根据市场销售情况,预计今年销售量会增加 20%。生产 30 万台电视机,企业需采购集成电路 50 万只(每台电视需要 2 只集成电路),该集成电路供应商有两家,甲年生产能力是 60 万只,已有订单 30 万只,乙年生产能力是 50 万只,已有订单 25 万只,试分析企业今年的集成电路认证采购量是多少。

 知识拓展

网上采购流程

网上采购程序主要包括以下几个环节。

1. 采购前的准备工作

对于采购商来说,采购前的准备过程就是向供应商进行宣传和获取有效信息的过程。在网络环境条件下,将演变成供应商积极地把自己产品的信息资源(如产品价格、质量、公司状况、技术支持等)在网上发布,企业则随时上网查询并掌握自己所需要的商品信息资源。供需双方互动,共同完成商品信息的供需实现过程。在网络环境中,信息的交流通常是通过登录和浏览对方的网站和主页完成,其速度和效率是传统方式所无法比拟的。采购前的信息交流主要是企业对供应商的产品价格和质量进行了解。因此,价格在很大程度上决定着采购决策。

2. 供需双方的磋商

在网络环境下,传统采购磋商的单据交换已经发展为记录、文件或报文在网络中的传输过程。各种网络工具和专用数据交换协议自动地确保了网络传递的准确性和安全可靠性。企业一旦选择了合适的能保证最佳产品质量、最合理价格、最优质服务的供应商,就可以在网上与其进行磋商、谈判。各种商贸单据、文件(如价目表、报价表、询盘、发盘、订单、订购单应答、订购单变更要求、运输说明、发货通知、付款通知、发票等)在网络交易中报文形式标准化,减少了漏洞和失误,规范了整个采购过程。

3. 合同的制定与执行

磋商过程完成之后,需要以法律文书的形式将磋商的结果确定下来,以监督合同的履行,因此双方必须以书面形式签订采购合同。这样一方面可以杜绝采购过程中的不规范行为;另一方面也可以避免因无效合同引起的经济纠纷。因为网络协议和网络商务信息工具能够保证所有采购磋商文件的准确性和安全可靠性,所以双方都可以通过磋商文件来约束采购行为和执行磋商的结果。

4. 支付与清算过程

采购完成以后,货物入库,企业要与供应商进行支付与结算活动。企业支付供应商采购价款的方式目前主要有两大类:一类是电子货币类,包括电子现金、电子钱包和电子信用卡等;另一类是电子支票类,如电子支票、电子汇款、电子划款等。前者主要用于企业与供应商之间的小额支付,比较简单;后者主要用于企业与供应商之间的大额资金结算,比较复杂,如图 4-10 所示。

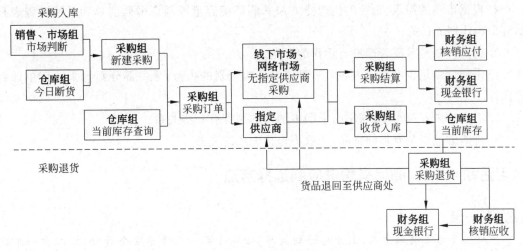

图 4-10　电商采购流程图

思考与练习

一、填空题

1. 采购计划包括_____和_____两个部分。

2. 采购计划的制订是一项复杂而细致的工作,一个好的采购计划,需要对变化的市场进行深入_____和_____。

二、选择题

1. 在采购认证中应该注意的事项是(　　　)。

　A. 应当确定需求的内容,并以规格表明需求的水准

　B. 可以以口头的形式提出

C. 由适当的人提出采购申请

D. 市场调研分散，难以培养采购专家

E. 要注意预算的限制，以免采购申请超出预算范用

2. 下面属于生产性质采购申请单的有（　　　）。

A. 辅助料　　　　　B. 原料　　　　　C. 日常事务用品

D. 机具设备　　　　E. 技术

3. 在进行采购调查中对资料的分析整理主要包括的内容有（　　　）。

A. 检查、核实与核对　　　　　　　B. 编写调查报告

C. 统计计算　　　　　　　　　　　D. 分析、结论

E. 分类编号

三、判断题

1. 制订采购计划的目的就是要根据市场的需求、企业的生产体力和采购环境容量等制订采购清单和采购日程表。　　　　　　　　　　　　　　　　　　　（　　　）

2. 根据市场的需求、企业的生产能力和采购环境容量等制订采购清单和采购日程表是制订采购计划的目的。　　　　　　　　　　　　　　　　　　　　　　（　　　）

3. 采购计划是采购管理进行运作的开始。　　　　　　　　　　　　　（　　　）

4. 采购计划包含两部分内容：一部分为采购计划的执行；另一部分则为采购订单计划的执行。　　　　　　　　　　　　　　　　　　　　　　　　　　　（　　　）

5. 需求的内容及水准，通常与采购申请人的预算有一些关系。　　　　（　　　）

6. 采购的范围是有形的物品，一般不包括无形的劳务。　　　　　　　（　　　）

学习活动 4.2.2　商品采购供应商选择方法

想一想

一个热气球上有三个人，上升时遇到故障，必须舍弃一人才能安全升空，三人中一个是环保学家，一个是核专家，一个是农学家，该舍弃谁呢？大家讨论了半天，也找不到正确答案，因为任何一个人都太重要了。这时，一个孩子喊了一句"把最胖的扔下去"。

启示

在多家供应商可选择的时候，往往距离最近的那家是最好的供应商。转换思维，简单而直接的答案可能是最合理的，因为你得明白你要干什么。对于这个案例你有什么启示？

一、供应商的分类

从采购企业角度出发，供应商分类是指采购企业依据采购物品的金额、采购商品的重要性，以及供应商对采购企业的重视程度和信赖的因素，在供应市场上将供应商划分成若干个群体，其目的在于根据细分供应商的不同情况实行不同的供应商关系策略。

可以按照以下几种方法对供应商分类。

（一）按与供应商的采购业务关系重要程度分类

1. 商业型供应商

对于那些与采购企业的采购业务不是很重要的供应商，可以很方便地选择和更换，那么这些与采购业务对应的供应商就是普通的"商业型供应商"。

2. 优先型供应商

如果采购企业认为对于某个供应商的采购业务对本公司来说并不十分重要，但是供应商认为本企业的采购业务对于他们来说非常重要，则在这种情况下，显然该项采购业务对于采购企业无疑非常有利，这样的供应商就是采购企业的"优先型供应商"。

3. 重点型供应商

如果供应商认为采购企业的采购业务对他们来说无关紧要，但采购企业的采购业务对本公司却是十分重要的，这样的供应商是需要注意改进提高的"重点型供应商"。

4. 伙伴型供应商

如果采购企业认为供应商有很强的产品开发能力等，采购业务对采购企业很重要，而且供应商也认为采购企业的采购业务对于它们来说也非常重要，那么这样的供应商就是"伙伴型供应商"。

（二）按 80/20 法则分类

供应商 80/20 法则分类法基本思想是针对不同的采购物品应采取不同的策略，同时采购工作精力也应各有侧重，相应地对于不同物品的供应商也应采取不同的策略。供应商 80/20 法则分类法，如图 4-11 所示。

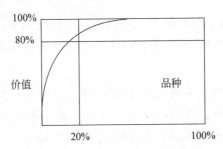

图 4-11 供应商 80/20 法则分类法

从图 4-11 可以看出，通常数量 20% 的采购物品（重点采购物品）占采购物品 80% 的价值，而其余数量 80% 的物品（普通采购物品），则占有采购物品 20% 的价值。相应地，可以将供应商进行依据 80/20 法则分类，划分为重点供应商和普通供应商，即占 80% 价值的 20% 的供应商为重点供应商，而其余只占 20% 价值的 80% 的供应商为普通供应商。对于重点供应商应投入 80% 的时间和精力进行管理与改进。这些供应商提供的物品为企业的战略物品或需集中采购的物品，对于普通供应商则只需要投入 20% 的时间和精力管理，因为这类供应商所提供的物品的运作对企业的成本质量和生产的影响较小。

按 80/20 法则进行供应商分类时，应注意以下几个问题。

（1）80/20 法则分类的供应商并不是一成不变的，是有一定的时间限度的，随着生产结构和产品线调整，需要重新进行分类。

（2）对重点供应商和普通供应商应采取不同的策略。

（三）按与供应商的交易关系稳定性角度分类

1. 短期目标型

这种类型的最主要特征是双方之间希望彼此能保持较长时期的买卖关系，获得稳定的供应，但是双方所做的努力只停留在短期的交易合同上，各自关注的是如何谈判，如何提高自己的谈判技巧，而不是如何改善自己的工作，使双方都获利。供应方能够提供标准化的产品或服务，保证每笔交易的信誉。当买卖完成时，双方关系也终止了。双方只有业务人员和采购人员有关系，其他部门人员一般不参与双方之间的业务活动。

2. 长期目标型

与供应商保持长期的关系，供需双方有可能为了共同利益对改进各自的工作感兴趣，并在此基础上建立起合作关系。长期目标型的特征是从长远利益出发，相互配合，不断改进产品质量与服务水平，共同降低成本，提高供应链的竞争力。

3. 渗透型

这种关系形式是在长期目标型基础上发展起来的。渗透型的管理思想是把对方公司看成自己公司的延伸，是自己的一部分。为了能够参与对方的业务活动，有时会在产权上采取适当的措施，如互相投资、参股等，以保证双方利益的一致性。在组织上保证双方派员加入对方的有关业务活动，发现需要改进的地方，双方均可以提出相应的改进要求。

4. 联盟型

联盟型是从供应链角度的纵向链条上管理成员之间的关系。由于成员增加，往往需要一个处于供应链上核心地位的企业出面协调成员之间的关系，它常常被称为"盟主企业"。

5. 纵向集成型

纵向集成型，即把供应链上的成员整合起来，像一个企业一样，但各成员又是完全独立的，决策权属于自己。在这种关系中，要求每个企业充分了解供应链的目标、要求，以便在充分掌握信息的条件下，自觉作出有利于供应链整体利益的决策。供应商分类的另一目的是企业内部沟通。例如，新生意都给战略供应商或优先供应商，然后考虑考察供应商，绝不能给淘汰供应商。这些都应成为书面政策，沟通给企业内各个部门。当然，在分类供应商时应该征求别的部门的意见，一旦决定，整个企业就应执行。再如，企业应该采用供应商清单上的供应商。而供应商清单则应基于供应商分类体系。当然，作为供应商管理部门，要确保各类供应商能达到企业的期望。否则内部客户的合理期望没法满足。现有的供应商政策可能没法被执行。

二、寻找供应商的办法

企业在寻找供应商时，应该首先确定所需供应商的范围，然后通过在各种专业媒体上考察，选择任一家与之接触，并将其产品与同行产品相互比较，找出差异，以找到业界的龙头企业,最后通过建立供应商档案库加以管理。

目前企业一般从以下几个途径去寻找供应商,如表 4-3 所示。

表 4-3 选择供应商

途 径	说 明
现有资料	从现有的厂商中去甄选,分析和了解他们是否符合要求适当品质、准时交货、合理的价格及必需的服务等
产品展示会	参加相关行业的产品展示会、发布会、展览会等,收集适合的供应商资料,或当面洽谈
商品目录	如工商名录、黄页等,通过这些目录,可了解产品的种类、价格、折扣价等信息
行业期刊	通过行业期刊等,了解新产品和替代产品
商业介绍	包括制造商的地址、分支机构数、从属关系、出售的物料、物资、设备等信息
互联网	通过互联网可获得大量的信息,有利于对供应商进一步评价和定位
供应商与销售代理商介绍	供应商和销售代理商提供的信息可以减少评价新供应商所用的时间和资料
销售代表	销售代表能够接触大量的供应商,可为采购部提供供应源、产品型号、市场趋势等方面的信息
行业协会	与当地行业协会保持关系,从协会提供的会员厂商的名录中,获取更多的供应商信息
供应商的主动接触	供应商主动通过电话、E-mail 向企业传递信息,采购人员应积极收集这些信息,为寻找供应商提供一些参考

三、如何选择供应商

(一) 选择供应商应考虑的因素

选择供应商时,有许多因素需要考虑,诸如产品或服务质量,以及按时运送都很重要。另外,各因素的重要性因企业而异,甚至因同一企业里的不同产品或服务而异。因此,管理者必须分产品或服务为各因素分配权数,然后根据这些权数选择供应商。选择供应商最基本的指标应包括以下几项。

(1)技术水平。技术水平是指供应商提供商品的技术参数是否能达到要求。供应商具有一支技术队伍和能力去制造或供应所需的产品吗?供应商有产品开发和改进项目吗?供应商能够帮助改进产品吗?这些问题都很重要。选择具有高技术水准的供应商,对企业的长远发展是有好处的。

(2)产品质量。供应商提供的产品质量是否可靠,是一个很重要的指标。供应商的产品必须能够持续稳定地达到产品说明书的要求,供应商必须有一个良好的质量控制体系。对供应商提供的产品除了在工厂内作质量检验外,还要考察实际使用效果,即检查在实际环境中使用的质量情况。

(3)供应能力。供应能力即供应商的生产能力,企业需要确定供应商是否具备相当的生产规模与发展潜力,这意味着供应商的制造设备必须能够在数量上达到一定的规模,能够保证供应所需产品的数量。

（4）价格。供应商应该能够提供有竞争力的价格，这并不意味着必须是最低的价格。这个价格是考虑了要求供应商按照所需的时间，所需数量、质量和服务后确定的。供应商还应该有能力向购买方提供改进产品成本的方案。

（5）地理位置。供应商的地理位置对库存量有相当大的影响，如果物品单价较高，需求量又大，距离近的供应商有利于管理。购买方总是期望供应商离自己近一些，或至少要求供应商在当地建立库存，地理位置近送货时间就短，意味着紧急缺货时，可以快速送到。

（6）可靠性（信誉）。可靠性是指供应商的信誉，在选择供应商时，应该选择一家有较高声誉、经营稳定的以及财务状况良好的供应商。同时，双方应该相互信任，讲究信誉，并能把这种关系保持下去。

（7）售后服务。供应商必须具有优良的售后服务，如果需要他们提供可替代元器件，或者需要能够提供某些技术支持，好的供应商应该能够提供这些服务。

（8）提前期。

（9）交货准确率。

（10）快速响应能力。

除了以上十点外，有时还有一些其他因素，如供应商的信用状况、供应互惠经营、供应商是否愿意为购买方建立库存等。

（二）选择供应商的原则

（1）系统全面性原则：全面系统评价体系的建立和使用。

（2）简明科学性原则：供应商评价和选择步骤、选择过程透明化、制度化和科学化。

（3）稳定可比性原则：评估体系应该稳定运作，标准统一，减少主观因素。

（4）灵活可操作性原则：不同行业、企业、产品需求，以及不同环境下的供应商评价应是不一样的，要保持一定的灵活操作性。

（5）门当户对原则：供应商的规模和层次与采购商相当。

（6）半数比例原则：购买数量不超过供应商生产能力的50%，反对全额供货的供应商。

（7）供应源数量控制原则：同类物料的供应商数量两三家，主、次供应商之分。

（8）供应链战略原则：与重要供应商发展供应链战略合作关系。

（9）学习更新原则：评估的指标、标杆对比的对象，以及评估的工具与技术都需要不断地更新。

（三）供应商选择的操作步骤

在供应商的评价和选择的实际操作中，企业必须确定每个步骤的开始时间。每一个步骤对企业来说都是动态的，是一次改善业务的过程。

1. 分析市场竞争环境

要建立基于信任、合作、开放性交流的供应链长期合作关系，必须首先分析市场竞争。

2. 建立供应商选择的目标

企业确定供应商评价程序的实施并建立实质性的目标。供应商评价和选择是企业自身的一次业务流程重构的过程。

3. 建立供应商评选标准

供应商评价指标体系是企业对供应商进行综合评价的依据和标准。不同行业、企业、不同产品需求和环境下的供应商评价应是一样的,都涉及以下几个可能影响供应链合作关系的方面:供应商业绩、设备管理、人力资源开发、质量控制、成本控制、技术开发、客户满意度、交货协议。

4. 建立供应商评选小组

企业建立一个专门的小组来控制和实施供应商评价,这个小组的组员以来自采购、质量、生产、工程等与供应链合作关系密切的部门为主。这些组员必须要有团队合作精神,而且应具备一定的专业技能。此外,评选小组必须得到采购企业和供应商企业领导的支持。

5. 供应商参与

一旦企业决定实施供应商评选,评选小组应与初步选定的供应商取得联系,来确认他们是否愿意与企业建立供应链合作关系,是否有获得更高业绩水平的愿望。企业应尽可能早地让供应商参与到评选的设计过程中。然而,企业的力量和资源毕竟是有限的,只能与少数关键的供应商保持紧密的合作关系,所以参与的供应商应该是尽量少的。

6. 评选供应商

评选供应商的一个主要工作是调查、收集有关供应商生产运作等全方位的信息。在收集供应商信息的基础上,就可以利用一定的工具和技术方法进行供应商的评选。

四、选择供应商的方法

供应商的选择方法很多,主要分为三类:第一类为定性选择方法;第二类为定量选择方法;第三类为定性与定量相结合的选择方法。

定性方法主要是根据以往的经验,凭借以前的关系选择供应商。为了实现选择供应商的客观性和科学性,应该选择定量方法和定性与定量相结合的方法。

在供应商的选择中,常用的方法有以下几种。

(一) 直观判断法

直观判断法属于定性选择方法,是根据征询和调查所得的资料并结合采购人员的分析判断,对供应商进行分析、评价的一种方法。采用直观判断法,主要是倾听和采纳有经验的采购人员意见,或者直接由采购人员凭借经验作出判断,常常用于选择企业非主要原材料的供应商。

(二) 层次分析法

层次分析法的基本原理是根据具有递阶结构的目标和子目标(选择准则)以及约束条件等对供应商进行评价。首先用两两比较的方法确定判断矩阵,然后把判断矩阵的最大特征与相应的特征向量的分量作为相应的系数,最后综合出每个供应商各自的权重(优先程度),通过对优先程度的比较现实对供应商的选择。

(三) 采购成本法

对质量和交货期都能满足要求的供应商,则需要通过计算采购成本来进行比较分析。

采购成本一般包括售价、采购费用、运输费用等各项支出的总和。采购成本比较法是针对各个不同供应商的采购成本,计算分析来选择采购成本较低的供应商的一种方法。

【例4-3】 某单位在计划期需要采购某种物资200吨,甲、乙两个供应商供应的物资质量均符合企业的要求,信誉也比较好。距企业比较近的甲供应商的报价为320元/吨,运费为5元/吨,订购费用(采购中的固定费用)支出为200元;距企业比较远的乙供应商的报价为300元/吨,运费为30元/吨,订购费用支出为500元。

根据以上资料,可以计算得出从甲、乙两个供应商采购所需支付的成本如下。

甲供应商:　　　　　　　　$200 \times 320 + 200 \times 5 + 200 = 65\ 200$(元)

乙供应商:　　　　　　　　$200 \times 320 + 200 \times 30 + 500 = 66\ 500$(元)

甲供应商的采购成本比乙供应商的采购成本低 $66\ 500 - 65\ 200 = 1300$(元),在交货时间与质量都能满足企业需求的情况下,甲供应商是合适的供应商。

实战演练

用评分法评价供应商

评分法是指依据供应商评价的各项指标,按供应商的优劣档次,分别对各供应商进行评分,选得分高者为最佳供应商。

例如,某采购单位列出了对供应商评选的十个项目:①产品质量;②技术服务能力;③交货速度;④能否对用户的需求作出快速反应;⑤供应商的信誉;⑥产品价格;⑦延期付款期限;⑧销售人员的才能和品德;⑨人际关系;⑩产品说明书及使用手册的优劣。每个评分标准分为五个档次并赋予不同的分值,即极差(0分)、差(1分)、较好(2分)、良好(3分)、优秀(4分),满分加分,然后在表上为供应商评分,根据最后的评分情况,各个供应商之间进行比较,最后确定供应单位,并据此要求选定的供应商对存在的不足之处进行改进。如表所示,其为对供应商进行评分的情况。

表中的供应商得分为32分,为满分40分(理想供应商)的80%,各项平均得分为3.2分,如表4-4所示。

表4-4　供应商评分表

序号	项　　目	极差	差	较好	良好	优秀
		0分	1分	2分	3分	4分
1	产品质量					√
2	技术服务能力					√
3	交货速度			√		
4	能否对用户的需求作出快速反应				√	
5	供应商的信誉				√	
6	产品价格				√	
7	延期付款期限					√
8	销售人员的才能和品德					√
9	人际关系				√	
10	产品说明书及使用手册的优劣			√		

对于诸多的供应商可以分为三类：A类、B类、C类。其中A类的供应商，也就是优秀供应商，提供一系列优惠的政策，以此激励更多的供应商更加努力，争取得到这些优惠。

例如，优先考虑优秀供应商产品摆放的位置；对优秀供应商产品放置通道的费用进行减免，适当地开放数据，增加订单数量，收退换货优先考虑。

对于B类供应商，也就是合格供应商，按照原先的正常程序进行。

对于C类供应商，通道费用可能是加收的，订单也可能比较少，位置也不会特别好。但是，为了提高他们的业绩，可以为他们组织专门的培训。

D类供应商，就有被替代的危险，很有可能被淘汰。

马自达选择供应商五大标准

一汽马自达在选择供应商时严格按照马自达企业制定的五点国际标准。第一，考察经销商的产品开发能力。有些零部件是完全国内开发的，有些则是马自达与企业合作的。因为设备、工艺都不一样，供应商开发能力的强弱就成了零部件品质的关键。第二，考察供应商的质量保证体系。第三，考察供应商的成本控制能力，以降低一汽马自达的采购成本。第四，考察供应商的生产和销售能力，评估其管理理念和销售计划。第五，考察供应商的售后服务能力。确保在市场上，产品一旦出现质量问题，一汽马自达就能及时提出有效的应对措施，切实保证用户的利益。

思考：

（1）根据马自达的供应商选择标准，结合本节的内容，谈谈供应商选择时，标准体系应当如何确立。

（2）请总结在供应商选择时，应该考虑的因素有哪些？

知识拓展

从苹果公司，我们能学到哪些采购经验

苹果公司选择和管理供应商的方式是该公司取得成功的重要因素之一。苹果公司在选择新的供应商时重点评估质量、技术能力和规模，成本次之。而成为苹果公司的供应商绝非易事，竞争非常激烈，原因在于苹果公司的认可被视为对其制造能力的认可。

在苹果公司最新的供应商名录上，可以看到156家公司的名单，其中包括三星、东芝和富士康。富士康以作为iPhone手机的主要组装公司而闻名。然而，这些供应商的背后还有代表苹果公司向这些供应商供货的数百家二级和三级供应商。苹果公司几乎控制了这一复杂网络的各个部分，利用其规模和影响以最好的价格获得最佳产品并及时向客户供货。此外，苹果还通过观察供应商制造难以生产的样品考验每一家工厂——此阶段的技术投资由供应商负责。

苹果公司还有其他要求用以增强其对投入、收益和成本的控制。比如，苹果公司要求供应商从其推荐的公司那里购买材料。

随着时间的推移，苹果公司已经同这些供应商建立了强大的合作关系，同时，还投资于特殊技术并派驻600名自己的工程师帮助供应商解决生产问题、提高工厂的效率。与此同

时,苹果公司一直寻找其他方法以丰富供应商队伍并提高议价能力。比如,富士康现在就有一个名为和硕联合科技股份有限公司("和硕联合科技")的竞争对手。和硕联合科技是台湾一家小型公司,同苹果公司签署了生产低成本 iPhone 5C 的协议。

很少有买家能有像苹果公司那样的业务范围或同样的需求。但是,苹果公司在选择、谈判和管理中采用的战略能够为任何从中国采购的公司提供一些经验。我们认为,最主要的 5 个经验如下。

1. 拜访工厂

买家需要确定供应商是否有能力及时满足订单要求以及是否有能力生产高质量的产品。

工厂拜访还能够使买家了解供应商的员工人数和他们的技能水平。

评估供应商的无形资产,包括供应商的领导能力以及增长潜力。比如,当要求供应商提供样品时,买家要提供非常具体的要求,并派驻自己的工程师监督生产流程以便了解样品是由供应商内部生产的而不是从他处采购的。

2. 谈判和监督并用

同一种产品使用不止一家供应商,以改善买家的议价能力并降低风险。

当为合同开展谈判时,成本和质量都要重视。为有缺陷的产品建立缓冲并且为延迟交货谈判一个折扣。

下单后,派本地代表拜访工厂并且在不同的阶段检查货物,以便能够介入和矫正缺陷。

发货前的检查非常重要,因为由于税收原因向中国退回有缺陷的产品代价非常高。买家应该密切监督供应商的表现。在建立合作关系的最初阶段,这一点尤为重要。

3. 了解供应商的供应商

供应链的能见度对于尽量减少有缺陷的产品和知识产权盗窃的风险以及控制成本来说非常必要。

贵公司的实力也许比不上苹果公司,但贵公司必须了解采购的产品中使用的不同材料的出处。因为供应商为了节省成本经常更换他们自己的供应商,了解这一点尤其重要。

4. 准备好提供帮助

当贵公司确定了供应商名录中的优质供应商时,要准备好同这些供应商分享提高产品的想法,以便提高供应商所售产品的利润。这样做可以向供应商表明,降低成本(如通过使用更便宜的材料)不是持续提高利润的唯一方法。

贵公司还可以考虑培训等其他方法以提高供应商的员工的技能水平。

5. 经常沟通

第三方报告和年度拜访不足以建立合作关系。而建立一个包括反馈在内的成熟的沟通机制则势在必行。这样可以避免误解的发生,同时在问题演变成危机前把问题解决掉。

理想的状态是,贵公司应当向供应商派驻一个具备业务知识和专业技能的现场团队,以便对供应商的工厂进行定期拜访,而不仅仅是当出现问题时才去拜访。如果目前无法采取这种做法,则要增加贵公司的总部工作人员拜访供应商的频率。

思考与练习

一、填空题

1. 考察供应商的经营能力,主要考察他的_____、_____和_____。

2. 供应商的技术能力突出,可以参与企业的_____,并且保证供货的质量保持较高的水平。

3. 供应商是否距离企业比较近,距离越_____运输的成本越高。

二、名词解释

供应商选择　　　　　供应商的供应指标　　　　　供应商的经济指标

供应商的技术水平　　供应商的资质

三、多项选择题

1. 考察供应商的经营能力,主要考察他的(　　　)。

　　A. 经营方针　　　　　　　　　　B. 管理层能力

　　C. 财务状况　　　　　　　　　　D. 交货日期

2. 企业供应商分类,按供应商重要性质可分为(　　　)。

　　A. 伙伴型供应商　　　　　　　　B. 优先型供应商

　　C. 重点型供应商　　　　　　　　D. 商业型供应商

3. 企业供应商分类,按供应商规模品种可分为(　　　)。

　　A. 短期目标型　　　　　　　　　B. 长期目标型

　　C. 渗透型　　　　　　　　　　　D. 联盟型

　　E. 纵向继承型

4. 供应商的基础资料,包括(　　　)。

　　A. 组织　　　　　　　　　　　　B. 人员

　　C. 联络方法　　　　　　　　　　D. 地址

　　E. 交通

5. 供应商的持续经营能力主要是检查(　　　)。

　　A. 检查工商注册文件　　　　　　B. 纳税证明文件

　　C. 生产企业的授权代理　　　　　D. 经营许可证

6. 选择供应商的原则包括(　　　)。

　　A. 系统全面性原则　　　　　　　B. 规范化原则

　　C. 简明科学性原则　　　　　　　D. 供应商评价原则

四、判断题

1. 供应商的选择和管理是整个采购体系的核心,其表现也关系到整个采购部门的业绩。

　　　　　　　　　　　　　　　　　　　　　　　　　　　　　　(　　　)

2. 供应商是否距离企业比较近,距离越远,运输的成本越低。　　(　　　)

3. 供应商必须有一个良好的质量控制体系。　　　　　　　　　　(　　　)

4. 地理位置近送货时间就长,意味着紧急缺货时,不能快速送到。　(　　　)

5. 直观判断法常常用于选择企业非主要原材料的供应商。　　　　　　（　　）

6. 供应商的输出指标是越大越好。　　　　　　　　　　　　　　　（　　）

学习活动 4.2.3　商品采购谈判

想一想

一个年轻人在追一个女朋友，女朋友给他下了最后通牒："没有奥迪 A6 和两层的别墅，就别来烦我。"

他苦笑，回家向父母征求意见。

父亲抽了支烟，叹口气说道："车好办，家里的劳斯莱斯卖掉买几十辆奥迪还没问题。只是这二层别墅，咱总不能把这五层楼扒掉三层吧，太可惜了，你和她还是算了吧，天下姑娘多的是，没必要为了追她，咱家还得拆房子。"

启示

在不了解市场行情和供应商情况前提下，千万别轻易报价或还价。

一、谈判的内容和程序

（一）采购谈判的内容

1. 产品条件谈判

产品条件谈判的内容包括产品品种、型号、规格、数量、商标、外形、款式、色彩、质量标准、包装等。

2. 价格条件谈判

价格条件谈判包括价格及数量折扣、退货损失、市场价格波动风险、国际货币汇率波动、商品保险费用、保修期限、售后服务费用、技术培训和技术支持费用、安装费用等条件的谈判。

3. 其他条件谈判

除了产品条件和价格条件谈判外，还有交货时间、交货地点、运输方式、付款方式、违约责任和仲裁等其他条件的谈判。

（二）采购谈判的程序

1. 采购谈判的准备阶段

成功的谈判首先要有充分的准备：采购谈判人员要了解采购商品知识、价格、供需矛盾、供货商产品和信誉，本公司的价格底线、目标、上限，以及对其他谈判目标都必须先有所准备，并列出优先级。采购谈判的准备阶段包括以下几点。

（1）涉及价格方面的事情的准备。

（2）谈判地点和时间的选择。

（3）谈判人员的选择。

（4）谈判方式的选择。

2. 正式谈判阶段

正式谈判阶段包括以下几点。

(1) 摸底阶段。

(2) 询价阶段。

(3) 磋商阶段。

(4) 成交阶段。

3. 检查确认阶段

检查确认阶段包括以下几点。

(1) 检查成交协议文本。

(2) 签字认可。

(3) 小额交易的处理。

(4) 礼貌道别。

二、采购谈判的原则和技巧

(一) 采购谈判中的基本原则

1. 合作原则

合作原则就是要求谈判双方以最精练的语言表达最充分、真实、相关的信息。

2. 礼貌原则

礼貌原则与合作原则互为补充。

3. 合法原则

分析法律环境,依法办事,寻求法律保护。

4. 诚信原则

开诚布公,精诚所至,金石为开。

5. 平等互利原则

双方地位平等,协商洽谈所需,并非利益均分。

6. 求同存异原则

适当妥协让步以寻求双方整体利益最大化。

7. 双赢原则

对谈判结果双方虽不能完全满意,通过协商彼此均能接受。

(二) 谈判技巧

1. 化整为零

化整为零是指分别对组成最终产品的每种材料逐一报价,再对专业制造该产品的厂商进行询价,比较分析后得出最佳方案,该策略对由多个不同的材料组合而成的产品的议价有用。

2. 以退为进

以退为进指采购人员在采购过程中先做出定的"让步"以显示自己的高姿态,有时会得到较好效果。

3. 先声夺人

先声夺人是指谈判前设法给对方以巨大的压力。在与原供应商的商务谈判过程中,针对那些较小的供应商,采购人员将重点集中于公司的强大实力和良好信誉等方面,避而不谈具体的实质性的内容。对方急于维护供应关系,只好降低价格。

4. "直捣黄龙"

"直捣黄龙"就是企业越过中间供应商,减少中间环节,与总厂或原厂家直接接触,以达到降低采购成本的目的。

5. 深思熟虑

有些事情可能超出采购人员的权限或知识范围,采购人员不应操之过急,此时与主管或同事研究或弄清事实情况后,再答复或决定也不迟,避免草率决定。

6. 留有余地

留有余地是指采购人员在谈判过程中要尽量避免谈判完全破裂,在谈判陷入僵局时,给双方留一点退路,以待下次谈判达成协议。

7. 放长线钓大鱼

采购人员掌握对手的需要,应尽量在小处着手满足对方,然后渐渐引导对方满足己方的需要。

8. 转移话题

若谈判双方对某一细节争论不休,无法取得共识,采购人员应转移话题,或暂停,以缓和紧张气氛。

9. 尽量以肯定的语气与对方谈话

否定的语气容易激怒对方,让对方没有面子,谈判因而难以进行。采购谈判人员应尽量肯定对方,称赞对方,给对方留足面子,通过赞美语言使对方也愿意让步。

三、电子商务采购技巧与策略

电子商务采购本身是一件很复杂、很艰难的工作,因为采购对象、供应商规模、采购项目都不尽相同,因此采购人员需要灵活运用以下方法。

1. 质量

质量的传统解释是好或优良。对采购人员而言,质量的定义应是符合买卖约定的要求或规格就是好的质量。因此采购人员应设法了解供应商对本身商品质量的认识和控制流程,以及质量管理体系认证。管理制度较完善的供应商应有下列有关质量的文件。

(1)质量合格证。

(2)商检合格证。

采购人员应向供应商取得以上资料,以利于未来的交易。在我国,商品的产品标准有国家标准、专业(部)标准及企业标准,其中又分为强制性标准和推荐性标准。但通常在买卖的合同或订单上,质量是通过以下方法的其中一种来表示:

① 市场上商品的等级;

② 品牌;

③ 商品上常用的标准;

④ 物理或化学的规格;

⑤ 性能的规格;

⑥ 工程图;

⑦ 样品(卖方或买方);

⑧ 以上方法的组合。

采购人员在采购时应首先与供应商对商品的质量达成互相同意的质量标准,对一些产品,如大米、衣服、家纺用品等商品,应尽可能要求供应商提供样品封存,以避免日后产生纠纷甚至法律诉讼。对于瑕疵商品或在仓储运输过程损坏的商品,采购人员在采购时应要求退货或退款。

2. 包装

包装可分为内包装(packaging)和外包装(packing)两种。

内包装是用来保护、陈列或说明商品之用,而外包装则仅用于仓储及运输过程中的保护。

外包装若不够坚固,仓储运输的损坏太大,会降低作业效率,并影响利润。外包装如果太坚固,则增加供应商成本,采购价格势必偏高,导致商品的价格缺乏竞争力。设计良好的内包装往往能提高客户的购买意愿,加速商品的回转,采购人员应说服供应商在这方面向好的企业学习,并加以改进,以利彼此的销售。此外,采购人员在采购包装时,应先了解企业对产品的包装要求,进而与供应商协商对彼此双方都最有利的包装,否则不应草率订货。

3. 价格

除了质量与包装外,价格是所有采购事项中最重要的项目。如果采购人员对任何所拟采购的商品,以进价加上合理的毛利后,连自己都判断该价格无法吸引客户的购买时,就不应向该供应商采购。

在采购之前,采购人员应事先调查市场价格,不可凭供应商片面之词,误入圈套。如果没有相同商品的市价可查,应参考类似商品的市价。

在确定采购价格时,应尽力追求公平而合理的价格。例如,通过单独与供应商进行议价采购,或由数家供应商参加竞标的方式来取得。单独与供应商进行议价采购时,采购人员最好先分析成本或价格;数家供应商进行竞标时,采购人员应选择两三家较低标的供应商,再分别与他们采购,求得公平而合理的价格。但在使用竞标方式时,采购人员切勿认为能提供最低价格的供应商即为最好的供应商。必须综合征询该供应商送货、售后服务、技术支持等方方面面内容,才可以确定供应商。所以有时候我们会放弃与提供极低价格的大批发商合作,而选择不愿意提供极低价格的制造商或生产厂商合作,因为通常制造商在产品质量、货源保证、售后服务上会有更多的支持。

总而言之,价格采购是所有商业采购中最重要也是最困难的项目,采购人员应运用各种采购技巧去完成这项艰巨的任务。

4. 订购量

小型电商企业在订购量方面往往很难令供应商满意,所以在采购时,应尽量笼统,不必透露明确的订购数量,如果因此导致采购陷入僵局时,应转到其他项目上。

在没有把握决定订购数量时,采购人员不应订购供应商希望的数量,否则一旦造成存货滞销,必须降价出清库存,从而影响利润的达成,并造成资金的积压及空间的浪费。所以采购人员应与供应商协商一个合理的最小订货金额或数量,最好以金额表示。否则,如果没有最小订货金额或数量限制,日后企业下单订货或运用 OPL 订单订货时,每次下单的订货量太小,要求供应商频繁送货,会增加供应商的成本,进而导致企业价格无优势。相反,如果最小订货数量或金额太高,则会造成企业库存过高,导致压仓、滞销、削价求售等风险。

5. 折扣(让利)

折扣通常有新产品引进折扣、数量折扣、促销折扣、无退货折扣、季节性折扣、经销折扣等数种。有些供应商可能会以全无折扣作为采购的起点,有经验的采购人员会引述各种形态折扣,要求供应商让步。

在价格谈判时,要知道专业客户都是很会精打细算的,若供应商的折扣数不够大,以致企业商品的售价无法吸引专业客户,那么这种采购关系也是持久不了的。

6. 付款天数(账期)

企业的付款方式与商品的采购方式紧密相关,通常经销的商品采取货到的××天的方式结款,代销、联营的商品采取月结××天的方式付款。

采购人员应计算对企业最有利的付款天数(账期),对于惯于外销或市场占有率大的供应商,一般要求的付款期限都比较短,有的甚至要求现金或预付款,但这全凭采购人员的经验与说服力。在正常情况下,企业的付款作业是在交易完成时,按买卖双方约定的付款天数(账期),由银行直接划款至供应商的账户。对于新进供应商来说,采购人员还有一个很重要的工作就是必须请供应商详细了解企业采购的付款方式,并对企业的付款流程给予详细说明。

7. 交货期

一般而言,交货期越短越好,因为交货期短,订货频率增加,订购的数量就相对减少,存货的压力也大为降低,仓储空间的需求也会相对减少。对于有长期承诺的订购数量,采购人员应要求供应商分批送货,减少库存压力。由于在计算订单数量的公式中,交货期是个重要的参数,所以采购人员应设法与供应商确立较短的交货期,降低存货的投资。但是如果不切实际的压短交货期,将会降低供应商品的质量,同时也会增加供应商的成本,反而最终影响企业的价格优势及服务水平。所以采购人员应随时了解供应商的生产情况,以确立合理及可行的交货期。通常,本地供应商的交货期为 2～3 天,外埠供应商的交货期为 7～10 天。

8. 送货条件

如果供应商无法在送货作业上与企业密切配合,将严重影响企业的正常运作。送货条件包括按指定日期及时间送货、免费送货到指定地点、负责装卸货并整齐将商品码放在栈板上等。这些事情看来简单,但如果采购时没有对供应商提出要求,有些供应商就会在送货时出错,对企业的运作影响极大。对于经常出错的供应商,建议采取一些必要的警告或罚款措施。

9. 售后服务保证

对于需要售后维修的设备,采购人员应要求供应商提供 1~3 年的免费售后服务,并将保修卡放置在包装盒内。保修卡应标明本企业附近的维修商地址及电话,并且今后维修商的名字、地址及电话一旦发生更换,供应商应第一时间通知企业采购人员。

10. 退换货

在实际运作中,由于供应商产品质量的问题、残损等原因会造成退货或换货,这时采购人员应主动与供应商联系,协商处理好退换货问题。

实战演练

欧洲 A 公司代理 B 工程公司到中国与中国 C 公司谈判出口工程设备的交易。中方根据其报价提出了批评。建议对方考虑中国市场的竞争性和该公司第一次进入市场,认真考虑改善价格。该代理商做了一番解释后仍不降价并说其委托人的价格是如何合理。中方对其条件又做了分析,代理人又做解释,一上午下来毫无结果。中方认为其过于傲慢固执,代理人认为中方毫无购买诚意且没有理解力。双方相互埋怨之后,谈判不欢而散。

思考:这个谈判有否可能不散?若可能不散欧洲代理人应如何谈判?请分组展示谈判现场。

知识拓展

一人晚间存款,碰巧 ATM 机故障,一万元被吞,当即联系银行,被告知要等到天亮。他绞尽脑汁,突然灵机一动,使用公用电话致电客服,称 ATM 机多吐出 3000 元,5 分钟后维修人员赶到。

启示

任何采购谈判,必须关注对方的核心利益。学会用对方的利益为支点,撬动并达成我方的利益诉求。

思考与练习

简答题

1. 欧洲代理人进行的是哪类谈判?
2. 构成其谈判因素有哪些?

学习活动 4.2.4　商品采购合同签订

想一想

你知道什么是合同吗?合同有什么作用及效力?请写下来,并与大家分享。

采购合同是指物资流通企业根据市场需要,向物资的生产企业或其他物资流通企业购买某种物资而签订的协议。

采购合同的签订是指当事人双方依据法律的规定就合同所规定的各项条款进行协商前。达到意思表示一致而确立合同关系的法律行为。

一、采购合同概述

(一)采购合同的概念

采购合同是指物资流通企业根据市场需要,向物资的生产企业或其他物资流通企业购买某种物资而签订的协议。物资的采购方向物资出卖方支付一定量的金额,而物资的出卖方按照约定时间、期限、数量与质量、规格交付物资给采购方。物资采购有时涉及订购物资的生产周期较长,因此物资采购合同的期限一般较长,有时是分期分批地成交。

(二)采购合同的性质

采购合同是具有权利义务内容的经济合同。合法有效的合同有法律约束力,就是其对合同双方当事人有法律效力,可以强制执行,违反合同必须承担法律责任。合同加之于双方当事人的义务是双方当事人在平等的地位上,依各自的自由意志选择的结果。合同当事人在签订合同时意思表示是自愿、真实的。

在市场经济体制下,合同是商品交换的法律表现形式,只要存在物资的平等交换就有合同。在企业的经营活动中,合同的地位会越来越重要。

(三)采购合同的内容

采购合同的内容,也称采购合同的条款,是指合同双方当事人的具体权利和具体义务。一份买卖合同主要由首部、正文与尾部三部分组成,如表 4-5 所示。

表 4-5　合同内容

结 构 名 称	具 体 内 容
首页(face sheet)	合约日期与合约编号 商品标准号别(C.C.C) 立约双方当事人名称与地址、电话等数据
基本条款(basic condition)	货品名称 质量与规格 单位与数量 价格(单价、总价、价格基础、货币) 包装(原产地) 物流 付款方式(信用证、远期 L/C、D/P 或 D/A、分期付款) 保险 检验方法
特别条款(special condition)	保证条款 安装及特殊检验条款 大宗物资条款 货价、运费及汇率变动协定 其他特别协议

二、采购合同的条款

(一) 首部

首部主要包括以下内容。

(1) 名称：如生产用原材料采购合同、品质协议书、设备采购合同、知识产权协议、加工合同。

(2) 编号：如 2000 年第 1 号。

(3) 签订日期。

(4) 签订地点。

(5) 买卖双方的名称。

(二) 正文

通常采购合同的内容包括以下几个方面。

(1) 商品名称。商品名称是指所要采购物品的名称。

(2) 品质规格。品质是指商品所具有的内在质量与外观形态的结合，包括各种性能指标和外观造型，具体有规格、型号、等级、花色、是否成套设备等。

(3) 数量。数量是指用一定的度量制度来确定买卖商品的质量、数量、长度、面积、容积等。该条款的主要内容有交货数量、单位、计量方式等。

(4) 单价与总价。单价与总价是指交易物品的每一单位的价格和总的金额。

(5) 包装及运输方法。包装是否规范与物料的品质有密切关系，并影响物料的验收作业，因此在采购时应将包装及运输方式列为协议内容之一，并对使用包装材料的材质(如纸箱纸质等)、衬垫(如发泡胶等)、标识等应加以规定。运输工具的选择(如汽车、火车、轮船或飞机)及运输路线的决定均会影响运费的高低、交货时间的长短及案例程度等，因此对运输方法应先加以明确。

(6) 付款方法。付款方法在采购协议当中是一个重要的内容，当公司资金较为充裕，可现金购买，从而可在价格、交货期或其他条件上获得补偿，对于资金周转较为困难的，可选择分期付款。付款方法还可用来管理供应商，对于优秀供应商，转账支票的到期日短，反之则长。有些较难采购的物料，初次合作也有预付订金的方式。

(7) 交货时间。在合同中，交货时间是指股行合同标的和价金的时间界限。合同履行期限分为合同的有效期限和合同的履行期限。合同的有效期限是指合同有效时间的起、止界限，如长期合同、年度合同、季度合同等。合同的履行期限是指实现权利义务的具体时间界限。采购合同的有效期限可能是 1 年，而履行期限可能是按月、按季分期履行。合同中对于履行期限，必须规定得具体、明确。同时，在合同规定的交货期到达时，供货方发送货物后应通知收货人。

(8) 交货地点。交货地点是指交付或提取标的的地方。合同中必须对交货地点做出明确规定。在采购合同中，由供方送货或者采用代办托运的，交货地点为产品发送地；需方自提的，交货地点为产品的提货地。需方若要求变更交货地点或收货人，应于合同约定交货之日前 40 天通知供方。

（9）交货方式。采购合同的交易方式通常有送货方式、自提方式、代运方式。送货方式一般由供方承担，一切风险由供方自己负责；自提方式由需方按照合同规定的时间、地点自行提货；代运方式，是指需方委托供方代办托运，代办托运应明确规定何种运输方式、运输工具、运输路线及到达站（港）的准确名称、运杂费的承担。

（10）交货单位或交货人名称、姓名和收货单位名称或收货人姓名。

（11）物资的验收。需方接到供货后，对物资质量和数量的查验方法、验收的地点、方法、标准在合同中应明确规定。

（12）违约责任。对品质标准低、品质欠佳、交货期延误、交货数量不足、服务水准低等如何处理，应预先予以规定。

（13）不可抗力的处理。不可抗力是指在合同执行过程中发生的、不能预见的、人力难以控制的意外事故，如战争、洪水、台风等。当遇上不可抗力因素等现象造成违约时应如何处理，应在协议中予以规定。

（14）合同的附则及其他条款。合同履行过程中出现争议时是否提交仲裁，合同签订的理由出现变更时合同部分条款变更或解除的方法。

（三）尾部

合同的尾部包括合同的份数、使用语言及效力、附件、合同的生效日期、双方的签字盖章。

三、采购合同的签订

采购合同的签订是指当事人双方依据法律的规定就合同所规定的各项条款进行协商，达到意思表示一致而确立合同关系的法律行为。在实际签订过程中，合同的双方当事人必须针对合同的主要内容，反复磋商，直至取得一致意见，合同才告成立。

（一）合同签订前的准备工作

合同双方当事人应调查对方的资信能力，了解对方是否有签订合同的资格，或者代理人是否有代理资格。具有法人资格的企业、农村集体经济组织、国家机关、事业单位、社会团体可以作为合同的当事人。而不具备法人资格的社会组织、车间、班组、总厂的分厂、总公司的分公司、学校内部的系、科室均不能以当事人身份签订采购合同。个体经营户、农村专业户、承包经营户等独立承担经济责任的经济实体也可成为经济合同的主体。

（二）签订采购合同的程序

签订合同，是当事人双方的法律行为。合同的成立，必须由当事人相互作出意思表示并达成合意。所以，《中华人民共和国经济合同法》规定"当事人双方依法就合同的主要条款经过协商一致，合同就成立"。实践中，当事人相互协商签订合同的过程，通常分为两个阶段，即包括提出订立合同的建议和接受订立合同的建议，民法学上称为"要约"与"承诺"。

1. 要约

订立合同的当事人一方向另方发出的缔结合同的提议。发出该提议的人为要约人，另一方为受约人或相对人。要约的对象一般有三种：①指定的对象；②选定的对象；③任意的对象。

采购合同的要约具有以下几个特征。

（1）要约必须是向特定人发出的。要约的作用是换得相对人的承诺，引起与之订立合同，所以，要约必须是对于相对人的行为。依照法律规定，订立合同的要约须向特定人明确提出，即向一个具体的法人，或经济组织，或个体工商户，或农村承包经营户提出。

（2）要约须是特定人的行为。根据我国法律的规定，提出订立合同建议的，须是客观上已确定的法人或其他经济组织、个体工商户、农村承包经营户。上述特定人一般都由订立后的合同表示出来，如采购合同，提出要约的特定人即是合同中标的一方（供方或需方）当事人。

（3）要约必须含有可以订立合同的主要条款，如标的物的名称、规格、数量、价格等，这些内容须具体、明确、肯定和真实，若内容不明确具体，相对人就难以表示肯定或否定，合同也就不能成立。

（4）要求受约人作出答复的期限。

要约的方式分口头方式与书面方式。一项要约有法律约束力就会产生法律后果。要约有效期间内，要约人不得随意撤销或变更要约。如要撤销或变更要约，要约人通知（新要约）应在守约人作出承诺之前送达。受要约的人在接到要约后即有作出承诺的权利，但一般情况并不负有答复的义务，超过要约期限不予答复只是丧失承诺的资格，并不负什么责任。要约在出现下列情况时终止：要约人不再受约束；要约被有效撤回；要约超过有效期；其他，如要约人丧失民事行为能力，要约人死亡或法人解散等。

2. 承诺

受要约人要向要约人做出的对要约完全无异议的核受的意思表示。做出这种意思表示的人称为承诺人。要约人的要约一经受要约人即承诺人的承诺，合同即告成立。

采购合同的承诺具有下列特征。

（1）承诺必须是就要约做出的同意的答复。从合同制度的传统原则来说，承诺须是无条件地、无任何异议地接受要约，才能构成有效的承诺，而与要约人构成合同关系。如果受要约人表示愿意与要约人订立合同，只是在承诺中对要约某些非要害条款做了增加、删改，即并非实质性改变要约，仍应视为承诺；如果受要约人对要约扩张、限制或者根本性改变的，则不是承诺，应视为拒绝原要约而提出新要约。

（2）承诺须是受要约人向要约人做出的答复。如前所述，在采购合同中受要约人须是特定人，因此，非受要约人做出的或受要约人向非要的人做出的意思表示都不是承诺。

（3）承诺必须在要约的有效期限内作出。如前所述，要约对于要约人是有约束力的，但这种约束力不是毫无限制的。通常把对要约人有约束力的期限，称为要约的有效期。因此，受要约人只有在要约的有效期限内作出同意要约的意思表示，才是承诺。一般情况，要约没有规定期限者，属于对话要约，受要约人须立即承诺；属于非对话要约的，受要约人应在一般认为应作出答复的期限内承诺。承诺一经成立就发生法律效力，即要约人接到有效之承诺合同就成立。

承诺和要约一样，也是一种法律行为。承诺人必须立即承诺自己承诺的合同义务。因此，承诺人在进行承诺时，必须严肃认真，在对要约的内容进行充分的了解、考虑之后，再向要约人作出承诺。

在法律上承诺是允许撤回的。但是,承诺的撤回必须在要约人收到承诺之前撤回。撤回的通知,必须在承诺到达之前送达,最晚应与承诺同时到达。如果承诺人撤回承诺的通知迟于承诺到达,则通知无效,承诺仍发生效力。

签订合同的谈判过程其实质就是当事人双方进行要约和承诺的过程。在实践中,往往不可能一次协商就达成协议,可能要经过反复协商,即要约—新要约—再新要约—直至承诺。

在谈判过程中,订约当事人应遵循下列原则:①必须遵守国家的法律,政策与计划,不得利用合同进行违法活动;②必须坚持平等互利、协商一致、公平合理的原则。任何一方不得强制另一方把自己的意思强加于人,当事人的意思表示必须真实。

(三) 合同的草签与正式签订

合同主要条款协商确定后,当事人双方可以先草签合同。待其他次要条款约定后,再正式签订合同。

签订合同时应当确认对方当事人有权签订合同,法定代表人是法人组织的最高首长,其有权以法人的名义对外签订采购合同面不需要特别的授权委托,但法定代表人在签订合同时也必须具备合法的手续,即法定代表人的身份证明。合法代理人也可签订采购合同,但代理人必须持有法人的授权委托书,方能以法人的名义签订合同。代理人签订采购合同必须在授权范围内进行,超越代理权所签合同,被代理人(委托人)不承担由此产生的权利与义务关系。授权委托书必须包括:代理人姓名、年龄、单位、职务、委托代理事项、代理权限、有效期限、委托者的名称、营业执照号码、开户银行、账号、委托日期,最后是委托者及其法定代表人的签章。

🧑‍💼 实战演练

工矿品采购合同

某工矿品采购合同

供方:_____　　　　　　　　合同编号:

　　　　　　　　　　　　　　　　　　　签订日期:　　年　月　日

需方:_____

签订地点:

经充分协商,签订本合同,共同信守。

一、产品名称、数量、价格:

产品名称及牌号或商标	产地或国别	型号规格或花色品种	等级	计量单位	数量	单价	折扣	金额

合计金额(人民币):　仟　百　拾　万　仟　百　拾　元　角　分

二、质量、技术标准和眼见方法、时间及负责期限：＿＿＿＿＿＿＿＿＿＿

三、交(提)货日期：＿＿＿＿＿＿＿＿＿＿

四、交(提)货及验收方法、地点、期限：＿＿＿＿＿＿＿＿＿＿

五、包装标准、要求及供应、回收、作价办法：＿＿＿＿＿＿＿＿＿＿

六、运输方法、到达港(站)运杂费负担：＿＿＿＿＿＿＿＿＿＿

七、配件、备品、工具等供应办法：＿＿＿＿＿＿＿＿＿＿

八、超欠幅度、交货数量超欠在＿＿＿%范围内,不作违约论处；＿＿＿＿＿＿＿＿＿＿

九、合理磅差、自然减(增)量的计算,＿＿＿＿＿＿＿＿＿＿

十、给付定金数额、时间、方法：＿＿＿＿＿＿＿＿＿＿

十一、结算方式及期限：＿＿＿＿＿＿＿＿＿＿

十二、保险费：以＿＿＿＿＿＿＿＿＿＿方名义,由＿＿＿＿＿＿＿＿＿＿方按本合同总值＿＿＿＿%投保,保险费由＿＿＿＿＿＿＿＿＿＿方负担。

十三、违约责任：供方不能交货,需方中途退货的,向对方偿付因不能交货或中途退货部分货款总值＿＿＿＿%的违约金。

十四、其他：

未尽事宜,均按《中华人民共和国民法典》和《工矿产品购销合同条例》规定执行。

问题：一份完整的采购合同应该具备哪些主要内容? 请用所学采购合同的知识判断这份工矿品采购合同是否符合要求?

知识拓展

1. 合同

广义的合同(也称契约)是指发生一定债权债务的协议；狭义的合同是双方当事人之间为实现某特定目的而确定、变更、终止双方债权债务关系的协议。

合同的特点是：①订立合同的双方当事人法律地位平等。这是合同作为民事法律关系的一个重要特征。当事人法律地位平等。首先,要求主体双方在平等的基础上充分协商,自愿订立合同。合同的内容要反映当事人的真实意志,而不允许一方当事人强迫对方与自己订立合同。其次,合同当事人无论是法人、其他组织还是公民,也无论其所有制和隶属关系如何,在订立合同时双方的法律地位也都是平等的。最后,法律地位平等还要求合同当事人双方平等地享受权利承担义务。②合同是双方当事人之间意思表示一致的结果。③订立合同是一种法律行为,合同的内容必须合法,否则合同自始至终无效。④合同具有法律约束力,双方必须全面履行合同所规定的各自义务。

合同的法律效力主要表现在两个方面：一是合同一经依法成立,就受到国家法律的保护,当事人必须全面履行；二是对于依法成立的合同,当事人任何一方均不得擅自变更或解除,否则就要承担违约责任。

2. 经济合同

经济合同是指法人之间,法人与其他经济实体之间或其他经济实体之间为实现一定的经济目的,明确相互间权利义务关系的协议。

经济合同的特征有以下几个。①经济合同的主体主要是法人。法人是具有民事权利能力和民事行为能力的,依法独立享有民事权利和承担民事义务的组织。这里的法人主要是指企业法人。②经济合同是为实现一定经济目的而签订的协议,因此,经济合同区别于一般的民事合同。经济合同是有偿合同。③经济合同一般都应采取书面形式。④经济合同受到国家经济政策的影响。

思考与练习

一、名词解释

采购合同　采购合同的签订　要约　承诺

二、填空题

1. 采购合同是具有权利义务内容的_____合同。合法有效的合同有_____约束力,就是其对合同双方当事人有法律效力,可以_____执行,违反合同必须承担法律责任。

2. 一份买卖合同主要由_____、_____与_____三部分。

3. 采购合同的承诺具有下列特征:

(1) 承诺必须是就要约做出的_____的答复。

(2) 承诺须是受要约人向_____做出的答复。

(3) 承诺必须在要约的_____期限内做出。

4. 合同_____协商确定后,当事人双方可以先草签合同。待其他次要条款约定后,再正式签订合同。

5. 合同的特点如下。

(1) 订立合同的双方当事人_____。

(2) 合同是双方当事人之间意思表示_____的结果。

(3) 订立合同是一种_____行为。

(4) 合同具有法律约束力,双方必须全面履行合同所规定的_____。

学习任务4.3　商品采购绩效考评

任务目标

1. 掌握供应商绩效评估的意义。

2. 掌握供应商绩效评估的 SWOT 分析和采购品定位矩阵分析。

3. 明确现有供应商的绩效考核指标。

4. 掌握电商采购绩效考核指标。

5. 明确采购员岗位职责。

6. 掌握采购员绩效考核指标。

采购工作经过一系列的作业程序完成之后,是否达到预期目标,企业对采购的物品是否满意,则需要经过考核评估。采购绩效评估是对企业采购活动的反馈,能及时反馈采购管理过程的信息,为企业采购决策层提供一些决策信息的支持,加强采购部门与其他部门的沟通联系等。对采购进行绩效管理能有效控制采购过程,能让采购工作依计划、有目标地进行;能使工作透明化,有利于采购与其他部门层次之间的联系与沟通;能够展示采购工作的成绩;能够量化采购工作,便于采购管理。

学习活动 4.3.1 供应商绩效管理

想一想

第二次世界大战期间,美国空军降落伞的合格率为 99.9%,这就意味着从概率上来说,每一千个跳伞的士兵中会有一个因为降落伞不合格而丧命。军方要求厂家必须让合格率达到 100% 才行。厂家负责人说他们竭尽全力了,99.9% 已是极限,除非出现奇迹。

军方(也有人说是巴顿将军)就改变了检查制度,每次交货前从降落伞中随机挑出几个,让厂家负责人亲自跳伞检测。从此,奇迹出现了,降落伞的合格率达到了百分之百。

通过这个案例,你认为作为采购管理人员应如何控制供应商提供的产品质量?把你的想法写出来与大家分享。

一、供应商绩效评估的意义

采购的挑战是获得最好的供应商,从而为组织供应商品和服务。好的供应商能够让组织有效率和效力地运作,这样企业才有精力关注它的核心业务;不好的供应商,会使客户的服务会受到损害,同时会影响产品的服务形象。因此,供应商的绩效评估意义重大。如何获得好的供应商取决于采购人员选择供应商的绩效和采购类型对组织的重要性,采购部门可能不仅对第一级供应商感兴趣,还对第二级供应商感兴趣,采购涉及了整个供应链。

供应商绩效考核质量主要通过"五个合适"(5R)(适价、适地、适时、适量、适质)反映出来,通过这五个因素,供应商绩效能够对组织产生以下影响,如表 4-6 所示。

表 4-6 供应商绩效通过 5R 因素产生的影响

5R 因素	影　　响
合适的价格	采购价格的降低直接影响到组织的底线,典型的采购节省的费用就等于增加的销售额,而这在许多市场中很难实现,这就是很多组织更加重视采购的原因
合适的质量	合适的质量是采购任务完成的前提,这里所强调的是"合适"的质量,而不是"最好"的质量;因为,质量是产生成本的关键,在明确了真实的采购需求后,配以合适的质量是最有利的
合适的数量	采购的数量多了,造成库存积压,资金占用,将增加采购成本;采购的数量少了,将造成生产停产、交货迟缓。因此,必须规划好合适的数量,以确保持有成本及订购成本的平衡
合适的地点	不能将货物运送到正确的地点,对降低库存和后续的商业计划安排是致命的
合适的时间	不能在合适的时间将货物送到,对于降低库存成本和准时制系统的引入是非常危险的,迟到的配送可能导致严重的生产和服务的问题

二、供应商绩效考核体系

为了科学、客观地反映供应商供应活动的运作情况,应该建立与之相适应的供应商绩效考核指标体系。在制定考核指标体系时,应该突出重点,对关键指标进行重点分析,尽可能地采用实时分析与考核的方法,要把绩效度量范围扩大到能反映供应活动时间运营的信息上去,因为这要比做事后分析有价值得多。

(一)对现有供应商的绩效考核指标

评估已合作的现有供应商绩效考核的因素主要有质量指标、供应指标、经济指标和支持、配合与服务指标等。

1. 质量指标

供应商质量指标是供应商考评的最基本指标,包括来料批次合格率、来料抽检缺陷率、来料在线报废率、供应商来料免检率等。其中,来料批次合格率是最为常用的质量考核指标之一。

$$来料批次合格率=\frac{合格来料批次}{来料总批次}\times100\%$$

$$来料抽检缺陷率=\frac{抽检缺陷总数}{抽检样品总数}\times100\%$$

$$来料在线报废率=\frac{来料总报废数}{来料总数}\times100\%$$

式中,来料总报废数包括在线生产时发现的废样品。

$$来料免检率=\frac{来料免检的种类数}{该供应商供应的产品总种类数}\times100\%$$

此外,还有的公司将供应商体系,质量信息,供应商是否使用、如何使用 SPC 质量控制等也纳入考核,比如,供应商是否通过了 ISO 9000 认证或供应商的质量体系审核是否达到一定的水平。还有些公司要求供应商在提供产品的同时,要提供相应的质量文件如过程质量检验报告、出货质量检验报告、产品成分性能测试报告等。

2. 供应指标

供应指标又称为企业指标,是同供应商的交货表现及供应商企划管理水平相关的考核因素,其中最主要的是准时交货率、交货周期、订单变化接受率等。其中,交货周期是指自订单开出日到收货日的时间长度,常以天为单位;订单变化接受率是衡量供应商对订单变化灵活性反应的一个指标,是指在双方确认的交货周期中可接受的订单增加或减少的比率。

$$准时交货率=\frac{按时按量交货的实际批次}{订单确认的交货总批次}\times100\%$$

$$订单变化接受率=\frac{订单增加(或减少)的交货数量}{订单原订的交货数量}\times100\%$$

值得一提的是,供应商能够接受的订单增加接受率与订单减少接受率往往不同,前者取决于供应商生产能力的弹性、生产计划安排与反应快慢及库存大小与状态(原材料、半成品或成品);后者主要取决于供应的反应、库存(包括原材料与在制品)大小及因减单带来的可能损失的承受力。

3. 经济指标

供应商考核的经济指标总是与采购价格、成本相联系的。与质量及供应指标不同的是,质量与供应考核通常每月进行一次,而经济指标则相对稳定,多数企业是每季度考核一次;此外经济指标往往都是定性的,难以量化。具体考核点有以下几个方面。

（1）价格水平：往往同本公司所掌握的市场行情比较，或根据供应商的实际成本结构及利润率进行判断。

（2）报价是否及时：报价单是否客观、具体、透明（分解成原材料费用、加工费用、包装费用、运输费用、税金、利润等，以及相对应的交货与付款条件）。

（3）降低成本的态度及行动：是否真诚地配合本公司或主动地开展降低成本活动，制订改进计划，实施改进行动，是否定期与本公司商讨价格。

（4）分享降价成果：是否将降低成本的好处也让利给本公司。

（5）付款：是否积极配合响应本公司提出的付款条件要求与办法，开出的付款发票是否准确、及时，是否符合有关财税要求。

有些单位还将供应商的财务管理水平与手段、财务状况及对整体成本的认识也纳入考核。

4. 支持、配合与服务指标

同经济指标一样，考核供应商在支持、配合与服务方面的表现通常也是定性的考核，每季度一次，相关的指标大致有诸如反应与沟通、表现合作态度、参与本公司的改进与开发项目、售后服务等，具体如下所述。

（1）反应表现：对订单、交货、质量投诉等反应是否及时、迅速，答复是否完整，对退货、挑选等是否及时处理。

（2）沟通手段：是否有合适的人员与本公司沟通，沟通手段是否符合本公司的要求（电话、传真、电子邮件及文件书写所用软件与本公司的匹配程度等）。

（3）合作态度：是否将本公司看成是重要客户，供应商高层领导或关键人物是否重视本公司的要求，供应商内部沟通协作（如市场、生产、计划、工程、质量等部门）是否能整体配合并满足本公司的要求。

（4）共同改进：是否积极参与或主动参与本公司相关的质量、供应、成本等改进项目或活动，或推行新的管理做法等，是否积极组织参与本公司共同召开的供应商改进会议，配合本公司开展的质量体系审核等。

（5）售后服务：是否主动征询本公司的意见，主动访问本公司，主动解决问题。

（6）参与开发：是否参与本公司的各种相关开发项目，如何参与本公司的产品或业务开发过程。

（7）其他支持：是否积极接纳本公司提出的有关参观、访问事宜，是否积极提供本公司要求的新产品报价与送样，是否妥善保存与本公司相关的文件等不予泄露，是否保证不与影响到本公司切身利益的相关公司或单位进行合作等。

（二）对潜在供应商的绩效考核指标

对潜在供应商绩效考核指标包括基本指标、高级测量指标和社会责任指标等，如表 4-7 和表 4-8 所示。

同时，供应商的社会责任指标包括：绿色环保、企业社会责任声明、社区、供应商多样化。注意，所有这些供应商绩效指标都需要定期检查。由于订单的价值、重要性、合作时间的长短等情况不同，所以不同的企业绩效考核指标也不一样。

表 4-7　供应商绩效测量的基本指标

基本指标	指标的相关内容
交货质量	如准时交货率、数量准确率、交货错误率等
产品质量	如退货率、物料抽检缺陷率、用户投诉次数、收货失败比率、使用失败比率
服务	处理这些问题时间的长短,售后服务的满意度、配合度、灵活性
价格成本	如与同类产品造价相比供应商的价格构成,供应商价格相对于市场价格的高低,对供应商报价进行评估

表 4-8　供应商绩效测量的高级测量指标

高级指标	指标的相关内容
整体能力	将供应商当作一个整体来看绩效,考察供应商是否有能力在合作过程中按要求提供服务和产品
财务稳定	考察在有风险的时候供应商是否能够经受得住必要的财务考验,保持财务的稳定
贡献能力	考察供应商是否看得出采购组织的需要,为组织的发展做出积极的贡献,如提供一些设计或创新的思想,或通过成本降低的项目来为采购组织做贡献

三、供应商绩效指标测量的工具

供应商绩效指标测量包括以下三类工具。

(一) 系统类和信息类工具

系统类和信息类测量工具包括以下几种。

(1) ERP、DRP、MRP 系统和其他软件工具。

(2) 专门的供应商绩效测量的软件工具。

(3) 从供应商那里收集来的数据。

(4) 在工作中获得的个人的知识和数据。

(5) 个人或者公司进行的协助供应商绩效测量项目的研究成果。

(二) 绩效测量和鉴定类工具

绩效测量和鉴定类测量工具包括以下几种。

(1) 供应商评估工具。

(2) 供应商等级评定工具。

(3) 自我评价工具。

(4) 技术的测量。

(5) 质量或绩效鉴定工具。

(6) 绩效的历史记录。

(三) 管理、理论和支持类工具

管理、理论和支持类测量工具包括以下几种。

1. SWOT 分析工具

SWOT 分析法是用来确定企业自身的竞争优势、竞争劣势、机会和威胁,从而将公司的战略与公司内部资源、外部环境有机地结合起来的一种科学的分析方法。SWOT 分析,即基于内外部竞争环境和竞争条件下的态势分析,就是将与研究对象密切相关的各种主要内部优势、劣势和外部的机会和威胁等,通过调查列举出来,并依照矩阵形式排列,然后用系统分析的思想,把各种因素相互匹配起来加以分析,从中得出一系列相应的结论,而结论通常带有一定的决策性。运用这种方法,可以对研究对象所处的情景进行全面、系统、准确的研究,从而根据研究结果制定相应的发展战略、计划以及对策等。

S(Srengths)是优势、W(Weaknesses)是劣势,O(Opportunities)是机会、T(Treats)是威胁。按照企业竞争战略的完整概念,战略应是一个企业"能够做的"(即组织的强项和弱项)和"可能做的"(即环境的机会和威胁)之间的有机组合。SWOT 分析模型如图 4-12 所示。

图 4-12　SWOT 分析模型

(1) 优势与劣势分析(SW)。由于企业是一个整体,并且由于竞争优势来源的广泛性,所以在做优劣势分析时必须从整个价值链的每个环节上,将企业与竞争对手做详细的对比。如产品是否新颖,制造工艺是否复杂,销售渠道是否畅通,以及价格是否具有竞争性等。如果一个企业在某一方面或几个方面的优势正是该行业企业应具备的关键成功要素,那么该企业的综合竞争优势也许就强些。需要指出的是,衡量一个企业及其产品是否具有竞争优势时,只能站在现有潜在用户角度,而不是站在企业的角度。

(2) 机会与威胁分析(OT)。如当前社会上流行的盗版威胁:盗版替代品限定了公司产品的最高价,替代品对公司不仅有威胁,可能也带来机会。企业必须分析,替代品给公司的产品或服务带来的是"天顶之灾",还是提供了更高的利润或价值;购买者转而购买替代品的转移成本;公司可以采取什么措施来降低成本或增加附加值来降低消费者购买盗版替代品的风险。

(3) 整体分析。从整体上看,SWOT 可以分为两部分:第一部分为 SW,主要用来分析内部条件;第二部分为 OT,主要用来分析外部条件。利用这种方法可以从中找出对自己有利的、值得发扬的因素,以及对自己不利的、要避开的东西,发现存在的问题,找出解决办法,并明确以后的发展方向。根据这个分析,可以将问题按轻重缓急分类,明确哪些是急需解决的问题,哪些是可以延后解决的事情,哪些属于战略目标上的障碍,哪些属于战术上的问题,并将这些研究对象列举出来,依照矩阵形式排列,然后用系统分析的方法,把各种因素相互匹配起来加以分析,从中得出一系列相应的结论,而结论通常带有决策性,有利于领导者和管理者做出较正确的决策和规划。

2. 不同品项的供应商选择评价标准

1) 常用品

此类物品供应商的评价标准如下。

(1) 供应商的产品类型是否满足所需,所选择的供应商的产品类型要尽量符合企业所采购的物品类型,这样企业就可以在一个供应商处采购完所有物品,无须为选择和管理其他的供应商而浪费成本。

(2) 能从一个供应商那里获得多少种所需的常规类物品(如办公用品、计算机耗材等)。

尽量从一个供应商那里采购尽可能多的物品,以减少常规类物品供应商的数量,从而减少供应商的管理成本。

(3) 该供应商是否能够在未来几年内为本公司持续供货,供应商如果能够在未来几年内持续为本公司供货,诚可以为公司节省未来重新选择、评价、更换供应商的成本。

(4) 供应商是否愿意签订长期合同(如无定额或者定额合同)。只要供应商同意签订长期合同,这样企业就可以在相当长的时间内不必更换供应商,从而为企业节省了供应商的管理成本。

(5) 供应商是否有很强的责任心,能够快速回应本公司的需求。供应商的责任心也是一个很重要的因素。如果供应商不能很快回应本公司的需求,将会给公司带来许多隐患,甚至导致供应中断,进而影响企业的生产、销售。

(6) 供应商的供货速度及可靠性程度,供应商的供货速度和可靠性程度直接影响企业生产和销售的连续性。

(7) 供应商是否能够应用电子商务办公。如果供应商能够应用电子商务办公,将使采购变得方便快捷,并且使供货及时、可控。

(8) 应商是否提供合并账单。倘若供应商能够提供合并账单,将使采购方更加便于管理采购业务,节省采购成本,增加企业利润。

(9) 供应商拥有的该采购项目的库存有多少,是否可以最大限度地降低企业的库存。该考察项目将关系到供应商供货的能力和可靠性。

(10) 供应商是否能够持续提供满足说明要求的产品,并保持最低的废品率。这将影响到企业产品的质量。

(11) 供应商是否准备指定一名客户经理专门处理本企业的业务。这将反映供应商对采购方的重视度,并影响供货的速度和效率。

2) 杠杆品

杠杆品对应的供应商的评价标准如下,分为转换成本高的供应商和现货采购供应商两类。

(1) 转换成本高的供应商的评价标准如下。

① 直接物料成本,劳动力成本、企业管理成本、分销成本。

② 投资水平、融资能力。

③ 生产效率。

在这里,①、②、③这3方面将关系到供应商的生产成本,是评价供应商是否能够提供低成本产品的标准。

④ 财务稳定性。

⑤ 供应市场地位的可持续性。

⑥ 采购物品在供应商产品生命周期所处的位置。

⑦ 所需物品是否为供应商的核心业务。

⑧ 供应商对公司所需物品供应的保障程度。

在这里,④～⑧将帮助采购方了解供应商是否能够在较长的时间内保证供货的连续性。

⑨ 供应商是否能够应用电子商务办公。

⑩ 供应商是否提供合并账单及供应商是否准备指定一名客户经理专门处理本企业的业务。

在这里,⑨、⑩可以作为评价供应商供货能力的标准。

(2) 现货采购供应商的评价标准:在现货采购中,评价标准主要是在保证质量的前提下价格最低,也就是没有必要花费过多的时间去评价供应商在降低总成本方面的能力。其评价标准主要侧重于以下3个方面。

① 供应商质量的可靠性。

② 供应商交付的可靠性。

③ 供应商的价格。

3) 瓶颈品

此类物品供应商的选择评价标准如下。

(1) 提供所要求质量的能力。供应商能否提供采购方所要求的产品的质量是评价该类物品所需供应商的一个关键因素。因为如果关键类产品质量得不到保证就会直接影响企业的核心利益,给企业造成很大损失。

(2) 供应商的财务状况。该方面也是考察供应商的一个主要的因素,毕竟供应商的财务状况将决定供应商未来生产的稳定性,直接影响供货的连续性。

(3) 供应商市场地位的可持续性。该方面将关系到供应商未来供应产品的连续性。如果供应商市场地位下滑,其将会考虑中断该类产品的生产,从而影响该产品的供应。

(4) 该物品在供应商产品生产周期的位置。物品在供应商产品生产周期的位置将决定供应商能够供应该产品时间的长短,如果产品处在生产周期的衰退期,那么供应商对该产品的供货持续时间将会较短,企业在不久的将来就不得不面临着转换供应商的处境,必然会增加额外的成本。

(5) 该物品在供应商生产中所占的比重。如果采购物品在供应商生产中所占比重较大,也就是该产品是供应商的核心产品,则供应商将会持续生产并供应该物品,否则将有可能放弃该产品的生产,从而中断该物品的供应。

(6) 供应商是否愿意签订较长期的合同。跟供应商签订较长期的合同,可以保证在未来相当长的时间内供应的连续性,节省转换供应商的成本。

(7) 供应商是否能对供货需求做出快速回应。供应商对供货需求的反应能力反映了供应商对采购方的重视度和其供货能力。

(8) 供应商是否提供订单跟踪系统。订单跟踪系统可以保证及时了解物品的具体供应状况,确保及时供货。

(9) 供应商是否能够应用电子商务办公,是否可以随时沟通和联合制订计划。

(10) 供应商是否准备指定一名客户经理专门处理本企业的业务。

(11) 供应商是否接受分阶段发布的产品说明,以提前做好供应准备。

4）关键品

此类物品供应商的评价标准如下。

（1）供应商是否准备与采购方签署长期供应合同并有兴趣建立长期伙伴关系。

（2）供应商的经营策略是否与采购方的经营策略一致。如果供应商的经营策略与采购方的经营策略一致，就可以保证双方在未来很长的时间内保持伙伴关系，这对企业的生产非常重要。

3. 帕累托分析

帕累托分析法又称 ABC 分类法，也叫主次因素分析法。它是根据事物在技术和经济方面的主要特征，进行分类排队，分清重点和一般，从而对事物进行有区别地进行管理，提高效率。由于帕累托法则一般把对象划分为 A、B、C 三类，所以又称 ABC 分类法。

假如我们要对某电商企业中在售的商品作帕累托分析，分析在所有在售的商品。根据 ABC 分类法可以将商品销售占销售总额的 70% 系列商品为 A 类；商品销售占销售总额的 20% 系列商品为 B 类；商品仅占销售总额的 10% 系列商品为 C 类。

4. 采购品定位矩阵

采购品定位矩阵可以帮助企业确定评估的优先级别、了解采购品的重要性，可以有针对性地制定相应的管理策略，从而指导企业对供应商实施管理方案。

1）年度支出

根据公司年度支出，按照 80/20 法则，将采购物料按支出水平分为两类。

80/20 法则又称帕累托法则、最省力法则或不平衡原则、犹太原则。此法则是由约瑟夫·朱兰（Joseph M. Juran）根据维尔弗雷多·帕累托本人当年对意大利 20% 的人口拥有 80% 的财富的观察而推论出来的。

80/20 法则在采购支出中的应用如表 4-9 所示。

表 4-9　80/20 法则在采购支出中的应用

A 类	B 类
20% 的采购物料占整体采购支出的 80%	80% 的采购物料占整体采购支出的 20%

80/20 法则的基本思想是：按照管理对象提供的产品价值的不同将其分类，分别采取不同的管理方法。一般的供应商 80/20 法则划分标准为：A 类供应商占总供应商数量的比例 20% 左右，物资价值占总采购物资的比例为 80% 左右；B 类供应商占总供应商数量比例为 80% 左右，物资价值占总采购物资的比例为 20% 左右。

对于 A 类供应商。因其为企业提供了价值量高的重要物资供应，对其加强管理是降低采购成本的潜力所在，所以要投入主要精力，进行重点管理。对 B 类供应商，因其数量多但提供的物资价值比重相对小，他们不是降低采购成本的重点，可作一般管理。然而，这种方法有它的局限性，因为这种提供产品价值高低为基础进行的供应商分类法，无法反映供应商对采购方研发的物资的重要性和供应商市场的复杂程度。这些问题对于采购方制定供应商管理策略有很大影响。所以，我们还需加入另外一个考虑因素，就是供应市场影响度，才能综合考虑其重要性。

2）供应市场影响度

供应市场影响度从各方面反映了采购项目的重要性。例如,为了实现采购项目的供应目标,企业需要投入多大的精力与资源在这些项目上,这些内容也决定企业如何应对这些项目,根据其影响度的因素,采取相应的应对措施,以降低对企业的影响。

① 物料所处的供应市场的结构。

② 供应市场上供应商的数量。

③ 物料的供应周期。

④ 技术成熟度/更新速度。

⑤ 产品生命周期。

⑥ 标准品还是非标准品。

⑦ 供应商和采购商的竞争力对比。

⑧ 专利、流程限制、文化等政策因素。

⑨ 地理因素。

根据年度支出和供应市场影响度两个维度的评估要素,为了理解采购品定位矩阵是如何影响供应战略的,可以将采购品定位矩阵分为以下几个象限,每个象限代表不同的采购品,如图 4-13 所示。

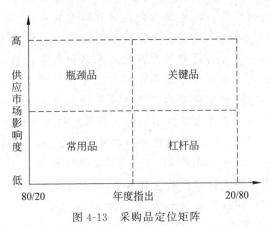

图 4-13 采购品定位矩阵

5. 各类审计方法

审核与供应商的交货表现及其企划管理水平相关的因素,主要有准时交货率、交货周期、订单变化接受率等。

6. 沟通战略

例如供应商的市场反应与沟通、表现合作态度、参与本公司的改进与开发项目、售后服务、参与开发、其他支持等。

四、供应商等级评定

对签订合同后的供应商的绩效进行测量,实际上是监测采购合同的执行情况、给各个供应商的等级(如 A 类、B 类、C 类)评定做准备。供应商等级评定的目的是更新供应商池,淘汰能力不行的供应商,引入绩效较高的供应商作为主要供应商。

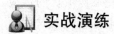 **实战演练**

SZ 制药公司的库存管理与配送方案选择

SZ 制药公司成立于 1996 年,是由法国排名第二的全球性制药公司与某省一家具有 70 年历史的著名药厂合资,在中方药厂的一个分厂基础上成立的台资制药公司,总投资为 2 亿元人民币,外方占 55% 的股份。公司主要从事生产和销售化学药品以及药物中间体、药物辅料的活动,还包括有关的技术咨询。其主要产品有心血管药品、神经系统药品、抗血栓药品、抗肿瘤药品和抗生素等处方药和少量非处方药。SZ 制药公司的发展非常迅速,它设定的目标是跻身于中国医药企业 10 强的行列,所以公司在运作上非常注重产品质量,公司的工厂在生产过程中几乎照搬了外方在欧洲的质量和安全管理模式,以保证产品质量和人员环境的安全。

最近,负责物流部的李经理经常听仓库经理跟她抱怨说仓库太小了,各种原材料总是放不下,希望能扩建仓库。李经理决定去仓库看看,当她来到仓库时,眼前的景象使她有些惊讶,仓库的门口两边堆满了纸箱,有几个纸箱已经破了,纸箱中包装药瓶的小盒撒了一地,人走来走去不少纸盒已被踩坏。仓库两边堆的也是纸箱,仓库里三台叉车在仓库管理员的指挥下,正在调换货物以腾出库位。再看其他的几种材料与辅料,也都堆满了货架,有的已经占据了成品的货位。回到办公室,李经理让秘书从 ERP 系统中把最近三个月每天的原材料库存数据调出来,从中选出了公司最常用的两种主原料和两种辅料以及两种主要的包装材料,这六种材料占到了公司原辅料库存数量的 85% 以上。同时李经理让秘书从系统中调出这六种材料每天的生产用量,计算出平均用量以及平均库存水平。当李经理看到这个表上的数据时,询问采购部为什么库存水平与供应商供货周期相差如此悬殊,因为这个供货周期已经包括了运输时间。过了三天,采购部给李经理做了答复,他们的回答是这个供货周期只是一个平均水平,供应商供货相当不稳定。此外,采购部还解释说没有运行 ERP 系统之前,由于库存信息不准确,采购部下订单的数量都偏多,目前还是沿用以前的办法。

两天后,在公司经理陈明远先生的认可下,李经理成立了一个项目小组。小组由计划、生产、采购、仓库部门的成员组成。李经理要求小组拿出两个方案:第一个方案是在目前情况下,库存满足率达到 95% 时,确定每个品种的安全库存水平、再订购点和订货批量。第二个方案是有关供应商管理,包括制订供应商绩效考核办法、考核办法的实施计划、发展与供应商关系的计划,还要评估实施供应商管理库存(VMI)的可行性、几家距离公司较远的供应商在公司附近新建原材料厂的可行性,以及实施 JIT 供应的可行性。李经理指出,第一个方案能马上降低部分库存,但最终还是要通过降低原材料的供货期,减少供货的不确定性来降低库存水平。

公司遇到的另一个问题是运输成本问题,李经理和储运部经理讨论后得出结论:造成运输成本偏高的原因主要有两个,一是药品空运成本高。药品的航空运输量小,但费用高,同时每次还要占用 1 名货运员开车送药。再加上机场距离公司很远,路上花的时间多。空运仅比 EMS 快 4 小时。二是铁路货物途中损坏严重。货物在运输途中被挤扁、摔破的事时有发生。此外,还有货物丢失的情况。李经理感到有必要对整个配送业务重新调整,不能公司负责全部的送货业务,因为投入的资金太大。如果能利用好第三方物流,让其提供公司所需的各种服务,不但能降低运输成本,客户签收单据回收的问题也可以一并解决。这时,又有一个难题摆在李经理面前了,要怎样选择承运商呢?是选择一家还是几家呢?李经理再次陷入了沉思。

要求:请列出至少 4 项 SZ 公司对供应商绩效考核的指标。

知识拓展

电商采购绩效考核

以网店为例,采购绩效考核指标体系一般可由以下指标组成。

1. 销售额指标

销售额指标要细分为大类商品指标、中类商品指标、小类商品指标及一些特别的单品项商品指标。应根据不同的业态模式中商品销售的特点来制定各种分类的商品销售额指标比例值。

2. 商品结构指标

商品结构指标是为了体现业态特征和满足目标顾客需求度的考核指标,如根据对电子商务公司的商品结构调查发现,反映网店业态特征的便捷性商品只占8%,公司自有品牌商品占2%,其他商品则高达80%以上。为了改变这种商品结构,就要从指标上提高便利性商品和自有商品的比重,并进行考核,通过指标的制定和考核可同时达到两个效果:第一,在经营的商品上业态特征更明显;第二,高毛利的自有品牌商品比重上升,从而增强了竞争力和盈利能力。

3. 毛利率指标

根据网店品种定价的特征,毛利率指标首先是确定一个综合毛利率的指标,这个指标的要求是反映企业的业态特征,控制住毛利率,然后分解综合毛利率指标,制定比例不同的类别商品的毛利率指标并进行考核。毛利率指标对采购业务人员考核的出发点是,让低毛利商品类采购人员通过合理控制订单量加快商品周转,扩大毛利率,并通过与供应商谈判加大促销力度,扩大销售量,增大供应商给予的"折扣率",提高毛利率。对高毛利率商品类的采购人员,促使其优化商品品牌结构,做大品牌商品销售量,或通过促销做大销售量提高毛利率。企业毛利率的增加,很重要的一个途径就是通过促销扩大销售量,然后从供应商手中取得能提高毛利率的"折扣率"。

4. 库存商品周转天数指标

库存商品周转天数指标主要是考核配送中心库存商品和网店存货的平均周转天数。通过这一指标可以考核采购业务人员是否根据店铺商品的营销情况合理地控制库存,及是否合理地确定订货数量。

5. 订货商品到位率指标

订货商品到位率指标一般不能低于98%,最好是100%。这个指标考核的是网店向总部配送中心订货的商品与配送中心库存商品可供配的接口比例。这个指标的考核在排除总部其他部门的工作因素或特殊原因外,主要落实在商品采购人员身上。到位率低就意味着网店缺货率高,必须严格考核。

采购是企业经营活动的起点和源头,因此利用绩效评估手段控制好采购环节是实现企业经营计划目标的重要手段。

思考与练习

一、填空题

1.虽然供应商的考评指标很多,但是归纳起来也不过四大类:＿＿＿＿＿、＿＿＿＿＿、＿＿＿＿＿,以及供应商支持与服务考评指标。

2.质量指标是用来衡量供应商的最＿＿＿＿＿的指标。

3.供应商考核的经济指标主要是考虑＿＿＿＿＿与＿＿＿＿＿。

4.＿＿＿＿＿是供应商定量选择中比较常用的方法。

二、多选题

1.虽然供应商的考评指标很多,但是归纳起来主要有(　　)。

A.供应商质量考评指标　　　　　　B.供应商供应考评指标

C.供应商经济指标　　　　　　　　D.供应商支持与服务考评指标

2.供应商质量指标主要包括(　　)。

A.来料批次合格率　　　　　　　　B.来料抽检缺陷率

C.来料在线报废率　　　　　　　　D.供应商来料免检率

3.供应商的认证还可以涉及的是(　　)。

A.领导班子和风格　　　　　　　　B.人力资源

C.企业文化　　　　　　　　　　　D.质量战略计划

4.供应商的供应指标又称企业指标,最主要的是(　　)。

A.准时交货率　　　　　　　　　　B.产品质量

C.交货周期　　　　　　　　　　　D.订单变化接受率

三、判断题

1.在供应商的选择过程中不需要考评供应商。　　　　　　　　　　(　　)

2.供应商的认证是一个详细的工作,需要较长的时间。　　　　　　(　　)

3.产品的质量与供应商关系不大。　　　　　　　　　　　　　　　(　　)

学习活动 4.3.2　采购员绩效管理

 想一想

你知道一个采购员每天都要做哪些工作吗?

一、采购员含义

采购员是指企业中协助采购主管制订采购计划和预算,参与采购谈判的支持工作,进行采购合同的采购及上报,并协助处理采购的后续工作,保证采购工作的顺利进行的人员;采购员的直接上级是采购主管,同级职位是采购计划专员、采购助理。

二、采购员岗位职责

(1) 根据企业的生产计划以及各部门的生产原料采购申请编制单项工作采购计划。

(2) 单项工作采购计划经领导审批后,根据相关计划制订预算。

(3) 进行市场调查,对市场的价格、品质进行研究,根据企业流程开始询价、比价、样品审验等工作。

(4) 协助领导确定采购价格,并进行谈判。

(5) 起草采购合同并上报。

(6) 采购物资的验收工作,协助质量管理部以及相关仓储部门人员进行采购物资的验收以及入库。

(7) 进行市场调研,开拓采购渠道,选择有质量、品质以及合理价格的供货商。

(8) 对采购相关文档资料进行收集、整理和存档。

(9) 提出减少采购成本的方案或建议。

三、采购员应具备的能力

(1) 具备专业的采购知识以及能力,熟悉采购流程。

(2) 具备良好的商务谈判能力,为企业争取最大的利益。

(3) 具备良好的沟通协调能力。

(4) 具备良好的成本控制能力。

(5) 具备良好的团队写作能力。

四、采购员职业发展

采购员具备一定的采购知识以及经验,其职业发展方向是采购主管,成为采购主管需要具备更专业的采购知识、积累经验,还需要具备一定的管理能力。

采购员的收入差别很大,如果具有丰富的采购知识、经验以及谈判能力,年收入能达到20万以上;如果缺乏经验则收入在3000~5000元,提高收入必须提高自己的能力和水平。

五、采购员绩效考核指标

(一) 价格与成本指标

采购的价格与成本指标包括参考性指标及控制性指标。参考性指标主要有年采购总额、采购人员年采购额及年人均采购额、各供应商年采购额及供应商年平均采购额、各采购物品年度采购基价(也称预算价或标准价)及年平均采购基价等。它一般是作为计算采购相关指标的基础,同时也是展示采购规模,了解采购人员及供应商负荷的参考依据,是进行采购过程控制的依据和出发点,常提供给公司管理层参考。而控制性指标则是展示采购改进过程及其成果的指标,如平均付款周期、采购降价、本地化比率等。列举如下。

1. 年采购额

年采购额包括生产性原材料与零部件采购总额、非生产性采购总额(包括设备、备件、生产辅料、软件、服务等)、原材料采购总额占生产成本的比例等。其中最重要的是原材料采购总额,它还可以按不同的材料进一步细分为包装材料、电子类零部件、塑胶件、五金件等;也可按采购付款的币种细分为人民币采购额及其比例、不同外币采购额及其比例。原材料采购总额按采购成本结构又可划分为基本价值额、运输费用及保险额、税额等。此外,年采购额还可分解到各个采购员及供应商,算出每个采购人员的年采购额、年人均采购额、各供应商年采购额、供应商年平均采购额等。

2. 采购价格

采购价格包括各类原材料的年度基价(或称标准价、预算价)、所有原材料的年平均采购基价(或折算的采购价格指数)、各原材料的目标价格、所有原材料的年平均目标价格(或折算成采购目标价格指数)、各原材料的降价幅度及平均降价幅度、降价总金额、各供应商的降价目标(降价比例金额)、本地化目标(金额与比例)、与兄弟公司联合采购额及比例(尤其适合于大型工业集团、跨国公司、下属企业)、联合采购的降价幅度等。

3. 付款

付款包括付款方式、平均付款周期、目标付款期等。

(二) 质量指标

质量指标主要是指供应商的质量水平以及供应商所提供的产品或服务的质量表现,它包括供应商质量体系、来料质量水平等方面。

1. 来料质量

来料质量包括批发质量合格率、来料抽检缺陷率、来料在线报废率、来料免检率、来料返工率、退货率、对供应商投诉率及处理时间等。

2. 质量体系

质量体系包括通过 ISO 国际质量体系认证的供应商比例、实行来料质量免检的物品比例、来料免检的供应商比例、来料免检的价值比例、开展专项质量改进的供应商数目及比例、参与本公司质量改进小组的供应商人数及供应商比例等。

(三) 企划指标

企划指标是指供应商在实现接收订单过程、交货过程中的表现及其运作水平。包括交货周期、交货可靠性以及采购运作的表现,如原材料的库存等。

1. 订单与交货

订单与交货包括各供应商以及所有供应商平均的准时交货率、首次交货周期、正常供货的交货周期、交货频率、交货数量的准确率、订单变化接受率、季节性变化接受率、订单确认时间、交货运输时间、平均报关时间、平均收货时间、平均退货时间、退货后补货的时间等。

2. 企划系统

企划系统包括供应商采用企划系统的程度、实行"即时供应"的供应商数目与比例、原材料的库存量(或库存周期)、使用周转包装材料的程度与供应商数量、订单数量。平均订货量,最小订购数量等。

（四）其他采购效果指标

其他与采购及供应商表现相关的指标有供应商总体水平、综合考核以及参与产品或业务开支、支持与服务等方面的指标。

1. 技术与支持

技术与支持包括采用计算机系统处理行政事务以及采用 E-mail（电子邮件）联系处理业务的供应商数目录、采用 e-commerce（电子商务）的供应商数量、参与本公司产品开发、工艺开发的供应商数量及程度、能用英文直接沟通的供应商数量等。

2. 综合指标

综合指标包括供应商总数、采购的物品种数及项目数、供应商平均供应的物品项目数、通过 ISO 国际质量体系认证的供应商数目、独家供应的供应商数目及比例、伙伴型供应商及优先型供应商的数目及比例等。

（五）采购效率指标

采购效率指标是指与采购能力如采购人员、采购系统等相关的指标。

1. 采购人员

采购人员包括采购部总人数以及战略采购前期采购、后期采购人员的比例、采购人员的年龄、工作经验等教育水平结构、采购人员语言结构、采购人员培训目标及实施情况、采购部人员流失率等。

2. 管理

采购人员的时间利用结构（处理文件、访问供应商等）及比例、采购人员的纪律执行情况（考勤等）、采购人员的工资级别及费用情况、采购行政管理制度的完整性软合同管理、权限规定、行为规范、供应商管理程序的完整性（如供应商审核、供应商考评、采购系统的审核及评估目标与水平等）。

实战演练

盘点当今微商的发展，当我们回头看时，那些当初"刷爆"朋友圈的产品，诸如柠檬杯、小清新面膜、韩国马油等，现在早已没有了踪影。"虚"火一把，烧着的不仅是从业者浮躁的心，大量的假货、囤货更是让人不忍直视。在这些产品没落的背后，不禁让我们深思。

问题：

1. 做微商，到底应该如何选品？
2. 选什么产品，才能让微商持久、稳定地赢利？
3. 微商应到哪里去找货源？

知识拓展

一个哲学家，要做一个主题演讲，思考人和世界之间的关系。他很困惑，偏偏儿子在一旁不停地捣乱。于是，他随手将一本杂志封底的地图撕成碎片，让儿子做拼图，希望以此获得两个小时的安静。结果,不到半小时,孩子就把地图拼成了。他大吃一惊,问其原因,孩子笑嘻嘻地说,我是照图后面那个人的头像拼的,如果这个人像拼好了,图也就拼对了。哲学家恍然大悟,马上知道了演讲的主题:一个人正确了,他的世界也就正确了。

启示

采购在供应商面前不是上帝,其实采购做人做对了,采购也就顺畅了。作为采购员要重技能,更重品德。

思考与练习

两个采购员的故事

小熊和小猴在疯狂动物城受雇于同一家超级市场。开始时与其他动物都一样,做基层采购工作。

不久,小熊受到总经理山羊的青睐,一再被提拔,从采购员直到部门经理。小猴却像被人遗忘了一般,还在底层混。终于有一天小猴忍无可忍,向总经理山羊提出辞呈,并痛斥总经理山羊用人不公平。总经理山羊耐心地听着,它了解这个小猴,工作肯吃苦,但似乎缺少了点什么。

他忽然有了个主意。"小猴",总经理说,"请你马上到集市上去,看看今天有什么卖的。"

小猴很快从集市回来说,刚才集市上只有一头驴子拉了一车西红柿卖。"一车大约有多少袋,多少斤?"总经理问。小猴又跑去,回来说有10袋。"价格多少?"小猴再次跑到集上。

总经理山羊望着跑得气喘吁吁的小猴说:"请休息一会吧,你可以看看小熊是怎么做的。"说完叫来小熊,对它说:"小熊,请你马上到集市上去,看看今天有什么卖的。"

小熊很快地从集市回来了,汇报说,到现在为止只有一头驴子在卖西红柿,有10袋,价格适中,质量很好,它带回几个让总经理山羊看。这头驴子过一会儿还将弄几筐茄子上市,据它看价格还公道,可以进一些货。这种价格的茄子总经理山羊可能会要,所以它不仅带回了几个西红柿做样品,而且还把那头驴子也带来了,它现在正在外面等回话呢。

总经理山羊看了一眼小猴,说:"请他进来。"

小熊由于比小猴多想了几步,在工作上取得了成功。

思考:通过这个案例,你认为作为采购员在职场中应该具备哪些能力?

采购商品库存管理

学习目标

知识目标

1. 了解商品入库、出库的基本概念。

2. 知道仓储货物盘点的作用。

3. 熟悉仓储货物盘点的步骤。

4. 了解采购的定义。

5. 掌握采购的原则。

6. 熟悉采购策略的选择。

能力目标

1. 能够熟练确定货物存储货位。

2. 能够进行商品入库。

3. 能用正确的方法进行货物盘点。

4. 能分析选择正确的采购策略。

5. 能够进行商品出库。

素质目标

1. 能够对学习进行总结反思,能与他人合作,进行有效沟通。

2. 通过实战演练,能够明确采购商品库存管理工作的重要性,加强课余练习。

导入案例

仪征化纤工业联合公司涤纶长丝自动化立体仓库

涤纶长丝自动化立体仓库是主车间后方加工的一部分,它担负着长丝成品的入库存储、出库发送以及空托盘的自动处理,立体仓库的作业非常频繁。

1. 系统工作流程

根据仪征化纤股份公司对生产、使用及与其他系统连接的要求,进货、出货的位置分别安排在立体仓库货架的两端,平面输送系统采用贯通式布置,易于操作人员对货物进行管理,物流也比较清晰。

(1)入库作业流程。自动分级包装线的码垛机将装成纸箱的长丝成品码放在空托盘上,然后送到立体仓库的输送机,开始进行入库作业。货物经过入库条形码阅读器时,托盘号被扫描下来,并传送给主管理计算 HCL(主机控制环节),HCL 将托盘号与其从包装线收到的托盘信息进行比较,如果有该托盘的信息,并且没有盲码标记,则 HCL 根据均匀分布、出库口就近以及高号数巷道优先等原则进行入库地址的分配,然后把分配好的地址信息及作业命令下发给监控计算机 MC。监控机 MC 把托盘号和其入库的巷道号发送给入库分岔条形码系统,由控制系统根据作业命令把入库托盘送入指定的巷道输送机上。条形码系统把已分岔的托盘信息发送给 MC。MC 据入库分岔条形码系统返回的信息,在入库分岔队列中消去已分岔的托盘号,并与相应的堆垛机控制器通信,按顺序下发入库作业命令,堆垛机进行相应的入库作业。

堆垛机完成入库作业后,向 MC 返回作业完成等信息,并等待接收下一个作业命令。MC 把作业完成等信息返回给 HCL 进行入库登账管理。

(2) 出库作业流程。出库操作员根据买主的购货要求将出库单(品种、数量或重量等)信息输入出库终端,并自动传送给主管理计算机 HCL。HCL 根据收到的出库单信息进行库存查询,并按先进先出原则出库,然后下发给监控机 MC。监控机 MC 收到出库命令后,根据当前入出库作业的情况,对出库命令及其他作业命令(如入库、空盘操作等)进行作业的优化调度,安排各巷道的作业次序,把安排好的作业命令(列、层、左右排等)逐条发送给相关的堆垛机控制器。

堆垛机按监控机 MC 的出库命令运行到指定的货位,将货物取出并送到巷道口的出库台上。此时,出库输送机控制器对堆垛机刚完成出库的货物进行输送控制。监控机 MC 收到堆垛机的作业完成信息后,把该货物的托盘号及出货台号下发给出库条形码系统,并向主管理机 HCL 返回该货物出库完成信息。主管理机 HCL 对从监控机 MC 收到的完成信息进行销账处理,实现"动态账本"功能。同时,出库条形码系统读取从其面前经过的托盘号,每读到一个托盘号都与其从 MC 收到的托盘号进行比较,并分配到相应的出库条形码阅读器。这些阅读器通过出库输送机控制系统执行相应的分岔动作,分别送到三个出库口。

2. 控制系统特点

控制系统是一个分层分布式计算机系统(Hierarchical Distribute Computer System)。它由管理层、监控层、控制层和设备层构成,其具有如下特点。

(1) 可靠性高。在系统中,主管理机的双机备份,系统启动时的自检功能,各种故障检测及处理功能,软件方面的抗干扰措施,软硬件的冗余设计,以及远红外光和光纤通信等是提高系统可靠性,使系统稳定运行的有效措施。

(2) 易操作维护。本系统的人机界面清楚、简单,计算机采用通用的电脑即可,控制系统采用模块化设计,系统操作和维护中简明的提示方式和操作程序,故障的声光提示和直观显示,对现场工况的显示,以及按照人机工程学原则设计的各种操作面板,使系统操作方便,维护简单。

(3) 自动化程度高。在这个自动化仓库系统中,除出货口处的人工输入出库单和人工搬运外,无须人工干预。这是目前国内综合自动化程度最高的立体仓库之一,达到国际先进水平。

(4) 作业快速准确。货位分配的准确查找和合理分配,堆垛机认址的奇偶校验,条形码复核分岔,设置多个入口和多个出口,各巷道均匀入出库和就近出库等分配原则,合理高效的作业调度,运行特性的优化控制,空托盘的自动补给,这些措施都提高了作业的准确性和效率。

（5）具有良好的开放性。整个系统的软硬件环境开放透明,便于将来的修改与扩充,并具有与其他系统连接的通用接口。

（6）模态组合灵活。多级控制方式,多种灵活的作业方式,使系统可以根据不同需要进行组合,例如,用半自动方式存取货物,用遥控方式进行,适合多种不同的需求。

（7）技术、设备成熟、先进。系统中使用了远红外通信设备、智能控制系统、网络集成技术和低照度自控摄像系统,这些技术和设备在自动化仓库中应用效果很好,也为系统的可靠、高效、灵活地运行提供了有效的保证。

🔍 启示

（1）仪征化纤工业联合公司涤纶长丝自动化立体仓库系统具有哪些方面的优点?

（2）根据本案例的论述,画出其入库作业流程图。

（3）根据本案例的论述,画出其出库作业流程图。

（4）该公司控制系统的特点是什么?

（5）请描述该公司空托盘处理流程的特点。

📖 知识结构图

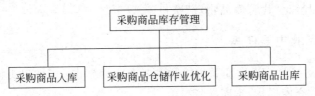

```
            采购商品库存管理
    ┌───────────┼───────────┐
 采购商品入库   采购商品仓储作业优化   采购商品出库
```

学习任务 5.1　采购商品入库

任务目标

1. 了解商品入库的基本概念。

2. 掌握入库流程。

3. 学会货物存储货位的确定。

学习活动 5.1.1　商品入库概述

 想一想

1. 什么是商品入库?

2. 商品入库应该经过哪几步?

一、商品入库的概念

商品入库是商品进入仓库时所进行的卸货、清点、验收、办理入库手续等工作的总称。是仓库业务活动的第一道环节,是做好商品储存的基础。

二、商品入库作业的具体内容和程序

(1) 做好入库前的准备工作。事先掌握入库商品品种、性能、数量和到库日期;安排商品接货、验收、搬运、堆码所需设备、场地和劳力。

(2) 进行商品接收工作。根据业务部门的入库凭证按大件核点品种、规格、数量、包装及标志等,检查单、货是否相符,有无多送、少送和错送等情况。

(3) 办理商品交接手续。仓库收货人在送货单上签收。如有问题,应会同交付入库的有关人员作出记录、分清责任,并立即通知业务部门及时处理。

(4) 检验商品细数、质量。根据货主及仓库规定,开箱、拆包点验品种、规格、细数是否正确无误,检查质量是否符合标准。

(5) 办理商品入库凭证签收、分发登账手续。根据验收结果,由保管员在商品入库单上逐项按实签收,并注明实收数量和堆码仓位。其中一联加盖仓储企业印章后退还货主,作为仓储企业收货凭证,一联交货区记账员登记"代管商品明细账",一联由保管员留存,登记"商品保管卡"。在财会部门设有表处"代管商品物资"账户情况下,商品入库凭证尚应增加一联送交财会部门,据以登记"代管商品物资"账户。

三、商品入库的主要任务

(1) 入库商品的接收。入库商品的接收主要有四种方式：车站码头接货、专用铁路线或码头接货、到供货方仓库提货、本库接货。

(2) 入库商品的验收。入库商品的验收工作,主要包括数量验收、质量验收和包装验收三个方面。在数量和质量验收方面应分别按商品的性质、到货情况,来确定验收的标准和方法。

(3) 验收发现问题的处理。验收中出现的问题,大体有如下几种情况：数量不符;质量问题;包装问题;单货不符或单证不全。

(4) 办理商品入库手续。商品经过质量和数量验收后,由商品检查人员或保管员在商品入库凭证上盖章签收。仓库留存商品入库保管联,并注明商品存放的库房、货位,以便统计、记账。同时,将商品入库凭证的有关联迅速送回存货单位,作为正式收货的凭证。

四、现代仓库的作业过程

(1) 实物流如图 5-1 所示。
(2) 信息流如图 5-2 所示。

五、仓库作业过程的特点

(1) 作业过程的非连续性。

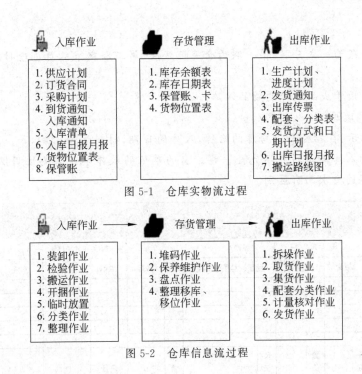

图 5-1　仓库实物流过程

图 5-2　仓库信息流过程

（2）作业量的不均衡性。

（3）作业对象的复杂性。

（4）作业范围的广泛性。

实战演练

校图书馆购进一批书,书店将图书送货清单与图书一块运来后,请同学们想一想我们要经过哪几步?

知识拓展

1. 什么是入库单

通俗地讲,入库单就是商家和商家之间互相调货的凭证。例如:商家甲从商家乙手中拿了什么东西,然后商家甲就会给商家乙一张入库单,上面写明什么时间拿了什么东西、什么型号以及价格,要写明两个商家的名称,同时还要盖有商家甲的印章。以后商家乙就可以凭这张入库单找商家甲收款。这样就简化了经常合作的两商家之间的交易程序。

2. 材料入库单的格式

材料入库单见表 5-1。

表 5-1　材料入库单

仓库名称:

编号:　　年　月　日

材料编号	材料名称	规格型号	计量单位	数量	计划单价	金额

填写说明：

（1）本单一般为一式三联，第一联为仓库记账联，第二联交采购员办理付款并作为财务记账联；

（2）本单适用于成品以外的物品入库。

3. 入库单的填写

如图 5-3 所示，在抬头写上仓库的名称，入库的日期，材料编号、名称等。其实在实际工作中每个单位的入库单填写并不完全一样。有的单位的入库单还需要注明供货单位的，所以视各企业的不同要求而有区别。

入库单								
年 月 日		供应商：			NO.	********		
编码	品名	品牌、型号、规格	单位	数量	单价	金额	附注	第一联
								存根联
采购员	验货员	负责人	仓管员		合计			
注：第一联存根，第二联财务，第三联仓库								

图 5-3 入库单

思考与练习

简答题

1. 什么是商品入库？
2. 商品入库的内容有哪些？
3. 仓库作业过程的特点有哪些？

学习活动 5.1.2 采购商品入库流程操作

想一想

1. 入库前需要做哪些准备工作？
2. 为什么要进行入库验收？

一、入库流程

货物入库工作，必须经过货物的接运、装卸搬运、检验、办理手续等一系列的操作过程，如图 5-4 所示。

图 5-4　入库流程

二、入库准备

1. 熟悉入库货物

仓库业务、管理人员应认真查阅入库货物资料,必要时向存货人询问,掌握入库货物的品种、规格、数量、包装状态、单件体积、到库确切时间、货物存期、货物的理化特性、保管的要求等。据此进行精确和妥善的库场安排、准备。

2. 掌握仓库情况

了解在货物入库期间、保管期间仓库的库容、设备、人员的变动情况,以便安排工作。必要时对仓库进行清查,清理归位,以便腾出仓容。如有必须使用重型设备操作的货物,一定要确保货位可使用设备。

3. 制订仓储计划

仓库业务部门根据货物情况、仓库情况、设备情况,制订仓储计划,并将任务下达到各相应的作业单位、管理部门。

4. 妥善安排货位

仓库部门根据入库货物的性能、数量、类别,结合仓库分区分类保管的要求,核算货位大小,根据货位使用原则,妥善安排货位、验收场地,确定堆垛方法、苫垫方案。

5. 做好货位准备

仓库员要及时进行货位准备,彻底清洁货位,清除残留物,清理排水管道,必要时安排消毒除虫、铺地。详细检查照明、通风等设备,发现损坏及时报修。

6. 准备苫垫材料、作业用具

在货物入库前,根据所确定的苫垫方案,准备相应的材料,并组织衬垫铺设作业。对作业所需的用具要准备妥当,以便能及时使用。

7. 验收准备

为保证验收工作及时而准确地完成,提高验收效率,减少劳动消耗,仓库验收工作必须有计划,有准备地进行。在接到到货通知后,应根据货物的性质和仓库管理制度,提前做好验收前的准备工作,确定验收方法,作好人员、资料、器具、货位、设备的准备。对特殊货物的验收,如放射品、腐蚀品等,还要准备相应的防护用品,并会同有关检验部门验收。

8. 装卸搬运工艺设定

根据货物、货位、设备条件、人员等情况,合理科学地制定卸车搬运的工艺,保证作业效率。大批量货物的入库,必须要有装卸搬运机械的配合,应做好设备的申请调用。

9. 文件单证准备

仓库员对货物入库所需的各种报表、单证、记录簿等,如入库记录、理货检验单、料卡、残损单等预填妥善,以备使用。

由于不同仓库、不同货物的性质不同,入库准备工作会有所差别,需要根据具体实际和仓库制度做好充分准备。

三、货物接运

接运的主要任务是及时准确地从交通运输部门提取物品,在接运由承运人转运的货物时,必须认真检查,分清责任,避免将一些在运输过程中或运输前就已经损坏的货物进入仓库,造成验收困难或损失。

1. 车站、码头提货

(1)了解货物情况,做好各项准备。提货人员对所提取的物品应了解其品名、型号、特性和一般保管知识、装卸搬运注意事项等。在提货前应做好接运的准备工作,安排好相应的吊装运输设备、人力和储存货物的货位等。提货人员在到货前,应主动了解到货时间和交货情况,根据到货多少组织装卸人员、机具、车辆,按时前往提货。

(2)提货时,认真核对各种资料。提货人员应对所提货物认真进行核对、查验,根据提单、运单及有关资料在承运单位现场详细核对所提货物的品名、规格、型号、数量等,并要注意外观,查看包装、封印、标志以及有无受潮、玷污、水渍、油渍等异状。若有短缺、损坏、货票不符等问题,必须当场要求查验确认,并做相应记录。

(3)在短途运输中,注意货物安全。要做到不混不乱,避免碰坏损失。对于腐蚀性货物、易燃、易碎货物和放射性货物等应严格按有关搬运规定办理,精密仪器仪表、贵重货物、怕潮货物、怕冻货物不宜在露天卸货。若受条件所限必须露天卸货,要采取必要的防护措施并严加管理。

(4)货物到库,办理货物的内部交接手续。货物到库后,提货人员要将货物逐一清点交给保管员,并配合做好卸货工作,确保货物不受损。尽量做到提货、运输、验收、入库、堆码一条龙作业,从而缩短入库验收时间,并办理内部交接手续。如发生数量、质量方面的问题,提货人员应当签名作证,不得拒签。

2. 专用线接车

专用线的接车是仓库直接与铁路部门在库内发生货物交接的一种方式,要做好下列几个方面的工作。

(1)做好接车卸货准备工作。

(2)车皮到达后的检查。检查实物状况,把好货物入库第一关,检查的主要内容包括:车皮封闭情况是否良好,车卡、车窗、铅封、苫盖等有无异状;根据铁路运单和有关凭证核对到货品名、规格型号和标志,并仔细点清件数,查看外观质量和包装捆扎情况;查看到货有无进水、受潮、污染、弯曲等损坏现象;查看需要返回的各种物料。要点清件数,查看质量,集中存放,及时送回;检查中发现问题时应会同铁路司检人员当场复查确认,当场编制有关记录,留作处理问题时的依据。

(3)遵循"安全、快速、准确、方便"的收卸原则。

（4）填写到货账目，办理内部交接。

（5）货物卸完后的"排空"工作。

3. 仓库接货

仓库自行接货是指仓库受货主委托直接到供货单位提货或供货单位将货物直接送货入库的接货方式。

（1）仓库接受货主委托直接到供货单位提货时，仓库应根据提货通知，了解所提货物的性能、规格、数量，准备好提货所需的机械、工具、人员，配备保管员在供方当场检验质量、清点数量，并做好验收记录，接货与验收合并一次完成。

（2）库内接货。存货单位或供货单位将货物直接运送到仓库储存时，应由保管员或验收人员直接与送货人员办理交接手续，当面验收并做好记录。

四、货物存储货位的确定

1. 货位的使用方式

仓库货位的使用有以下三种方式。

（1）固定货物的货位。货位只用于存放确定的货物，使用时要严格区分，决不能混用、串用。长期货源的计划库存、配送中心等大都采用固定方式。固定货位便于拣选、查找货物，但是仓容利用率较低。由于货物固定，可以对货位进行有针对性的装备，有利于提高货物保管质量。

（2）不固定货物的货位。货物任意存放在有空的货位，不加分类。不固定货位有利于提高仓容利用率，但是仓库内显得混乱，不便于查找和管理。对于周转极快的专业流通仓库，货物保管时间极短，大都采用不固定方式。不固定货位的货位储藏，在计算机配合管理下，能实现充分利用仓容，方便查找的长处。采用不固定货位的方式，仍然要遵循仓储的分类安全原则。

（3）分类固定货物的货位。对货位进行分区、分片，同一区内只存放一类货物，但在同一区内的货位则采用不固定使用的方式。这种方式有利于货物保管，也较方便查找货物，仓容利用率可以提高。大多数储存仓库都使用这种方式。

2. 选择和确定货位的原则

"四最"原则是指最近、最捷、最廉、最适。

（1）最近：使用距离最近，搬运距离最短。

（2）最捷：存取最快捷，最方便，没有无效过程。

（3）最廉：确保最少的投入，最大的收获。

（4）最适：最适合各种类别的货物"居住"。

在实际的货物存储货位的选择中，要把上述"四最"原则拓展并具体化。一般的拓展内容包括以下几点。

（1）根据货物的尺寸、数量、特性、保管要求选择货位。

（2）保证先进先出、缓不围急。

（3）出入库频率高使用方便作业的货位。

（4）小票集中、大不围小、重近轻远。

（5）方便操作。

（6）作业分布均匀。

3. 货位存储量确定

货位存储量是计算所选用的货位，能堆存拟安排货物的总数量。

$$q = p \cdot s$$

式中：q 为某货位的储存能力（t）；p 为某类货物的仓容定额（t/m²）；s 为该类货物所存放货位的有效占用面积（m²）。

其中，p 可以通过库场单位面积技术定额 $p_库$ 和货物单位面积堆存额 $p_货$ 两指标来确定。$p_库$ 是指库场地面设计和建造所达到的强度。$p_货$ 则是货物本身的包装及其本身强度所确定的堆高限定。

如某电冰箱注明限高 4 层，每箱底面积为 0.8m×0.8m，每箱重 80kg，则该电冰箱的 $p_货$ 计算为

$$p_货 = \frac{80 \times 1}{0.8 \times 0.8 \times 1000} = 0.125（t/m^2）$$

$p_库$ 则要使用较小的数值，这样才能同时保证库场地面不会损坏、货物本身不会被压坏。如果 $p_库 < p_货$，则 $p = p_库$；如果 $p_库 > p_货$，则 $p = p_货$。

如上题中 $p_库 > p_货$，则 $p = p_货 = 0.125 t/m^2$。

五、装卸搬运

常见的装卸搬运原则如下。

1. 有效作业原则

有效作业原则是指所进行的装卸搬运作业是必不可少的，尽量减少和避免不必要的装卸搬运，只做有用功，不做无用功。

2. 集中作业原则

包括搬运场地的集中和作业对象的集中。前者是在有条件的情况下，把作业量较小的分散的作业场地适当集中，以利于装卸搬运设备的配置及使用，提高机械化作业水平，以及合理组织作业流程，提高作业效率；后者是把分散的零星的货物汇集成较大的集装单元，以提高作业效率。

3. 简化流程原则

简化装卸搬运作业流程包括两个方面。一是尽量实现作业流程在时间和空间上的连续性；二是尽量提高货物放置的活载程度。

4. 安全作业原则

装卸搬运作业流程中，不安全因此比较多，必须确保作业安全。作业安全包括人身安

全、设备安全。尽量减少事故。

5. 系统优化原则

装卸搬运作业组织的出发点是实现装卸搬运的合理化,而其合理化的目标是系统的整体优化,要充分发挥系统中各要素的功能,从作业质量、效率、安全、经济等方面对装卸搬运系统进行评价。

六、检查验收

入库货物的检验可分为数量检查和质量检验。货物数量检验包括毛重、净重的确定,件数理算、体积丈量等。质量检验则是对货物外表、内容的质量进行判定。检验的主要任务就是查明到货的数量和质量状态,为入库和保管打基础,防止仓库和货主遭受不必要的经济损失,同时对供货单位的产品质量和承运部门的服务质量进行监督。

1. 检查验收的作用

通过检验不仅可以防止企业遭受经济损失,而且可以起到监督供货单位和承运人的作用,同时也可指导保管和使用。

(1)检查验收为货物保管和使用提供可靠依据。

(2)检验记录是货主退货、换货和索赔的依据。

(3)检验是避免货物积压,减少经济损失的重要手段。

(4)检验有利于维护国家利益。

2. 检查验收的要求

货物检验工作是一项技术要求高、组织严密的工作,关系到整个仓储业务能否顺利进行,所以,必须做到准确、及时、严格和经济。

(1)准确。

① 严格按合同规定的标准和方法进行检验。

② 认真校正和合理使用检验工具。

(2)及时。及时检验有利于加快商品周转,不误索赔期。为加快检验,可采取以下措施:

① 先小批,后大批;

② 先易后难;

③ 先本地到货,后外地到货。

④ 检验结束及时签收。

(3)严格。检验人员应明确每批货物验收的要求和方法,并严格按仓库验收入库的作业和操作程序办事。

(4)经济。在检验的多数情况下,不但需要检验设备和验收人员,而且需要装卸搬运机具和设备以及各工种工人的配合。这就要求各工种密切协作,合理组织调配人员与设备,以节省作业费用。此外,检验工作中,尽可能保护原包装,减少或避免破坏性试验,也是提高作业经济性的有效手段。

3. 检查验收的内容

检验的内容有以下几点。

（1）检验准备。

检验准备是货物入库检验的第一道程序，包括货位、验收设备及人员的准备等，具体有 5 个方面的准备工作。

① 收集、整理并熟悉各项验收凭证、资料和有关验收要求。

② 准备所需的计量器具、卡量工具和检测仪器仪表等，检验设备要准确可靠。

③ 落实入库货物的存放地点，选择合理的堆码垛型和保管方法。

④ 准备所需的苫垫堆码物料、装卸机械、操作器具和担任验收作业的人力。

⑤ 进口货物或存货单位要求对货物进行质量检验时，要预选通知商检部门或检验部门到库进行检验或质量检测。

（2）核对资料凭证。

① 审核验收依据，包括业务主管部门或货主提供的入库通知单、订货合同、协议书等。

② 核对供货单位提供的验收凭证，包括质量保证书、说明书、装箱单和保修卡及合格证等。

③ 核对承运单位提供的运输单证，包括提货通知单和货物残损情况的货运记录、普通记录和公路运输交接单等。

在整理、核实、查对以上凭证时，如果发现证件不齐或不符等情况，要与货主、供货单位、承运单位和有关业务部门及时联系解决。

（3）确定验收比例。

由于受仓库条件和人力的限制，对某些批量大在短时间内难以全部验收，或全部打开包装会影响商品质量的货物，可采用抽验方法。抽验比例应首先以合同规定为准，合同没有规定时，确定抽验的比例一般应考虑以下因素。

① 商品价值。商品价值高的，抽验比例大，反之则小，有些价值特别大的商品应全部检验。

② 商品的性质。商品性质不稳定的或质量易变化的，验收比例大，反之则小。

③ 气候条件。在雨季或黄梅季节，怕潮商品抽验比例大，在冬季怕冻商品抽验比例大。

④ 运输方式和运输工具。对采用容易影响商品质量的运输方式和运输工具运输的商品，抽验比例大，反之则小。

⑤ 厂商信誉。厂商信誉好，抽验比例小，反之则大。

⑥ 生产技术。生产技术水平高或流水线生产的商品，产品质量较稳定，抽验比例小，反之则大。

⑦ 储存时间。入库前，储存时间长的商品，抽验比例大，反之则小。

在按比例抽验时，若发现商品变质、短缺、残损等情况，应考虑适当扩大验收比例，直至全验，彻底查清商品的情况。

（4）实物验收。

当商品入库交接后，应将商品置于待检区域，仓库管理员及时进行质量、数量验收，并进行质量送检。

① 数量检验。数量检验是保证物品数量准确与否的重要步骤。按物品性质和包装情况，数量检验主要有计件、检斤等形式。在进行数量检验时，必须注意同供货方采用相同的计量方法。采取何种方式计数要在验收记录中做出记载，出库时也按同样的计量方法，避免出现误差。

② 质量检验。仓库对到库物品进行的质量检验是根据仓储合同约定来施行的。合同没有约定的，按照物品的特性和惯例确定。由于新产品的不断出现，不同物品具有不同的质量标准，仓库应认真研究各种检验方法，必要时要求客户、货主提供检验方法和标准，或者要求收货人共同参与检验。

（5）检查验收的方法。

仓库常用的检验方法主要有视觉检验；听觉检验；触觉检验；嗅觉、味觉检验；测试仪器检验。

（6）运行检验。

通过对货物进行运行操作，如电器、车辆等，检查操作功能是否正常。

对于需要对外索赔的货物，未经商检局检验出证的，或经检验提出退货或换货的出证应妥善保管，并保留好货物原包装，供商检局复验。

七、入库登记

1. 办理交接手续

交接手续是指仓库对收到的货物向送货人进行的确认，表示已接收货物。办理完交接手续，意味着划清了运输、送货部门和仓库的责任。完整的交接手续包括以下内容。

（1）接收货物。

仓库以送货单为依据，通过理货、查验货物，将不良的货物剔出、退回，并编制残损单明确责任，确定收到货物的确切数量、货物表面状态等。

（2）接收文件。

接收送货人送交的货物资料、运输的货运记录、普通记录等，以及随货的相关文件，如图纸、准运证等。

（3）签署单证。

仓库与送货人或承运人共同在送货人交来的送货单、交接清单上签署和批注，并留存相应单证。提供相应的入库、查验、理货、残损单损、事故报告。

2. 登账

货物查验中，仓库根据查验情况制作入库单或货物明细账。详细记录入库货物的实际情况。对短少、破损等在备注栏填写和说明。

3. 立卡

货物入库或上架后，将货物名称、规格、数量或出入状态等内容填在货卡上，称为立卡。

货卡又称为料卡、货牌,插放在货物下方的货架支架上或摆放在货垛正面的明显位置(见表 4-8)。

4. 建档

仓库应对所接收的货物和委托人建立存货档案和客户档案,以便于货物管理和保持客户联系,也为将来可能发生的争议保留凭据。同时有助于总结和积累保管经验,研究仓储管理规律。

存货档案应一货一档设置,将该货物入库、保管、交付的相应单证、报表、记录、作业安排、资料等的原件或者复制件存档。

(1) 存货档案的内容

存货档案的内容如下。

① 货物的各种技术资料、合格证、装箱单、质量标准、送货单和发货单等。

② 货物运输单据、普通记录、货运记录、残损记录和装载图等。

③ 入库通知单、验收记录、磅码单和技术检验报告等。

④ 保管期间的检查、保养作业、通风除湿、翻仓、事故等直接操作记录;存货期间的温度、湿度、特殊天气的记录等。

⑤ 出库凭证、交接签单、送出货单、检查报告等。

⑥ 回收的仓单、货垛牌、仓储合同、存货计划、收费存根等。

⑦ 其他有关该货物仓储保管的特别文件和报告记录。

(2) 存货档案的保管

货物档案应统一编号、妥善保管。在货物保管期间,可根据仓库情况,由业务机构统一管理或直接由保管员管理。某种货物全部出库后,除必要的技术证件必须随货同行不能抄发外,其余均应留在原档案内,并将货物出库证件、动态记录等整理好一并归档。货物档案部分资料的保管期限,根据实际情况酌定。其中有些资料,如库区气候资料、货物储存保管的试验资料,应长期保留。

实战演练

校图书馆购进一批书,书店将图书送货清单与图书一块运来后,请同学们想一想我们要经过哪些步骤才能外借?

知识拓展

1. 商品分类原则

(1) 选择适用并且统一的分类标准,标准一旦确定,不可随意变更。

(2) 分类具有排他性。

(3) 分类应具有完全性,应覆盖所有商品。

(4) 分类伸缩性,以适应商品的增加。

2. 商品的编码

（1）商品编码的内涵与作用

商品编码是将商品按其分类内容进行有序编排，并用简明文字符号或数字来代替商品的名称或类别。通过对商品的编码可以应用计算机进行高效率管理并可实现整个仓储作业的标准化管理。

（2）商品的代码结构

商品的代码结构包括代码长度、代码顺序、代码基数。

（3）商品编码方法

① 无含义编码——流水编码方法。流水编码多用于账号或发票编号。

② 分组编号法。分组编码方法代码结构简单，容量大，便于计算机管理，在仓库管理中使用较广，如075006110。

③ 实际意义编码法。通过商品编号能够迅速了解商品的内容及相关信息，如FO4915B1。

④ 暗示编码法。暗示编码法容易记忆，又可防止商品信息外泄，如BY005WB10。

思考与练习

一、多项选择题

1. 入库流程有（　　）。

 A. 接到货物入库通知单　　　　　　　　B. 货物接运

 C. 装卸搬运　　　　　　　　　　　　　D. 检查验收

 E. 办理入库手续

2. 货物数量检验包括（　　）等。

 A. 毛重　　　　　B. 净重的确定　　　　C. 件数理算　　　　D. 体积丈量

3. 入库检验的内容是（　　）。

 A. 检验准备　　　　　　　　　　　　　B. 核对资料凭证

 C. 确定检验比例　　　　　　　　　　　D. 实物检验

4. 仓库常用的检验方法主要有（　　）等。

 A. 视觉检验　　　　　　　　　　　　　B. 听觉检验

 C. 触觉检验　　　　　　　　　　　　　D. 嗅觉、味觉检验

二、判断题

1. "先进后出"是仓储保管的重要原则，能避免货物超期变质。　　　　　　（　　）

2. 检验准备是货物入库检验的第一道程序。　　　　　　　　　　　　　　（　　）

三、简答题

1. 简述货物入库准备。

2. 简述入库检验的作用。

3. 简述入库检验的要求。

学习任务 5.2   采购商品仓储作业优化

任务目标

    1. 知道仓储货物盘点的作用。

    2. 熟悉仓储货物盘点的步骤。

    3. 掌握仓储货物盘点的方法。

    4. 了解采购的定义。

    5. 掌握采购的原则。

    6. 熟悉采购策略的选择。

学习活动 5.2.1   采购商品仓储盘点优化

想一想

    1. 为什么要进行盘点？

    2. 如何进行盘点？

一、仓储货物盘点的概念

盘点是指在规定的时间内，仓库保管员对所保管的货物账目进行查验，对所保管的货物进行实物清点，并核对货、账的作业。

根据盘点时仓库与外界隔离的程度分为封闭式盘点和半封闭式盘点；根据盘点间隔时间分为日常盘点、月度盘点和年度盘点；根据发生盘点情况分为一般情况下的盘点和特殊情况下的盘点，特殊情况下的盘点又包括停业盘点（某项业务终止时）、整顿盘点（某项业务出了问题）和突击盘点（对贵重物品的突击检查）。

仓储货物盘点的作用有督促、检查、确认、订货依据和衡量效率。

二、仓储货物盘点步骤

仓储货物盘点步骤如图 5-5 所示。

三、日常盘点

日常盘点是指每日工作结束时库房保管员进行的账、物自我确认。

（1）日常盘点的目的：确认一天工作的结果（收发账目的平衡），并关注每日的重要事项。

（2）日常盘点的工作要素包括以下几点。

① 盘点计划。按企业作业规定。

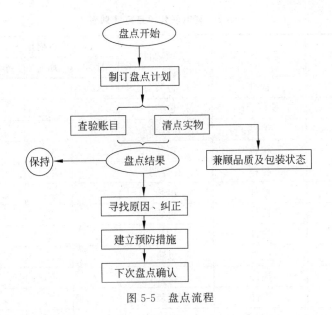

图 5-5　盘点流程

② 盘点责任者。库房保管员。

③ 盘点内容。仅限当日接收、发出和移动部分(转库)的货物。

④ 盘点时间。当日工作结束之后。

⑤ 盘点方式。封闭式或半封闭式。

⑥ 盘点速度。速度要快,时间不宜超过 10 分钟。

⑦ 盘点确认者。仓库当班保管组长。

⑧ 盘点记录。一般不需要。

四、月度盘点

月度盘点是指每月工作结束时进行的账、物检查和确认。

(1)月度盘点的工作要素如下。

① 盘点计划。根据仓库货物管理制度,按货物管理计划进行。

② 盘点责任者。库房保管员。

③ 盘点内容。重点是当月的接收、发货和移动部分(转库)的货物,但须兼顾全面。

④ 盘点时间。当月月末适当时间,一般选择夜班进行。

⑤ 盘点方式。封闭式盘点和半封闭式盘点均可。

⑥ 盘点确认者。仓库主任。

⑦ 盘点记录。按表单格式记录。

(2)月度盘点的工作内容,如图 5-6 所示。

(3)盘点案例,如表 5-2 所示。

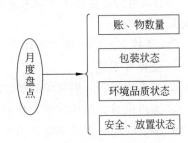

图 5-6　月度盘点工作内容示意图

表 5-2　某电子公司盘点计划表

序号	物料类别	盘点内容	兼顾项目	盘点周期			备注
				日常	月度	年度	
1	IC类	检件	包装	√	√	√	
2	贵重类	检件、斤	包装	√	√	√	
3	PCB类	检件	有效期	√	√	√	
4	线材类	检包	包装	√	○	√	
5	电池类	检粒	有效期	√	○	√	
6	电器类	检件	包装	○	○	√	
7	电子元件	检件	包装	○	○	√	
8	机心类	检件	包装	√	√	√	
9	五金件	检件	包装	√	○	√	
10	塑胶件	检件	包装	√	○	√	
11	玻璃品	检件	包装	√	○	√	
12	胶水类	检件、斤	有效期	×	√	√	
13	液体类	检件、斤	有效期	×	√	√	
14	辅助料	检件、斤	有效期	○	√	√	
15	包装料	检件	包装	○	√	√	
16	不良材料	检件	包装	○	√	√	
17	在工品	检件	包装	○	○	√	
18	半成品	检件	包装	○	○	√	
19	成品	检套	包装	√	√	√	
20	储备品	检套	包装	×	○	√	
21	不良品	检套	包装	○	○	√	

说明：√表示必须要实施；○表示可以选择实施；×表示可以不实施。

五、年度盘点

年度盘点是指每年工作结束时进行的账、物全面检查和确认。

目的是对当年度的工作结果进行一次全面检察，以发现问题，实施预防和纠正措施，并为决策提供依据。

(1) 年度盘点的工作要素如下。

① 盘点计划。

② 盘点责任者。库房保管员。

③ 盘点内容。当年在库货物的总的数目和状态。

④ 盘点时间。当年年底适当时间，一般选在年尾一周内进行，与企业财务扎账同步。

⑤ 盘点方式。封闭式盘点。

⑥ 盘点确认者。仓库主管。

⑦ 盘点记录。按表单格式记录。

⑧ 年度盘点参与者。

库房保管员、货物接运员、物管部主管、仓库财务人员和仓库主任等均须根据参加在库货物的年度盘点。

（2）年度盘点的工作内容，如图 5-7 所示。

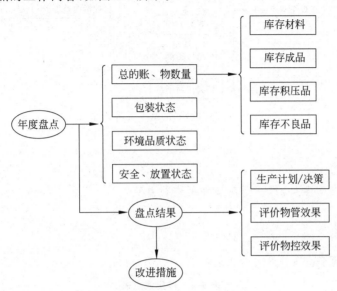

图 5-7　年度盘点工作内容示意图

（3）年度盘点记录表格式，如表 5-3 所示。

图 5-3　盘点记录表

盘点周期：　　　　　盘点日期：　　　　　页数：

序号	品名	规格	编号	账数	实数	差异数	状态	备注

主要事项说明：　　　　　　　　　　　　　　盘点结果评价：

负责人：　　　　　　　核对人：　　　　　　　确认：

六、货物清账

货物清账如图 5-8 所示。

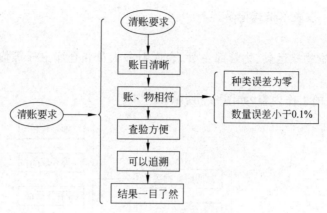

图 5-8 "清账"的基本要求条件

实战演练

如果你是图书管理员,想一想应该如何进行盘点?

知识拓展

存货盘点表如表 5-4 所示。

表 5-4 存货盘点表

部门:_____   年   月   日

品　名	数量	单位	单价	金额百	十	万	千	百	十	元	角	分	品　名	数量	单位	单价	金额百	十	万	千	百	十	元	角	分
合　计													合　计												

　　存货盘点表一般是对仓库现有货物的清点整理和统计。主要有这么几项:账面数、盘存数、盈亏数(+、—)、后边注明盘点人、盘点日期、被盘点责任人签字。前面标明盘点仓库。

存货盘点表可以使用 Excel 表格的形式进行创建,如果类目统一可以使用一张表,如果类目多可以使用两张表。

思考与练习

一、填空题

1. _____是指在规定的时间内,仓库保管员对所保管的货物账目进行查验,对所保管的货物进行实物清点,并核对货、账的作业。

2. 年度盘点的工作要素包括 _____、_____、_____、_____、_____、_____、_____、_____。

二、单项选择题

1. ( )是指终止某项业务时,对该项业务关联的货物进行盘点,以便完全消除存在的影响。

    A. 日常盘点   B. 停业盘点   C. 整顿盘点   D. 突击盘点

2. ( )是指日常工作中因某项业务出了问题,领导者为了彻底厘清头绪而指示的盘点。

    A. 日常盘点   B. 停业盘点   C. 整顿盘点   D. 突击盘点

3. 日常盘点工作要素包括( )。

    A. 盘点计划、盘点责任者   B. 盘点内容、盘点时间

    C. 盘点方式、盘点速度   D. 盘点确认者、盘点记录

4. 月度盘点的工作要素主要包括( )。

    A. 盘点计划、盘点责任者   B. 盘点内容、盘点时间

    C. 盘点方式、盘点确认者   D. 盘点记录

5. 根据盘点时仓库与外界隔离的程度,可将盘点分为( )两种。

    A. 封闭式盘点   B. 开放式盘点   C. 半封闭式盘点   D. 综合式盘点

学习活动 5.2.2 采购商品优化

想一想

1. 什么是采购?

2. 如何进行采购?

一、定义

1. 采购都是从资源市场获取资源的过程

能够提供这些资源的供应商,形成了一个资源市场。为了从资源市场获取这些资源,必须通过采购的方式。也就是说,采购的基本功能,就是帮助人们从资源市场获取他们所需要的各种资源。

2. 采购既是一个商流过程,也是一个物流过程

采购的基本作用,就是将资源从资源市场的供应者手中转移到用户手中的过程。在这

个过程中,一是要实现将资源的所有权从供应商手中转移到用户手中,二是要实现将资源的物质实体从供应商手中转移到用户手中。前者是一个商流过程,主要通过商品交易、等价交换来实现商品所有权的转移。后者是一个物流过程,主要通过运输、储存、包装、装卸、流通加工等手段来实现商品空间位置和时间位置的完整结合,缺一不可。只有这两个方面都完全实现了,采购过程才算完成。因此,采购过程实际上是商流过程与物流过程的统一。

3. 采购是一种经济活动

在整个采购活动过程中,一方面,通过采购获取了资源,保证了企业正常生产的顺利进行,这是采购的效益;另一方面,在采购过程中,也会发生各种费用,这就是采购成本。我们要追求采购经济效益的最大化,就是不断降低采购成本,以最少的成本去获取最大的效益。而要做到这一点,关键的关键,就是要努力追求科学采购。科学采购是实现企业经济利益最大化的基本利润源泉。

二、采购形式

常见的采购形式分为战略采购、日常采购、采购外包三种形式。

日常采购是采购人员(Buyer)根据确定的供应协议和条款,以及企业的物料需求时间计划,以采购订单的形式向供应方发出需求信息,并安排和跟踪整个物流过程,确保物料按时到达企业,以支持企业的正常运营的过程。

采购外包就是企业在聚力自身核心竞争力的同时,将全部或部分的采购业务活动外包给专业采购服务供应商,专业采购供应商可以通过自身更具专业的分析和市场信息捕捉能力,来辅助企业管理人员进行总体成本控制。降低采购环节在企业运作中的成本支出。

采购外包由于涉及中小企业的利益,大部分中小企业不愿意将采购业务外包给其他的第三方采购机构。这给采购外包业的发展增大了不少的难度。采购外包有利于企业更加专注于自身的核心业务。专业的事交给专业的人做。采购外包对中小企业来说,可以降低采购成本,减少人员投入,减少固定投资,降低采购风险,提高采购效率。对于中小企业来讲,采购外包是最佳降低成本的方式。

采购外包既可以获得更低采购成本、提高采购效率、获得专业化的采购服务,企业从总体上降低运营成本,提高采购效率,企业又可以将自己的全部智力和资源专注于核心业务,在新的竞争环境中提高企业的竞争能力。

1. 企业实施采购外包的优势

(1)加速采购业务重构

企业业务流程重构需要花费很多的时间,获得效益也要花很长的时间,而外包是企业业务流程重构的重要策略,可以帮助企业快速解决采购业务方面的重构问题。对实行采购外包的企业来讲,不仅做到现有企业核心采购能力和外包供应商核心能力的整合,更重要的还要做到如何巩固和提升自己的核心采购能力。企业如果忽视了本身核心采购能力的培育,那么实施"外包"采购只是培养潜在的竞争对手,而自己则失去未来的发展机会。

(2)利用企业的外部资源

如果企业没有有效完成采购业务所需的资源,企业可将采购业务外包。企业采购外包时必须进行采购成本、利润分析,确认在长期情况下这种外包是否对企业有利,由此决定是否应该采取采购外包策略。企业在集中资源于自身核心采购业务的同时,通过利用其他企业的资源来弥补自身的不足,从而变得更具竞争优势,增强自身的核心竞争力。

(3) 分担采购风险。

企业可以通过外向资源配置分散由经济、市场和财务等因素产生的风险。企业本身的采购资源、能力是有限的,通过资源外向配置,与外部的"外包"供应商共同分担风险,企业可以变得更有柔性,更能适应变化的外部环境。

(4) 降低成本

据有关研究表明,那些将特定的采购流程或采购项目外包的企业,其物料获得成本平均降幅达 10%～25%。有时特定采购项目的采购成本降幅可达 30%。PSP 之所以能够如此大幅度降低采购成本,主要是因为他们具有丰富的产品采购经验和市场专业知识、成熟的采购流程和持有众多客户聚集起来的采购量。

(5) 减少企业投资

通过采购外包,可以减少企业投资,降低固定资产在资本结构中的比例,有利于优化企业的资本结构。专业的事交给专业的人做,采购不是中小企业的核心业务,但会涉及中小企业的采购利益。目前我国采购服务行业,只是处于起步阶段,许多的企业正在进行不断的探索。类似做采购外包服务的企业如四川安瑞科等。

2. 采购外包策略分析

(1) 采购外包策略的适用范围

当今竞争环境下,没有哪一种采购策略适用于一个企业所有的产品和服务。要合理界定采购外包策略的适用范围,可以采用供应细分法对企业供应的各种产品和服务进行分类分析。

在企业的采购和供应管理中,供应成本和供应风险是采购人员关注的核心问题。供应成本表示了各项产品或服务的重要性,一般以企业每年对它的支出总额来衡量。对于供应风险,一般可以根据技术因素、供应资源的可获得性、技术要求、环境因素等多方面综合确定风险程度。

从供应成本和供应风险两个角度,可以将企业供应产品和服务分为 4 种类型,即策略型(低成本低风险)、杠杆型(高成本低风险)、关键型(低成本高风险)和战略型(高成本高风险)。企业采购的绝大部分产品和服务都属于策略型。由于成本和风险都比较低,在这一类型中单个产品或服务的采购价格并不太重要,即使采购成本降低了很大幅度,对总支出而言,也只是相对较小的节约。相形之下,由于其采购品种繁多、采购流程复杂,必然导致大量的交易成本。因此。该类型供应管理的目标应该是通过大力提高采购过程的效率来降低交易成本。交易成本可以用采购者在整个订货过程中所花费的时间来衡量,只有尽量简化或消除其采购流程,降低采购过程的边际成本,才能使企业的总成本最低。这时,策略型采购外包是企业的一个较好选择。

(2) 采购业务外包范围

企业组织机构在下列情况下可考虑将采购业务外包出去。

① 采购是属于周边的而不是核心业务的场合。具体体现为:一次性采购订单和有重复

需求的采购订单;需在当地和国内采购的物资(国际性的组织货源和采购更倾向于专业化的采购业务外包);低价值、高订购频率的采购;对知名品牌有要求的采购;内部已批准的协议突然取消;已建立了以产品或服务为基础的合同;要获取进行大批量生产制造所需物资;对私营企业、公用事业需求的产品进行仓储并建立具体档案;计算机化精巧处理的采购或以软件为基础的制造业的采购;采购需求都附有相应的行政手续和文件;要提供具有各种技能水平的仓储人员;进行多种型号和多个部门的货源组织等。

② 供应储备很精益,但它建立在可靠的合作基础上,而且没有供应的限制。

③ 一个较小的供应商基库能提供非战略性、非关键性、低成本/低风险的产品的场合。

三、影响采购的因素

(1) 品质。采购品质控制的内容包括三个方面,如表 5-5 所示。

表 5-5　采购品质控制内容

内　　容	说　　明
对供应物料品质的控制	包括物料的生产过程、设备、环境等内容
进货检验	包括物料的数量、规格、质量等内容
对采购物流过程中品质的控制	包括交货时间、地点、方式等内容

(2) 价格。采购价格分析为将来的议价提供参考,采购时须明确影响采购价格的各种因素,制定合理的采购价格。影响采购价格的因素包括物料成本、供需关系、季节变化、市场环境、交货条件 5 个方面。

(3) 交期。

(4) 服务。

(5) 配合度。

四、采购的基本原则

采购应遵循成本效益、质量、进度配合和公平竞争的基本原则。采购决策应该以正确的商业导向为基础,反映跨职能的方法,并且以改善公司的采购底线成本为目的。

五、采购流程

采购流程如下。

收集信息→询价→比价、议价→评估→索样→决定→请购→订购→协调与沟通→催交→进货检收→整理付款

1. 采购数量计算

$$本期应采购数量=本期生产需用量+本期未预定库存量$$
$$-前期预估库存量-前期已购未入库数量$$

2. 采购商品成本构成

工程或制造的方法,所需的特殊工具、设备,直接及间接材料成本,直接及间接人工成本,制造费用或外包费用,营销费及税捐、利润。

3. 怎样合理降低采购成本

事先制订合理的采购计划,查询当前市场行情,掌握影响成本的因素和事件。适当寻找多家合格厂商的报价,制作底价或预算,运用议价技巧。事后选择价格适当的厂商签订合约,利用数量或现金折扣。

(1) 合适的价格。采购价格应以达到适当价格为最高目标,采购员必须以采购要求,根据市场行情,分析物料的质量状况和价格变动情况,选择物美价廉的物采购价格构成：供应商成本的高低,规格与品质,采购物料的供需关系,生产季节和采购时机,交货条件,付款条件。

(2) 如何判断采购价格是否合理：进行成本分析,价格分析,市场调研,多家厂商报价。

(3) 怎样找供应商：利用有的资料,公开征求的方式,通过同业介绍,阅读专业刊物,协会或采购专业顾问公司,参加产品展示会。

(4) 合格供应商的标准：优秀的企业领导人,高素质的管理人员,稳定的员工群体,良好的机器设备,良好的技术,良好的管理制度。

六、建立科学高效的采购管理系统的策略

(1) 企业需要从经验采购管理,发展到科学采购管理最终到文化采购管理。

(2) 采购风险不在于复杂的流程、高层的签字甚至高层的亲自谈判,而在于能有效地系统监控。

(3) 解决家族式的采购管理。科学采购管理最大的特点是制度管人,而不是人管人。

(4) 针对不同种类产品采购的解决办法。

① 一般产品——低采购金额,低采购风险的产品。

四种采购方式：定期定量、定期不定量、不定期定量、不定期不定量。

② 瓶颈产品——具有低采购金额,高采购风险的产品。

方法一：给供应商及时快速、更短周期地付款。

方法二：可以适当地给供应商更高的利润。

方法三：与杠杆产品搭配采购,把"肥肉"与"骨头"捆绑。

方法四：在产品设计阶段的价值工程与价值分析(VE/VA)。

方法五：提高与稀缺资源的掌握者合作的能力,学会利用资源。

③ 杠杆产品——高采购金额,低采购风险的产品。

策略一：建立采购产品的成本模型。

策略二：达尔文式的采购。

④ 战略产品——高采购金额,高采购风险的产品。

方法一：必须削减供应商数量。

方法二：与供应商建立合作伙伴关系或者战略联盟的关系。

方法三：联合开发、联合改善,共同提升价值。

方法四：考虑整合资源模块化采购。

七、采购存在的问题

（1）采购过程中缺乏有效的信息沟通。在以往的采购工作中，采购部门作为一个单独的职能部门，相对独立地开展工作，与企业内其他部门很少进行直接的接触，采购人员很少与销售人员、技术人员、生产人员和财务人员进行沟通，通常采购部门关心的是物料的制造和供应，采购人员只是在物料计划员和供应商之间起了一个中介人的作用，在两者之间传递信息。一旦某个环节对信息的理解出失误或者信息的有效流通受到阻碍，就会造成物料的重复采购和资金的积压。

（2）采购工作缺少监督制衡机制。物资采购是直接以货币为媒介的商品交换，掌握着大量的资金使用权，必须有有效的监督措施。但是有很多企业的物资采购往往掌握在一个部门或者几个人甚至一个人的手里，由一人制订采购计划，又一人去采购物资，缺乏有力的监督和制约机制。长此下去，在采购工作中还会出不正之风，影响企业正常的物资采购工作。

（3）企业对供应商的管理有待加强。很多企业的采购工作都存在着一个误区，认为采购工作就是和供应商搞好关系，然后在这种关系基础上，与企业需求之间寻求磨合和平衡。其实对企业而言，这种情况是很危险的。在采购行为中，与供应商建立良好的个人关系固然重要，长此以往，就会产生企业对某些特定供应商的依赖，不利于企业寻找新的更好的供应商，不利于企业进行技术创新，也会在企业内部滋生腐败行为，损害企业的利益。

实战演练

某超市准备采购一批生活用品，请制订采购计划，并简述过程。

知识拓展

商品采购谈判三要素

商品采购不仅是零售店的一项主要业务，而且还是一门商业艺术，其中商品采购谈判尤为重要。最佳的商品采购谈判往往会使顾客获得最大的实惠，同时也会使零售店与供货商喜获双赢。

商品采购谈判的核心是议价，也就是说，零售店采购员与供货商就商品价格及交易条件直接进行谈判。

从企业利益角度出发，供需双方的谈判心态是有所区别的：供货商希望能以平常的售价（报价单上的标准）供应商品，而零售店则要求以折扣价格获得高利润率的商品。

零售店的采购如何才能达到目的，的确需要采购员在谈判中不断总结经验，通常采购员需要着重做好以下几方面的工作。

1. 谈判前充分准备

对供应商的资质调查是必要的，供应商的一般情况不难了解，关键是要确定供应商是属于哪一个级别的批发商。很多商品的代理有全国性、区域性及地方性之分，在谈判前要设定两个以上可商议的目标,一个是理想目标即单赢,一个是合理目标即双赢。带好相关资料,如市场调查报告、竞争对手的海报、合同文本,以及笔、计算器、会谈记录等,更重要的是各种有效证件。

2. 谈判中突出重点

(1) 先要讲礼貌,着装得体,遵守时间,提前5分钟到达谈判地点,要充满自信。

(2) 通过提问,从对方回答中获得有用的信息,引导供货商说出你所需要的东西。

(3) 主动掌握谈判的过程。

(4) 强调合作,谈判的最终结果有四种:单赢、单输、双赢、双输,而我们所倡导的是以信任、亲善为理念,追求的是双赢效果,强调的是双方合作。

(5) 妥善处理异议,当供货商过分强调理由或提出较为苛刻的条件时,可以先保持短时间的沉默,然后询问其原因,并试着有理有据地提出反驳理由,明确表示对方的条件是不能接受的,并提出自己的确切标底,最后坦然告诉对方如果不能供货,将会失去一定的市场份额。这样一般会收到较为理想的效果。

3. 谈判后要追踪效果

商品采购谈判结束,并非是商品采购工作的终结。

一个合格的零售店商品采购员还要追踪因商品采购所延伸的一些工作,通常包括了解并掌握商品是否与样品质量、价格、品牌、产地等相符,是否完全履行了合同约定的条款,商品进入卖场后售货员的反应如何,销路是否畅通,是否符合市场的需要,商品质量是否符合国家、行业及企业规定的标准,此外还要从六个方面对谈判后的效果进行追踪。

(1) 商品是否满足顾客的需求,顾客的满意度如何。

(2) 商品采购总量、商品结构、批量是否合适。

(3) 商品质量是否稳定,能否满足顾客的需求。

(4) 商品货源是否来自源头。

(5) 售后服务是否良好、可靠,对投诉是否能做出迅速反应,索赔是否简便易行。

(6) 交货是否及时,供货量是否有弹性,交货时间是否合适,能否保证购货所需时间内的正常销售,过早送货会导致库存积压,过迟送货则会出现缺货。

思考与练习

一、填空题

1. 常见的采购形式包括_____、_____和_____。

2. 影响采购的因素包括_____、_____、_____、_____、_____。

3. 采购应遵循_____、_____、_____和_____的基本原则。

二、简答题

采购的流程有哪些?

学习任务 5.3　采购商品出库

任务目标

1. 了解商品出库的基本概念。
2. 掌握出库流程。

学习活动 5.3.1　商品出库概述

想一想

1. 什么是商品出库？
2. 商品出库应该包括哪些内容？

一、定义

商品出库是商品离开仓库时所进行的验证、配货、点交、复核、登账等工作的总称，是仓库业务活动的最终环节。

出库业务是保管工作的结束，既涉及仓库同货主或收货企业以及承运部门的经济联系，也涉及仓库各有关业务部门的作业活动。为了能以合理的物流成本保证出库物品按质、按量、及时、安全地发给用户，满足其生产经营的需要，仓库应主动向货主联系，由货主提供出库计划，这是仓库出库作业的依据，特别是供应异地的和大批量出库的物品更应提前发出通知，以便仓库及时办理流量和流向的运输计划，完成出库任务。

仓库必须建立严格的出库和发运程序，严格遵循"先进先出，推陈储新"的原则，尽量一次完成，防止差错。需托运物品的包装还要符合运输部门的要求。

二、要求

商品出库要求做到"三不三核五检查"。"三不"，即未接单据不翻账，未经审单不备货，未经复核不出库；"三核"，即在发货时，要核实凭证、核对账卡、核对实物；"五检查"，即对单据和实物要进行品名检查、规格检查、包装检查、件数检查、重量检查。具体地说，商品出库要求严格执行各项规章制度，提高服务质量，使用户满意。它包括对品种规格要求，积极与货主联系，为用户提货创造各种方便条件，杜绝差错事故。

三、商品出库作业的具体内容和程序

（1）做好商品出库前的准备工作。如与有关部门联系，做好包装物料和搬运装卸机具的准备等。

（2）审核商品出库凭证。商品出库必须有合法的出库凭证为依据，审核内容主要包括印鉴手续是否齐全，所列仓库名称、商品品名、规格、数量是否相符等。

（3）登记代管商品账，核销存量。货区记账员根据出库凭证按照规定手续登记代管商品明细账，核销存量。同时，在出库凭证上批注出库商品的货位和发货后的结存量，以供保管员配货、核对。

（4）根据出库凭证，核实备货。保管员根据出库凭证所列品种、规格、数量，经审核无误，先核销保管卡上存量，然后从各个货位上检出商品，加以集中。

（5）复核查验，防止发货差错。保管员按照"动碰复核"要求，一边发货，一边复核，既要复核单是否相符，又要复核货位结存量，以保证出库量的准确性。在保管员自查后，尚须由专职或兼职复核员进行复验。

（6）编配包装，集中待运。某些商品有时尚须进行编配拼装、换装、改装和加固包装等作业。包装后，即可按商品运送的不同运输方式、线路和收货点，分单集中待运。

（7）交接发货、放行出库。仓库发货、发货人应向收货人或运输人员按单逐件点交清楚，以划清责任。

四、商品出库的形式

1. 送货

仓库根据货主单位预先送来的"商品调拨通知单"，通过发货作业，把应发商品交由运输部门送达收货单位，这种发货形式就是通常所说的送货制。

仓库实行送货，要划清交接责任。仓储部门与运输部门的交接手续，是在仓库现场办理完毕的；运输部门与收货单位的交接手续，是根据货主单位与收货单位签订的协议，一般在收货单位指定的到货地办理。

送货具有"预先付货、接车排货、发货等车"的特点。仓库实行送货具有多方面的好处：仓库可预先安排作业，缩短发货时间；收货单位可避免因人力、车辆等不便而发生的取货困难；在运输上，可合理使用运输工具，减少运费。

仓储部门实行送货业务，应考虑到货主单位不同的经营方式和供应地区的远近，既可向外地送货，也可向本地送货。

2. 自提

由收货人或其代理持"商品调拨通知单"直接到库提取，仓库凭单发货，这种发货形式就是仓库通常所说的提货制。它具有"提单到库，随到随发，自提自运"的特点。为划清交接责任，仓库发货人与提货人在仓库现场，对出库商品当面交接清楚并办理签收手续。

3. 托运

托运是由仓库将货物通过运输单位托运，发到货物需用单位的一种出库方式。它是在仓库备完货后，到承运单位办理货运手续，通过铁路、水路、公路、航空、邮局等将货物运到购货单位指定的地点，然后由用户自行提取。

特点：仓库通过承运单位将货物运到购货单位。

在办理托运前，仓库应按需用单位的要求备好货，并做好发运记录。适用于异地、同地业务单位之间购货。

注意：

（1）托运货物期间，保管工作仍未结束，并应做好复核工作。

（2）待运货物可按公路、水路、铁路等不同的运输方式和路线以及不同的收货地点，进行运单集中并进行复核，然后填制货物运单，并通知运输部门提货。

4. 过户

过户是一种就地划拨的形式，商品虽未出库，但是所有权已从原存货户转移到新存货户。仓库必须根据原存货单位开出的正式过户凭证，才予办理过户手续。

特点：商品不动；变动户头，改变商品所有权。

注意：商品过户时，仓库必须根据原有货主开出的正式过户凭证，才予以办理过户手续。

5. 转仓(移仓)

货主单位为了业务方便或改变储存条件，需要将某批库存商品自甲库转移到乙库，这就是转仓的发货形式。仓库也必须根据货主单位开出的正式转仓单，才予办理转仓手续。出库过程管理是指仓库按照货主的调拨出库凭证或发货凭证(提货单、调拨单)所注明的货物名称、型号、规格、数量、收货单位、接货方式等条件，进行的核对凭证、备料、复核、点交、发放等一系列作业和业务管理活动。

特点：商品所有权未变；商品由甲库转移到乙库。

注意：移仓需根据仓库或货主填制的商品移仓单进行发货。

6. 取样

取样是货主单位出于对商品质量检验、样品陈列等需要到仓库提取货样。一般都要开箱、拆包、分割。仓库也必须根据正式取样凭证才予发给样品，并做好账务记载。

实战演练

某超市的集货中心可以有哪几种出货形式？请分别说明。

知识拓展

出库单(参考表 5-6)是商家之间互相调货的凭证，是为了方便对账和结算，减少现金支付的一种手段。出库单一式多份，一般为买家、卖家、存根、交易支付，用不同颜色区分。上面填有货品名、数量、单价、交易额以及买卖方、经手人、日期等，如表 5-7 所示。商家提货时，提供入库单，填写出库单并盖印章或签名，被提货方可以凭借出库单找提货方收款。现在出库单也应用到了一些公司和单位的部门间物品出库，设存根、财务、回联三栏，提货由处室部门的负责人或领导签字同意，减少了现金的支付，让账务更明细。

表 5-6　出库单描述

中文名称	出库单	内容	什么东西、什么型号以及价格
定义	商家和商家之商家与商家之间互相调货的凭证	特点	使市场上的交使市场交易更加流动化

表 5-7　出库单

出库单　　　　　　　　　　No._____

提货单位：　　　　出库日期：　　年　　月　　日　　出货仓库：

物资编号	品　　名	规格	单位	计划数量	实发数量	备注

主管审批：　　　　　　提货人：　　　　　　　仓库：

本单一式三联，第一联：　仓库联；第二联：财务联；第三联：提货人存查

以后商家乙就可以凭入库单找商家甲收款。而出库单就是商家乙自己打给自己的单子，出库单和入库单是配套的，这样便于以后的对账和收款，这样就简化了经常合作的两商家之间的交易程序，同时也使市场上的交易更加流动化。

四联出库单是商家之间互相调货的凭证，是为了方便对账和结算，减少现金支付的一种手段。出库单一式多份，一般为买家、卖家、存根、交易支付，用不同颜色区分。上面填有货品名、数量、单价、交易额以及买卖方、经手人、日期等。商家提货时，提供入库单，填写出库单并盖印章或签名，被提货方可以凭借出库单找提货方收款。现在出库单也应用到了一些公司和单位的部门间物品出库，设存根、财务、回联三栏，提货由处室部门的负责人或领导签字同意，减少了现金的支付，让账务更明细。

思考与练习

一、填空题

1. 商品出库的形式包括_____、_____、_____、_____、_____和_____。

2. 仓库必须建立严格的出库和发运程序，严格遵循_____的原则，尽量一次完成，防止差错。

3. 商品出库要求做到_____。

二、简答题

商品的出库形式有哪些？分别有什么特点？

学习活动 5.3.2　采购商品出库流程操作

想一想

1. 出库前需要做哪些准备工作?
2. 为什么要进行复核?

一、出库前的准备工作

一方面是计划工作,即根据货主提出的出库计划或出库请求,预先做好物品出库的各项安排,包括货位、机械设备、工具和工作人员,提高人、财、物的利用率;另一方面是要做好出库物品的包装和标志标记。发往异地的货物,需经过长途运输,包装必须符合运输部门的规定,如捆扎包装、容器包装等,成套机械、器材发往异地,事先必须做好货物的清理、装箱和编号工作。在包装上挂签(贴签)、书写编号和发运标记(去向),以免错发和混发。

二、出库程序

出库程序包括核单备货—复核—包装—点交—登账—清理等过程。出库必须遵循"先进先出,推陈出新"的原则,使仓储活动的管理实现良性循环。

无论是哪一种出库方式,都应按以下程序做好管理工作。

(1) 核单备货。如属自提物品,首先要审核提货凭证的合法性和真实性;其次核对品名、型号、规格、单价、数量、收货单位、有效期等。

出库物品应附有质量证明书或副本、磅码单、装箱单等,机电设备、电子产品等物品,其说明书及合格证应随货同付。备料时应本着"先进先出、推陈出新"的原则,易霉易坏的先出,接近失效期的先出。

备货过程中,凡计重货物,一般以入库验收时标明的重量为准,不再重新计重。需分割或拆捆的应根据情况进行。

(2) 复核。为了保证出库物品不出差错,备货后应进行复核。出库的复核形式主要有专职复核、交叉复核和环环复核三种。除此之外,在发货作业的各道环节上,都贯穿着复核工作。例如,理货员核对单货,守护员(门卫)凭票放行,账务员(保管会计)核对账单(票)等。这些分散的复核形式,起到分头把关的作用,都十分有助于提高仓库发货业务的工作质量。

复核的内容包括:品名、型号、规格、数量是否同出库单一致;配套是否齐全;技术证件是否齐全;外观质量和包装是否完好。只有加强出库的复核工作,才能防止错发、漏发和重发等事故的发生。

(3) 包装。出库物品的包装必须完整、牢固,标记必须正确清楚,如有破损、潮湿、捆扎松散等不能保障运输中安全的,应加固整理,破包破箱不得出库。各类包装容器上若有水渍、油迹、污损,也均不能出库。

出库物品如需托运,包装必须符合运输部门的要求,选用适宜包装材料,其重量和尺寸,便于装卸和搬运,以保证货物在途的安全。

包装是仓库生产过程的一个组成部分。包装时,严禁互相影响或性能互相抵融的物品混合包装。包装后,要写明收货单位、到站、发货号、本批总件数、发货单位等。

(4) 点交。出库物品经过复核和包装后,需要托运和送货的,应由仓库保管机构移交调运机构,属于用户自提的,则由保管机构按出库凭证向提货人当面交清。

(5) 登账。点交后,保管员应在出库单上填写实发数、发货日期等内容,并签名。然后将出库单连同有关证件资料,及时交货主,以便货主办理货款结算。

(6) 现场和档案的清理。经过出库的一系列工作程序之后,实物、账目和库存档案等都发生了变化。应按下列几项工作彻底清理,使保管工作重新趋于账、物、资金相符的状态。

① 按出库单,核对结存数。

② 如果该批货物全部出库,应查实损耗数量,在规定损耗范围内的进行核销,超过损耗范围的查明原因,进行处理。

③ 一批货物全部出库后,可根据该批货物入出库的情况,采用的保管方法和损耗数量,总结保管经验。

④ 清理现场,收集苦垫材料,妥善保管,以待再用。

⑤ 代运货物发出后,收货单位提出数量不符时,属于重量短少而包装完好且件数不缺的,应由仓库保管机构负责处理;属于件数短少的,应由运输机构负责处理。若发出的货物品种、规格、型号不符,由保管机构负责处理。若发出货物损坏,应根据承运人出具的证明,分别由保管及运输机构处理。

在整个出库业务程序过程中,复核和点交是两个最为关键的环节。复核是防止差错的重要和必不可少的措施,而点交则是划清仓库和提货方两者责任的必要手段。

⑥ 由于提货单位任务变更或其他原因要求退货时,可经有关方同意,办理退货。退回的货物必须符合原发的数量和质量,要严格验收,重新办理入库手续。当然,未移交的货物则不必检验。

三、出库中发生问题的处理

出库过程中出现的问题是多方面的应分别对待处理。

1. 出库凭证(提货单)上的问题

(1) 凡出库凭证超过提货期限,用户前来提货,必须先办理手续,按规定缴足逾期仓储保管费。然后方可发货。任何非正式凭证都不能作为发货凭证。提货时,用户发现规格开错,保管员不得自行调换规格发货。

(2) 凡发现出库凭证有疑点,以及出库凭证发现有假冒、复制、涂改等情况时,应及时与仓库保卫部门以及出具出库单的单位或部门联系,妥善处理。

(3) 商品进库未验收,或者期货未进库的出库凭证,一般暂缓发货,并通知货主,待货到并验收后再发货,提货期顺延。

(4) 如客户因各种原因将出库凭证遗失,客户应及时与仓库发货员和账务人员联系挂失;如果挂失时货已被提走,保管人员不承担责任,但要协助货主单位找回商品;如果货还没有提走,经保管人员和账务人员查实后,做好挂失登记,将原凭证作废,缓期发货。

2. 提货数与实存数不符

若出现提货数量与商品实存数不符的情况,一般是实存数小于提货数。造成这种问题的原因主要有以下内容。

（1）商品入库时，由于验收问题，增大了实收商品的签收数量，从而造成账面数大于实存数。

（2）仓库保管人员和发货人员在以前的发货过程中因错发、串发等差错而形成实际商品库存量小于账面数。

（3）货主单位没有及时核减开出的提货数，造成库存账面数大于实际储存数，从而开出的提货单提货数量过大。

（4）仓储过程中造成了货物的毁损。当遇到提货数量大于实际商品库存数量时，无论是何种原因造成的，都需要和仓库主管部门以及货主单位及时取得联系后再作处理。

3. 串发货和错发货

所谓串发和错发货，是指发货人员由于对物品种类规格不很熟悉，或者由于工作中的疏漏把错误规格、数量的物品发出库的情况。

如果物品尚未离库，应立即组织人力，重新发货。如果物品已经离开仓库，保管人员应及时向主管部门和货主通报串发和错发货的品名、规格、数量、提货单位等情况，会同货主单位和运输单位共同协商解决。一般在无直接经济损失的情况下由货主单位重新按实际发货数冲单（票）解决。如果形成直接经济损失，应按赔偿损失单据冲转调整保管账。

4. 包装破漏

包装破漏是指在发货过程中，因物品外包装破损引起的渗漏等问题。这类问题主要是在储存过程中因堆垛挤压，发货装卸操作不慎等情况引起的，发货时都应经过整理或更换包装，方可出库，否则造成的损失应由仓储部门承担。

5. 漏记和错记账

漏记账是指在出库作业中，由于没有及时核销明细账而造成账面数量大于或少于实存数的现象。错记账是指在商品出库后核销明细账时没有按实际发货出库的商品名称、数量等登记，从而造成账实不相符的情况。

无论是漏记账还是错记账，一经发现，除及时向有关领导如实汇报情况外，同时还应根据原出库凭证查明原因调整保管账。使之与实际库存保持一致。如果由于漏记和错记账给货主单位、运输单位和仓储部门造成了损失，应予赔偿，同时应追究相关人员的责任。

实战演练

某超市的集货中心应如何进行货物的出货？

知识拓展

（1）出库单证的流转，如图 5-9 所示。

（2）送货方式下的出库单证流转，如图 5-10 所示。

在送货方式下，一般是采用先发货后记账的形式。

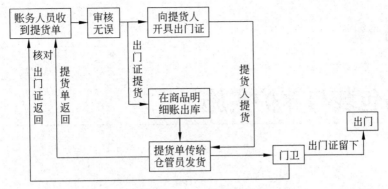

图 5-9 出库单流转过程

图 5-10 出库单证流转

提货单随同送货单位内部流转送达仓库后,一般是直接送给理货员,而不先经过账务人员。理货员接单后,经过理单、编写储区代号,分送仓管员发货,待货发讫后再交给账务人员记账。

思考与练习

简答题

1. 出库前需要做好哪些准备工作?
2. 货物出库的基本流程。
3. 商品出库过程中会出现什么问题,如何解决?

项目 6

商品包装与养护实施

学习目标

知识目标

1. 理解商品包装的概念、分类和功能。

2. 理解商标的作用和分类，熟悉不同包装标识的使用方法。

3. 掌握商品包装设计的要素与常用包装技术。

4. 理解商品储存的概念和作用，掌握商品储运期间的质量变化、影响质量变化的外界因素及相应的控制措施。

5. 理解商品养护的概念和作用，熟悉不同类型商品的储存、养护方法。

能力目标

1. 能根据不同商品的特点选择包装材料与包装容器。

2. 能够识别不同包装标志并依据包装标志管理好商品。

3. 能够根据不同商品的特点合理储存商品。

4. 能够根据不同商品的特点选择适当的养护技术方法。

素质目标

1. 能够养成关注各种商品包装设计、包装技术与养护方法的学习习惯。

2. 能够明确商品包装与养护在采购工作中的重要性。

导入案例

好包装自己会说话——伊利婴幼儿奶粉的包装设计

在国产奶粉与洋奶粉竞争激烈的奶粉市场中，伊利奶粉独领风骚。企业产品的竞争中产品策略不可或缺，而其中产品包装是企业营销活动中真正的"终端"，因为它是厂商与消费者"面对面接触"的地方，是能诱发消费者"掏钱"的地方。通过分析奶粉品项、竞争品牌包装设计的基础上，伊利公司婴幼儿奶粉的包装设计在货架上的陈列视觉、儿童与成长关联的插图、专业性、色彩计划、国际化形象、立体展示等方面下功夫，让好包装来说话，凸显包装在产品增值方面的重要性。伊利公司婴幼儿奶粉包装的成功，依靠的就是它独特的创意包装。那么，实际工作中应如何进行商品包装呢？

启示

　　产品的包装是企业营销活动中不容忽视的一环,产品包装设计到位,产品才能成功。通过伊利公司婴幼儿奶粉的包装设计理念,可以深入了解该企业创意包装对商品价值提升带来的巨大影响,对包装作用等进行分析,进而思考商品包装对企业的重要性,分析该企业商品包装的基本功能。

 知识结构图

学习任务6.1　商品包装认知

任务目标

　　1.理解商品包装的概念、分类和功能。
　　2.理解商标的作用和分类。
　　3.熟悉销售包装标识的基本内容。
　　4.掌握运输包装标识的种类与使用方法。
　　5.掌握商品包装设计的要素与常用包装技术。

学习活动6.1.1　商品包装种类描述

 想一想

　　1.你所见过的商品包装有哪些种类?
　　2.包装材料与包装容器有区别吗?

一、商品包装的概念

　　商品包装(Package/Packaging):为在流通过程中保护产品、方便储存、促进销售,按一定技术方法而采用的容器、材料及辅助物等的总体名称。也指为了达到上述目的而采用容器、材料和辅助物的过程中施加一定技术方法等的操作活动。包装是为商品服务的,它区别于一般的物品容器有两点:从属性与商品性。

二、商品包装的分类

　　包装按不同标准可以分为不同的类别,如图6-1所示。

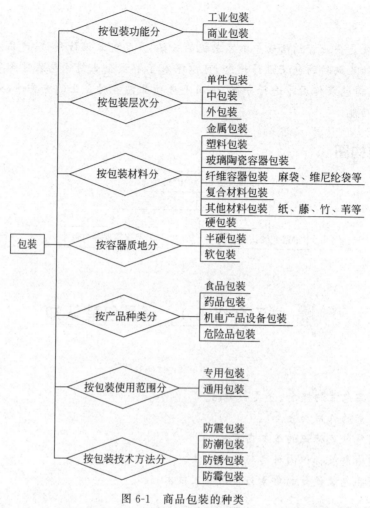

图 6-1　商品包装的种类

三、包装的功能

包装是商品的附属品,是实现商品价值和使用价值的一个重要手段。包装的基本职能是保护商品、便于货物处理和搬运、促进商品销售。具体而言,包装的功能为:容纳、保护、传达、便利、促销、社会适应功能。我国对包装设计的总原则是:科学、经济、牢固、美观、适销。这个总原则是围绕包装的基本功能提出来的,是对包装设计整体上的要求。

1. 保护商品

包装可以保护产品的化学成分的稳定性;保护新鲜产品的正常生理活动;保护产品技术机能的可靠性;保护人、生物的流通环境的安全性。使商品免受日晒、雨淋、灰尘污染等自然因素的侵袭,防止挥发、渗漏、溶化、污染、碰撞、挤压、散失以及盗窃等损失。

2. 方便储运和消费

包装使商品便于流通。将产品按一定的数量、形状、规格、大小及不同的容器进行包装,这样既有利于商品的分配调拨、清点计数,也有利于储运效果,提高产品的经济效益。

3. 促进销售

包装既能提高商品的市场竞争力,又能以其新颖独特的艺术魅力吸引顾客、指导消费,成为促进消费者购买。

4. 提高商品价值及使用价值

 实战演练

1. 练一练

请列举包装材料与包装容器的不同类型。

2. 看一看

图 6-2 中的包装图片,按不同的包装分类标准分别属于哪一类包装?

图 6-2 区分包装类型

知识拓展

1. 不同种类的商品包装的特点及其适用性

(1)按商业经营习惯分类

① 内销包装是为适应在国内销售的商品所采用的包装,具有简单、经济、实用的特点。

② 出口包装是为了适应商品在国外的销售,针对商品的国际长途运输所采用的包装。在保护性、装饰性、竞争性、适应性上要求更高。

③ 特殊包装是为工艺品、美术品、文物、精密贵重仪器、军需品等所采用的包装,一般成本较高。

(2) 按流通领域中的环节分类

① 小包装是直接接触商品,与商品同时装配出厂,构成商品组成部分的包装。商品的小包装上多有图案或文字标识,具有保护商品、方便销售、指导消费的作用。

② 中包装是商品的内层包装,通称为商品销售包装。多为具有一定形状的容器等。它具有防止商品受外力挤压、撞击而发生损坏或受外界环境影响而发生受潮、发霉、腐蚀等变质变化的作用。

③ 外包装是商品最外部的包装,又称运输包装。多是若干个商品集中的包装。商品的外包装上都有明显的标记。外包装具有保护商品在流通中安全的作用。

(3) 按包装形状和材料分类

以包装材料为分类标志,商品包装可分为纸类、塑料类、玻璃类、金属类、木材类、复合材料类、陶瓷类、纺织品类、其他材料类等包装。

(4) 按防护技术方法分类

以包装技法为分类标志,商品包装可分为贴体、透明、托盘、开窗、收缩、提袋、易开、喷雾、蒸煮、真空、充气、防潮、防锈、防霉、防虫、无菌、防震、遮光、礼品、集合包装等。

2. 包装材料的分类及特点

以包装材料作为分类标志,包装材料一般可分为纸板、木材、金属、塑料、玻璃和陶瓷、纤维织品、复合材料等包装,如表 6-1 所示。

表 6-1 包装材料的分类及特点

包 装 材 料	主 要 优 点	缺 点
纸质包装材料	成型性好,易于印刷,轻,可回收复用	防潮性、透明性差
木制包装材料	资源丰富,加工方便	易吸收水分,易开裂,易受白蚁蛀蚀
金属包装材料	坚固、装潢效果好,易再生使用	成本高,易生锈
塑料包装材料	轻,易加工成型,化学稳定性好	易老化,有异味,废物难处理
玻璃包装材料	透明性好,易于复用、回收,资源丰富	易碎,自重大
陶瓷包装材料	吸水率低,超强耐热,耐磨耐腐蚀,艺术性高	成本高,易碎,自重大
纤维制品包装材料	耐腐蚀,易于复用、回收	成本高
复合包装材料	克服单一材料的缺陷,发挥多种材料的优点	

(1) 纸制包装

从环境保护和资源回收利用的观点来看,纸制包装有广阔的发展前景。

(2) 木制包装

木制包装是以木材、木材制品和人造板材(如胶合板、纤维板等)制成的包装,主要有木桶、胶合板箱、纤维板箱和桶、木制托盘等。

（3）金属包装

金属包装是指以黑铁皮、白铁皮、马口铁、铝箔、铝合金等制成的各种包装，主要有金属桶、金属盒、马口铁及铝罐头盒、油罐、钢瓶等。

（4）塑料包装

塑料包装是指以人工合成树脂为主要原料的高分子材料制成的包装。塑料包装形式主要包括全塑箱、钙塑箱、塑料桶、塑料盒、塑料瓶、塑料袋、塑料编织袋等。主要的塑料包装材料有聚乙烯（PE）、聚丙烯（PP）、聚苯乙烯（PS）、聚氯乙烯（PVC）、聚酯（PET）等。不同材质的塑料包装材料有不同的优缺点。

① 聚乙烯（PE）。乙烯的高分子聚合物，是一种热塑性塑料，按其工业生产方法，有高压、中压、低压聚合法。生产方法不同，其分子结构也有很大差异，产品性能也随分子结构而异。

优点：聚乙烯是一种乳白色蜡状固体，比水轻，较柔软，抗水性好，耐低温，无味、无毒。

缺点：耐热性较差，薄膜气密性差，对紫外线敏感。易氧化、老化，热收缩变化较大，印刷性能较差。按其密度。可分为高密度、中密度、低密度聚乙烯，以及线形低密度聚乙烯。

② 聚丙烯（PP）。用石油炼制时的副产品丙烯，经过精炼的丙烯单体，在触媒的催化下进行聚合反应，再从聚合物中分离而得。

优点：分子量为 10 万～50 万，密度很小，是已知塑料中最小的；无毒、无味，透明度高，机械性能、表面强度，抗摩擦性、抗化学腐蚀性、防潮性均很好；在室温以上时抗冲击值大。聚丙烯的原料来源广泛，价格便宜，性能适应性广。广泛用于食品工业中。多用作制造薄膜、复合薄膜，有良好的透明性和表面光泽，能耐 120℃ 的温度；可制成包装箱，吹塑成塑料瓶，添加某些填料可制成某些机器零件等。

缺点：但耐低温冲击值小；它易带静电，印刷性能欠佳。

③ 聚苯乙烯（PS）。由乙烯与苯在无水三氧化铝催化下，发生烃化反应生成乙基苯，再经催化脱氢而得苯乙烯。苯乙烯单体在适量引发剂（过氧化苯甲酰）和分散剂（聚乙烯醇）的水悬浮液中加热聚合而成聚苯乙烯。

优点：聚苯乙烯是一种无色、透明、无延展性的热塑性塑料；无毒、无味、无嗅，着色性好，透湿性大于聚乙烯，吸湿性很低，尺寸稳定，具有良好光泽加工性能好，成本低；机械性能随分子量的加大而提高；耐低温，可承受 −40℃ 的低温；有良好的室内耐老化性；对醇类有机溶剂、矿物油有较好的耐受性，耐酸、碱性能也很好。

缺点：耐热性低，不能在沸水中使用。

④ 聚氯乙烯（PVC）。氯乙烯经引剂作用，进行悬浮聚合或乳液聚合而生成聚氯乙烯。

优点：它呈淡褐色、透明、韧性好，密度/cm；有良好的化学稳定性，不易被酸、碱所腐蚀；气密性、抗水性、热封性能好，印刷性良好，生产能耗少，价格便宜；机械强度，耐磨、耐压性均优于聚乙烯和聚丙烯。

缺点：热稳定性较差，受热易于分解，放出氯化氢气体。

⑤ 聚酯（PET）。对苯二甲酸与乙二醇的缩聚产物。具有集优良的阻隔性，如对二氧化碳、氧气、水和香味等均能很好地阻隔，随机械性能优异，有很高的强度、抗压性和耐冲击性，

化学稳定性好,耐酸、碱腐蚀;透明度高,光泽性、光学特性好,无毒、无味,符合食品卫生标准等优点。

⑥ 酚醛塑料(PF):酚醛树脂是由酚类(主要是苯酚)和醛类(主要是甲醛)缩聚而成,具有很好的机械强度,热强度也很好,具有耐湿性,耐腐蚀性良好,易于加工、价格低廉等优点。

(5)玻璃包装

玻璃包装是指以硅酸盐材料玻璃制成的包装。这类包装主要有玻璃瓶、玻璃罐等。

(6)陶瓷包装

陶瓷包装是指以陶瓷制成的包装。这类包装主要有陶瓷罐、陶瓷瓶、陶瓷坛、陶瓷缸等。

(7)纤维制品包装

纤维制品包装是指以棉、麻、丝、毛等天然纤维和以人造纤维、合成纤维的织品制成的包装。这类包装主要有麻袋、布袋、编织袋等。

(8)复合材料包装

复合材料包装是指以两种或两种以上材料黏合制成的包装,也称复合包装。这类包装主要有纸与塑料、塑料与铝箔和纸、塑料与铝箔、塑料与木材、塑料与玻璃等材料制成的包装。

近年来,绿色包装材料倍受业界推崇。纸、玻璃、塑料和金属是现代包装的四大支柱,绿色包装材料的研制开发是"绿色包装"最终得以实现的关键。

① 重复使用和可再生的包装材料。瑞典等国家的聚酯PET饮料瓶和PC奶瓶的重复再用达20次以上;荷兰与美国公司对PET容器进行100%回收再生利用。

② 可食性包装材料。澳大利亚昆士兰土豆片容器公司,研制出一种可食用性的盛装炸土豆片的容器,其中添加了酸、辣、咸味道以及熏味、酱味、鸡味等不同风味,使得容器的味道并不亚于土豆片的味道。在日本,利用从壳类提取出来的脱乙酰壳多糖,制造出一种可食用性包装,用它包装的快餐面、调味品等可直接放入锅内烹调。

③ 可降解材料。可降解塑料包装材料结束使用寿命之后,可在自然环境中分裂降解和还原,最终以无毒形式重新进入生态环境。

思考与练习

一、判断题

1. 酚醛树脂有很好的机械强度,热强度亦很好;耐湿性、耐腐蚀性良好;易于加工、价格低廉。　　　　　　　　　　　　　　　　　　　　　　　　　　(　　)

2. 纸质包装难以封口,气密性差,易受潮。　　　　　　　　　　　　(　　)

3. 塑料包装材料加工成型工艺简单,印刷性和装饰性强。　　　　　(　　)

4. 金属包装具有良好的机械强度。　　　　　　　　　　　　　　　　(　　)

5. 玻璃包装化学稳定性好,耐腐蚀,无毒无味,密封性好。　　　　　(　　)

二、单选题

1. 鞋分成雨鞋、凉鞋、运动鞋等时,是按(　　　)作为其分类标志的。

A. 原材料　　　　　　　　　　B. 生产加工方法

C. 用途　　　　　　　　　　　D. 主要成分

2. 商品在温度变化情况下引起长度、体积变化的性质称为(　　)性。

A. 弹性　　　　B. 热变形性　　　　C. 伸缩性　　　　D. 塑性

3. 白酒分为陈香型、浓香型和酱香型等风格各异的酒时,是按(　　)作为其分类标志的。

A. 原材料　　　　　　　　　　B. 生产加工方法

C. 用途　　　　　　　　　　　D. 主要成分

4. 商品能被水蒸气或其他气体透过的性质称为(　　)性。

A. 透水性　　　　B. 透湿性　　　　C. 透气性　　　　D. 吸水性

5. 纺织品可分为纺织纤维、天然纤维、植物纤维、棉花或麻类等,这是按(　　)分类法分的。

A. 原材料　　　　　　　　　　B. 生产加工方法

C. 线　　　　　　　　　　　　D. 面

学习活动 6.1.2　商品包装标识识别

想一想

1. 什么是商标? 商标有什么作用?

2. 怎样根据不同的包装标识识别商品?

一、商标

(一) 商标的概念

商标,俗称牌子,是商品生产者为把自己生产的商品与其他企业的同类商品区别开,而使用在商品(包装)及宣传上的专用标记。它一般由文字、图形或者其组合构成,附注在商品、商品包装服务设施或者相关的广告宣传品上,显著而醒目,成为消费者认牌购物的消费指南和经营者名牌战略的营销手段。商标是用来区别一个经营者的品牌或服务和其他经营者的商品或服务的标记。我国商标法规定,经商标局核准注册的商标,包括商品商标、服务商标和集体商标、证明商标,商标注册人享有商标专用权,受法律保护,如果是驰名商标,将会获得跨类别的商标专用权法律保护。

商标具有专用性、简明性、形象性、显著性和独特性的特点。

(二) 商标的作用

商标作为商品或服务项目的专用标记,是产品与包装装潢画面的重要组成部分,商标设计精美、寓意深刻、新颖别致、个性突出的商标,能很好地装饰产品和美化包装,使消费者乐于购买。商标对于鼓励生产或经营企业开展正当竞争,维护消费者的合法权益具有十分重要的意义。具体来说,商标作用主要表现在以下四个方面。

(1) 商标可以帮助人们识别不同经营者的商品或者服务项目。

(2) 商标客观上可以起到监督商品或服务质量的作用。

（3）商标具有广告宣传作用，美化和宣传商品。

（4）商标具有平等市场竞争和开拓市场的作用。

所以，商标作为经营者识别自己的商品的标记，本质上应当是专有的，即如果某一经营者已经在某种商品上使用了一个商标，那么他人就不能在同种或类似商品上使用与之相同或近似的商标，否则就会发生混淆，这样商标的识别功能就不能发挥。

（三）商标的分类

商标的种类很多，可以按照商品的结构、用途、使用者及商标信誉等特征进行分类，商标按照不同的标准可以分成不同的类别，如图 6-3 所示。

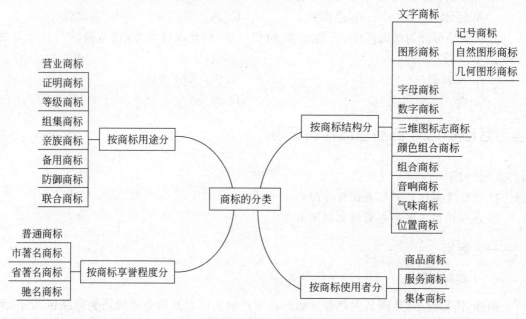

图 6-3　商标的种类

二、商品包装标识

按包装在物流中发挥的不同作用，可以将商品包装分为商业包装（销售包装）和工业包装（运输包装）。

包装标志（mark）又称为标记，是用文字、图形和阿拉伯数字等在包装上的明显位置注明规定或者自定的记号、代号以及其他指示和说明事项。包装标志分为商品标识和货物标志两大类。

（一）销售包装标识

1. 销售包装

销售包装，又称作商业包装、小包装，主要以满足销售需要为目的，起着保护、美化、宣传商品，促进销售和方便使用等作用。销售包装通常随同商品一起出售给消费者，是消费者挑选商品时认识商品、了解商品的一个依据，对商品起着有效的促销作用。在 BtoC（Businessto-Customer,电子商务中直接面向消费者销售产品和服务商业零售的模式)的商务模式中,销售包装是最重要的。

2. 销售包装标志

商品包装标识是判别商品特征、组织商品流转和维护商品质量的依据,对保障商品储运安全、加速流转,防止差错有着重要作用。商品包装的标识,通常分为:商品包装的标记、商品包装的标志。

销售包装标志:标注在商品销售包装上的产品标志,可以用文字、符号、数字、图形以及其他说明物等表示。销售包装标志主要包括:销售包装的一般标志、商品的质量标志、使用方法,及注意事项标志、产品的性能指示标志、销售包装的特有标志、产品原材料及成分标志。一般商品销售包装标志的基本内容包括:生产许可证标志、生产地址、产品名称、规格、重量、是否易碎品、品牌名称、生产单位名称、产品编码等。商品销售包装标志是生产者销售者传达商品信息,表现商品特色,推销商品的主要手段;同时也是消费者选购商品,正确使用和保养商品的指南。

(1)品名标志。说明商品的品名、品号、货号。

(2)制造标志。商标牌号,制造厂、监制标志。

(3)商品说明标志。关于商品的品质、规格、性能、效用,数量,使用方法,保管方法,出厂日期和保质期。

(4)检查标志。有检查许可证或注册许可证号码,检查标识或合格证号码。

(5)原产地标志(original mark)。符合国际原产地规则规定的生产国(地区)标志。

(6)其他标准标志。

(二)运输包装标识

1. 运输包装

运输包装又称作工业包装、大包装,主要以满足运输、装卸、储存需要为目的,起着保护商品、方便管理、提高物流效率等作用。运输包装一般不直接接触商品,而是由许多小包装集装而成,通常不随同商品出售给消费者。在 BtoB 的商务模式中,工业包装是最重要的。

商品运输包装包括:包装箱(主要有纸箱、木箱、钙塑箱等),包装桶(主要有金属桶、木桶、塑料桶、钙塑桶等),包装袋(主要有麻袋、布袋、塑料编织袋等),集合运输包装(主要有托盘、集装箱、集装袋等)。

2. 运输包装标志

运输标志(Shipping Mark,唛头):一般由一个简单的几何图形以及字母、数字等组成,便于在运输、装卸、仓储等作业中识别货物,避免错发错运,如图 6-4 所示。

运输标志的主要内容:目的港或目的地名称、收货人或发货人的代号、件号,还可以包括货物原产地、合同号、许可证号、体积、重量等内容。

运输标志的标注,一般用印刷、粘贴、拴挂、钉附及喷涂等方式。箱类包装,位于包装端面或侧面;袋类包装,位于包装明显处;桶类包装,位于桶身或桶盖;集装单元货物,应位于四个侧面。

图 6-4　运输标志

注：97EKRT—04002CN(收货人代号)；CHINA(目的地)；NO.12/100(件号)；48×55×60
(体积标志)；G：120KGS(重量标志)；MADE IN ENGLAND(原产地标志)。

运输包装标志的使用方法：

(1) 执行国家标准并参照国际有关规章办理。货物运输包装标志的目的是明确表达发货人意图，保证流通过程的作业安全，提高流通效率，因此可以采用图示标志或文字说明，也可以二者兼用。国家标准"危险货物包装标志""包装储运图示标志"和"运输包装收发货标志"对于包装标志所使用的文字、符号和图形都作了规定。

(2) 运输包装标志的文字书写应与底边平行。带棱角的包装，其棱角不得将标志图形和文字说明分开。出口货物的包装标志原则上按照我国规定的标准办理，但根据需要，标志可以不印中文。如果根据国外要求免贴标志时，可以不贴标志。必须用外文表示的标志名称或补充说明，应写在标志的下边。

(3) 图示标志与文字说明，可以印刷在标签上，然后拴挂、粘贴或钉附在运输包装上；亦可以用油漆、油墨或墨汁，以镂模、印模等方式涂打或书写在运输包装上。国外还有采用烙烫和雕刻法将其标在运输包装上的。运输包装标志的数目与位置。国标中规定，关于"包装储运图示标志""危险货物包装标志"拴挂、粘贴标签以及涂打、书写标志，都应标在显而易见的位置，以利识别。如箱形包装，标志应位于包装的两端或两侧的左上方；袋、捆包装标志应位于明显的一面；桶形包装的标志位于桶盖或桶身的四周。包装储运图示标志的"由此吊起""重心点""由此开启"应根据要求粘贴、涂打或钉附在运输包装的实际位置。

 ## 实战演练

1. 练一练

请搜集一些包装标识图片，区别运输包装标识和销售包装标识，并分别列示。

运输包装标识：_____

销售包装标识：_____

2. 看一看

图 6-5 中的包装标识图片，按不同的包装分类标准分别属于哪一类包装标识？

图 6-5 包装标识

知识拓展

1. 商标和各种相邻标记的区别

（1）商标与商品装潢

商品装潢是指商品包装上的装饰，其目的和作用在于说明或美化商品刺激消费者的购买欲望。而商标则是为了识别不同经营者的商品或者服务项目。所以二者有着显著的区别。

（2）商标与商号

商号，即厂商字号或企业名称。在现实生活中，商号与商标有着紧密的联系，有些老字号企业干脆就用商号作为其商品的商标，例如"张小泉"剪刀、"六必居"酱菜等，但商号不是区别商品或服务项目的标记，只是企业的名称，因此商号与商标不能混为一谈。

（3）商标与产地标记

产地标记是一个国家或地区的地理名称，用以表示某类产品的原产地。二者的区别在于，商标具有专有性，而产地标记不具有专有性。注册商标属于商标注册人所有，而产地标记不属于任何人所有。

（4）商标与商务标语

商务标语是为了推销商品或者宣扬服务项目而使用的口号。与商标有密切的联系，但是商务标语不具有识别经营对象的功能，例如"营养丰富、美味可口""工艺先进、质量可靠"都属于商务标语。

2. 商标的分类

商标按照不同的标准可以分成不同的类别。

1）按商标结构分

（1）文字商标

文字商标是指仅用文字构成的商标，包括中国汉字和少数民族字、外国文字或以各种不同字组合的商标。

（2）图形商标

图形商标是指仅用图形构成的商标。其中主要分为以下几个。

① 记号商标是指用某种简单符号构成图案的商标。

② 几何图形商标是以较抽象的图形构成的商标。

③ 自然图形商标是以人物、动植物、自然风景等自然的物象为对象所构成的图形商标。有的以实物照片，有的则经过加工提炼、概括与夸张等手法进行处理的自然图形所构成的商标。

（3）字母商标

字母商标是指用拼音文字或注音符号的最小书写单位，包括拼音文字、外文字母如英文字母、拉丁字母等所构成的商标。

（4）数字商标

数字商标用阿拉伯数字、罗马数字或者是中文大写数字所构成的商标。

（5）三维标志商标

三维标志商标又称为立体商标，用具有长、宽、高三种度量的三维立体物标志构成的商标标志，它与我们通常所见的表现在一个平面上的商标图案不同，而是以一个立体物质形态出现，这种形态可能出现在商品的外形上，也可以表现在商品的容器或其他地方。这是2001年新修订的《中华人民共和国商标法》所增添的新内容，这将使中国的商标保护制度更加完善。

（6）颜色组合商标

颜色组合商标是指由两种或两种以上的彩色排列、组合而成的商标。文字、图案加彩色所构成的商标，不属颜色组合商标，只是一般的组合商标。

（7）（上述1～6的）组合商标

组合商标指由两种或两种以上成分相结合构成的商标，也称复合商标。

（8）音响商标

以音符编成的一组音乐或以某种特殊声音作为商品或服务的商标即是音响商标。如美国一家唱片公司使用11个音符编成一组乐曲，把它灌制在他们所出售的录音带的开头，作为识别其商品的标志。这个公司为了保护其音响的专用权，防止他人使用、仿制而申请了注册。音响商标目前只在美国等少数国家得到承认，我国在2014年5月1日正式实施的新《中华人民共和国商标法》中，首次增加了声音商标的规定。

（9）气味商标

气味商标就是以某种特殊气味作为区别不同商品和不同服务项目的商标。目前，这种商标只在个别国家被承认它是商标。在中国气味尚不能注册为商标。

（10）位置商标

位置商标是指某种商品特定部位的立体形状、图案、颜色以及它们的组合，通过它们区分提供商品或服务的提供者。

2）按商标使用者分

（1）商品商标

商品商标就是商品的标记，它是商标的最基本表现形式，通常所称的商标主要使指商品商标；其中商品商标又可分为商品生产者的产业商标和商品销售者的商业商标。

（2）服务商标

服务商标是指用来区别与其他同类服务项目的标志，如航空、导游、保险和金融、邮电、饭店、电视台等单位使用的标志，主要是服务商标。

（3）集体商标

集体商标是指以团体、协会或者其他组织名义注册，供该组织成员在商事活动中使用，以表明使用者在该组织中的成员资格的标志。

3）按商标用途分

（1）营业商标

营业商标是指生产或经营者把特定的标志或企业名称用在自己制造或经营的商品上的商标，这种标志也有人叫它是"厂标""店标"或"司标"。

（2）证明商标

证明商标是指由对某种商品或者服务具有监督能力的组织所控制，而由该组织以外的单位或者个人使用于其商品或者服务，用以证明该商品或者服务的原产地、原料、制造方法、质量或者其他特定品质的标志；如绿色食品标志，真皮标志，纯羊毛标志，电工标志等。

（3）等级商标

等级是指在商品质量、规格、等级不同的一种商品上使用的同一商标或者不同的商标。这种商标有的虽然名称相同，但图形或文字字体不同，有的虽然图形相同，但为了便于区别不同商品质量,而是以不同颜色、不同纸张、不同印刷技术或者其他标志作区别,也有的是用不同商标名称或者图形作区别。

(4) 组集商标

组集商标是指在同类商品上,由于品种、规格、等级、价格的不同,为了加以区别而使用的几个商标,并把这个几个商标作为一个组集一次提出注册申请的商标。组集商标与等级商标有相似之处,前者是针对同一类商品设计出的几个商标的组合,后者是针对同一种商品设计出的不同颜色、不同纸张、不同印刷技术等的同一商标或不同的商标。

(5) 亲族商标

亲族商标是以一定的商标为基础,再把它与各种文字或图形结合起来,使用于同一企业的各类商品上的商标,也称"派生商标"。

(6) 备用商标

备用商标也称贮藏商标,是指同时或分别在相同商品或类似商品上注册几个商标,注册后不一定马上使用,而是先贮存起来,一旦需要时再使用。

(7) 防御商标

防御商标是指驰名商标所有者,为了防止他人在不同类别的商品上使用其商标,而在非类似商品上将其商标分别注册,该种商标称之为防御商标。目前我国商标法律并未有"防御商标"的相关规定。

(8) 联合商标

联合商标是指同一商标所有人在相同或类似商品上注册的几个相同或者近似的商标,有的是文字近似,有的是图形近似,这些的商标称为联合商标。这种相互近似商标注册后,不一定都使用,其目的是为了防止他人仿冒或注册,从而更有效地保护自己的商标。

4) 按商标享誉程度分

(1) 普通商标

在正常情况下使用未受到特别法律保护的绝大多数商标都是普通商标。

(2) 市著名商标

市著名商标是指在当地(省会城市、直辖市)的市场上享有较高声誉,为相关公众所普遍熟知,有良好质量信誉,并享有特别法律保护的商标(位于省会城市的企业才能申请)。

(3) 省著名商标

省著名商标是指在较大地域范围(如一级地方行政区、省)的市场上享有较高声誉,为相关公众所普遍熟知,有良好质量信誉,并享有特别法律保护的商标。

(4) 驰名商标

是指在较大地域范围(如全国、国际)的市场上享有较高声誉,为相关公众所普遍熟知,有良好质量信誉,并享有特别法律保护的商标。

思考与练习

一、判断题

1. 销售包装标志是用简单的文字或图形在运输包装外面印制的记号和说明,以便于商品的储存、运输、装卸。　　　　　　　　　　　　　　　　　　　　　(　)

2.危险货物包装标志又称危险品标志,是为了对易燃、易爆、易腐、有毒、放射性等危险物品起警示作用,而在运输包装上加印的特殊标记,以文字和图形构成。　　　　　(　　)

3.经国家核准注册的商标为"注册商标",受法律保护。商标注册人享有商标专用权。

　　　　　　　　　　　　　　　　　　　　　　　　　　　　　　　　　　(　　)

4.运输包装中用于识别货物的标志称为包装储运图示标志。　　　　　(　　)

5.销售包装是"无声推销员"。　　　　　　　　　　　　　　　　　　(　　)

二、单选题

1.下列不属于商标的主要特征是(　　)。

　　A.独占性　　　　　B.区域性　　　　　C.可让渡性　　　　　D.可辨性

2.下列商标不是按按其结构进行的分类是(　　)。

　　A.文字商标　　　　B.图形商标　　　　C.记号商标　　　　D.服务商标

3.假冒他人注册商标、产品、包装及其装潢、产地、厂址,假冒认证及生产许可证等质量标志,掺杂使假,不能满足规定要求和需要特征的质量不合格产品,称为(　　)。

　　A.伪劣商品　　　　B.代用商品　　　　C.合格商品　　　　D.授权商品

4.(　　)是指为了在运输包装上起警示作用,而对化学危险品加印的专用标志。

　　A.收发货标志　　　　　　　　　　B.包装储运图示标志

　　C.危险货物包装标志　　　　　　　D.商品质量标志

学习活动 6.1.3　商品包装技术概述

 想一想

优秀的包装是怎样设计出来的?

一、商品包装造型设计

包装作为一类物质产品实体,必须通过一定的材质、形态和结构体现出来。包装造型就是依据特定产品包装的物质与审美功能的要求,采用一定的材料结构和技术手段创造包装的外观立体形态的活动过程。

（一）商品包装的要求

包装设计的总原则是科学、经济、牢固、美观、适销,这个总原则是围绕包装的基本功能提出来的,是对包装设计整体上的要求。在这个总原则上作为侧重于传达功能和促销功能的包装设计,还应符合引人注目、易于与辨认、具有好感、恰如其分这四项基本要求。

（1）销售包装的要求:外形要美观大方,醒目新颖;突出商标;要有简单的和必要的文字说明;根据商品特点,注意经济实用。

（2）运输包装的要求:确保商品的运输安全;要有明确的包装标志(小心轻放、切勿倒置等储运标志;易燃易爆等危险品标志;发运地;品名、规格等标志);采用先进的包装技术和包装材料,提高运输效率,节约流通费用。

（二）包装造型设计的方法/步骤

（1）任何一种容器或其他工业产品,都首先需要体现为一定的具体形态——即造型而呈现出来,进而再考虑细部的具体构造与其他因素。所以说,造型是包装容器设计不可缺少的重要构成部分与前提。另外,包装造型必须体现自身的实用功能与审美价值,包装造型与商品的保护、消费与审美功能。优美的包装造型有利于强化包装的实用与方便功能,美化商品,吸引消费者,促进销售,以至提高商品的附加值。同时,包装造型是包装装潢的载体,优美良好的包装造型为包装的视觉设计奠定了良好的基础。另外,包装造型设计的科学与否,还直接关系到包装生产制造加工工艺和经济成本等。

(2) 包装造型设计在考虑到艺术性的同时也要认识到包装造型的性能如何,这将直接影响到包装件的强度、刚度、稳定性和使用性。造型设计时,要考虑到不同材料的特性和包装体各部位的组成部分,其内部设计主要考虑能合理包装被包装物,外部设计主要考虑保护和储运的功能,同时还要结合装潢的要求来考虑。包装的造型设计应具有审美性、趣味性、宜人性、展示性、实用性等。

二、商品包装结构设计

商品运输包装的结构是指商品运输包装的空间特征,即它的各个组成部分间相互作用、相互联系的内在方式,通常在包装操作中最后形成。

商品运包装构成的要素,是指其结构的各个组成部分,通常是由其技法、材料、造型、标志四大要素组成的。这里主要介绍常用商品包装技法。

(一) 针对产品不同形态而采用的包装技法

1. 合理选择外包装形状和尺寸

容器底面尺寸配合采用包装模数,高度选择由商品特点来决定(松泡——高,沉重——低),避免过高、过扁、过大、过重包装,包装件与集装箱尺寸配合。

2. 合理选择内包装形状和尺寸

与外包装形状和尺寸相配合,有利于商品销售,有利于商品展示、装卸、购买和携带。

3. 外包装的捆扎

将单个物件或数个物件捆紧,便于运输、储存,防止失盗而保护内装物,压缩容积减少保管费和运输费,加固容器,强度增加 20%～40%。捆扎方法:井字、十字、双十字、平行捆。

4. 对内装物的合理放置和加固

注意套装,包装内重量注意均匀,产品与产品之间注意隔离和固定,薄弱的部件,注意加固。

5. 对松泡产品进行压缩体积

包装占用容器容积大,多占用了运输空间和储存空间,真空包装技法压缩体积,如图 6-6 所示。

(二) 针对产品的不同特性而采用的包装技法

1. 防震包装

防震包装又称缓冲包装,将缓冲材料适当地放置在内装物和包装容器之间,用以减轻冲击和震动,保护内状物免受损坏。缓冲材料:泡沫塑料、木丝、弹簧、现场发泡;发泡包装:缓冲包装的新方法,适用于形体复杂或小批量的商品。

(1)全面缓冲包装

全面缓冲包装是用缓冲材料填满被包装物与外箱之间的空隙。这种方法适用于小批量、多品种、异形、零散的产品的一次性包装。对于大中型产品用这种包装,耗料多,成本高,而且缓冲效果也不一定好,一般不宜采用。如图 6-7 所示。

图 6-6　松泡产品压缩体积

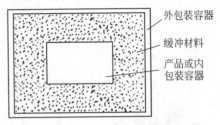

图 6-7　全面缓冲包装设计

全面缓冲包装典型方式有四种:填充式包装(见图 6-8)、模压包装(见图 6-9)、裹包包装(见图 6-10)和发泡包装(见图 6-11)。

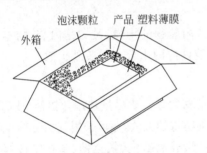

图 6-8　填充式包装

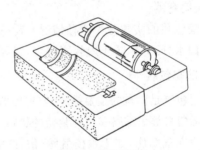

图 6-9　模压包装

图 6-10　裹包包装

图 6-11　发泡包装

(2)局部缓冲包装设计

局部缓冲包装设计如图 6-12 所示。

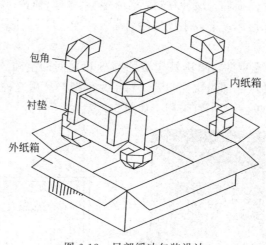

包角

内纸箱

衬垫

外纸箱

图 6-12   局部缓冲包装设计

2. 防潮包装

选用气密性材料,隔绝水蒸气对内装商品的影响,保证商品质量安全。金属、玻璃——阻隔性最好,防潮性能好;纸板——阻隔性较差,需涂防潮材料;塑料薄膜——有一定防潮性,但具有透湿特性。常用防潮包装材料:耐油纸、铝箔纸、玻璃纸、塑料纸、塑料薄膜以及金属、玻璃容器。

防潮包装的实质分为两种情况:其一是要保持内装物的干燥;其二是内装,物本身需含有一定的水分,为了防止内装物脱水,需要防止包装件内的水分向包装外扩散。

3. 防霉包装

密封包装是防霉的重要措施,要求容器有较好的密封性。要尽量选用如铝箔、玻璃和高密度聚乙烯塑料等耐霉腐和结构紧密的材料,采用药剂防霉的方法,还可采用气相防霉处理。

化学药剂防腐,如用水杨酰胺(俗称"339 制剂")、五氯酚钠、氟化钠、苯扎氯铵等药剂防霉腐;气相防霉腐,目前应用较多的气相防霉剂是环氧乙烷、甲醛、多聚甲醛等,主要用于皮革制品等日用工业品的防霉;气调防霉腐,目前主要采用真空充氮或二氧化碳的办法;低温冷藏防霉腐,主要采用调节、控制仓库内及商品自身的温度实现低温控制;干燥防霉腐,主要通过降低仓库环境中的水分和商品自身水分实现。

4. 防虫包装

常用方法:驱虫剂。

常用驱虫剂:对位二氯化苯、樟脑精。

5. 防锈包装

金属表面进行处理,如镀金属(包括镀锌、镀锡等);也可采用氧化处理(俗称"发蓝")和磷化处理(俗称"发黑")的化学防护法,如五金制品可在其表面涂一层防锈油,再用塑料薄膜封装,涂漆处理是对薄钢板桶和某些五金制品先进行喷砂等机械处理后涂上不同的油漆。

防锈包装方法是按清洗、干燥、防锈处理和包装四个步骤顺序逐步进行的。

（1）清洗是尽可能消除后期生锈原因的不可少的第一阶段。

（2）干燥是指清除在清洗后残存的水和溶剂的工作。

（3）防锈处理是指清洗、干燥后，选用适当的防锈剂对金属制品进行处理的阶段。

（4）包装阶段。

6. 防尘包装

防尘包装也称密封包装，是为防止粉尘进入包装容器内影响产品质量的一种包装。

7. 收缩包装

收缩包装是用热收缩薄膜裹包物品或包装件，然后加热使薄膜收缩，从而包紧物品或包装件的一种包装。

8. 拉伸包装

拉伸包装是用弹性薄膜在拉伸时缠绕裹包物品，当外力撤销，薄膜自身的回弹力即可包紧物品的一种包装。

9. 保鲜包装

固体保鲜剂和液体保鲜剂进行果实、蔬菜的保鲜。

10. 脱氧包装

利用脱氧剂，除去包装内游离态氧，降低氧气浓度，阻止微生物的生长，防霉、防褐变、防虫蛀、保鲜。

11. 充气包装

充入二氧化碳或氮气等不活泼气体置换包装容器中空气，降低氧气浓度。

12. 真空包装

真空无氧气包装。

13. 高温短时间灭菌包装

135℃高温杀灭包装容器内细菌。

实战演练

1. 想一想

搜集资料，对超市内某一到两类产品现有包装进行分析，指出该类产品现有包装的造型、文字、图案、色彩等方面的优点、缺点以及改进意见等。

2. 练一练

根据自己的具体情况，主要选择本地具有地域特色的商品进行包装设计。

知识拓展

1. 包装平面视觉设计

包装设计是根据产品的特点，为其进行包装材料、包装结构造型、包装平面视觉三个方面的综合设计,其中平面视觉设计是由文字设计、图形设计、色彩设计、编排设计组成,好的包装平面视觉设计起到美化产品、宣传产品,促进产品销售的作用。图形、文字、色彩、编排作为包装平面视觉设计四要素,对于产品的包装来讲有着举足轻重的地位,文章旨在分析如何合理地综合运用这四要素进行包装设计。

（1）包装的平面视觉设计要求

包装盒一般分为主要展销面、侧面、顶面和底面。主要展销面的内容包括三点：主要文字部分（包括厂家名称、地址、联系电话、成分、体积或重量、产品说明），品牌、产品名称、商标、图形（包括吉祥物、条形码、图案、插图等），其他部分（包括政府许可字号、纳税标识、广告资料、印花、标价及其他销售资料等）。

包装的视觉设计要求主要体现在图形、色彩、文字以及编排构成等4个环节的艺术处理上,各个环节的要求主要有以下四点。

① 基本色调要明确。熟悉典型的色彩形象以及颜色所具有的不同属性对包装产生的情感因素。

② 基本图形要明确。画面图形安排不宜过多、过杂,主要图形的面积和位置要重点考虑,辅助图形要简化处理。

③ 要注意整体构图的视觉冲击力,使图形、色块和文字的编排更合理。

④ 标题文字作为重点的考查对象,其文字的大小和位置在画面中要突出。

（2）平面设计与包装设计的关系

平面设计中的色彩元素、文字设计,以及图形元素等对包装设计有着重要的影响。平面设计与包装设计的理念有很大的不同。包装设计更偏重于包装整体构建下的设计理念,将其所具有的自然与社会属性进行融合。平面设计更侧重于通过人们的视觉感受,表达设计作品所蕴含的艺术思想。所以,要想更好地把握与运用平面设计与包装设计的理念,就需要了解平面设计与包装设计两者之间的差异与共性,同时也要很好的掌握平面设计与包装设计两者之间的相互联系与影响。

① 平面设计与包装设计的要素

平面设计包含了多种类别的要素,其中包含文字信息、各种形式的图案以及颜色的多样性等,能够达到静态介质上的宣传效果。平面设计更加注重创新的设计理念,对于同一个平面设计作品,在不同的角度上去观看,可能达到不同的表现效果,或者不同的内心感悟。因此,平面设计中,更加侧重设计者思想的延伸,是包含了多个层级、丰富内涵的设计过程。

包装设计所传递的主要信息与平面设计不同,其更加侧重于商品的信息说明方面。在不同的行业之间,包装设计所侧重的要素也不尽相同,但每种包装设计都是为了更加彰显商品本身的特性。同时,包装设计的目的是吸引消费者购买商品,所以通常都会在包装设计时,让商品更加充满活力与生命力。

② 平面设计与包装设计的共性

无论是平面设计还是包装设计,都要求设计人员具备一定的设计理论知识,能够彰显其所设计作品的审美品质。在设计过程中,两者都必须依据美学的原则,不要过于受到商业层级的约束,才可以更加突出设计的内在品质。在这种前提下,才可以设计出具有思想内涵、摒除谄媚世俗的好作品。

（3）平面设计与包装设计的差异

目前，包装设计所包含的要素不仅仅局限于文字信息、图形设计以及色彩搭配等方面，而是逐渐开始采用更加具有吸引力的创新包装设计手段。我国经济社会的快速发展，促进了人们物质生活水平的提升，我们也越来越重视自身所使用产品的安全性能。所以，相对于侧重艺术表达的平面设计来说，包装设计逐渐地侧重于产品创新的安全技术展示。

每一种商品自身都具有不同的属性，如果要将商品最优越的属性展示给消费者，必须要采取多种形式的包装设计手段。只有在包装设计过程中采取恰当的艺术表现手法，才能让消费者获得视觉上的美感，而对安全性能的展示又可以提升消费者对商品的信赖程度，让消费者购买商品的欲望增强。平面设计是针对二维空间的设计，不能仅把将视觉层面上的审美当作设计的切入点，这样才能让设计出的作品表达特定的思想、信息。

（4）平面设计对包装设计的影响

① 平面设计中色彩元素对包装设计的影响

平面设计中的色彩元素不仅可以在视觉上让人们产生美的效果，也可以起到交流与沟通的作用。色彩元素用于包装设计中可以很好地展示出商品自身的一些信息。不同的色彩能够给消费者以不同的心理上和生理上的感受，能够通过消费者的潜在意识来传递商品的一些信息。例如，我们日常生活中的红色表示喜庆，绿色代表健康。包装设计者进行设计的时候，必须充分考虑到色彩元素的重要性，科学、合理地选用、搭配色彩，让色彩元素不仅可以充分展示出商品的独有性质，还要让所选用的色彩更能引起消费者的关注与购买欲望。

包装设计的色彩在实际运用中还应注意：色彩是本身商品整体形象中，最敏感的视觉要素，包装装潢设计通过色彩的象征性和感情特征来表现商品的个性特征。在具体应用中结合包装装潢设计的实际功能，应注意从消费群体、消费地区、产品形象色、产品特性、产品的销售使用和产品系列化六个方面考虑。

② 平面设计中文字设计对包装设计的影响

包装设计中的文字功能主要体现在展示商品相关的说明信息上。文字对于包装设计的重要性越来越得到人们的认可。在进行文字设计时要做到简洁、易懂、区别性强，在此基础上还要求文字信息能够准确表达商品的特性。对于包装上文字的设计还要重视其形态的变化，让文字能够切合商品包装的整体风格，使文字的协调性得到增强。

③ 平面设计中图形元素对包装设计的影响

图形元素也是商品信息传递的重要形式，如何能够使商品的特征以及属性通过图形元素传达给消费者，需要包装设计者发挥独有的创意，设计出具有个性、美感的包装设计图形。在对图形元素设计的时候，必须以商品的内涵为设计依据，只有这样才能体现出商品的核心价值。在以商品内涵为基础的前提下设计出来的包装图形，才可以更加确切地使包装图形和商品的属性形成相关性，才能更好地传递出商品的内涵属性，增强包装对消费者的吸引力，才可以让消费者的眼球最开始就停留在商品上。

④ 平面设计中图案对包装设计的影响

图案是在很广泛的生活基础上形成的具有群众性与多种变现形式的艺术作品，可以通过图案的设计来表达当代的思想精神和审美价值。图案还具有很强的象征性特征，通过对图案的设计，能够让人们产生和图案相近或者相似事物的抽象联想。很多的传统吉祥图案被广泛应用于包装设计中,让商品具有更多的人文体现。但是,在包装设计中图案的运用不应该简单地将图案照抄进来,需要设计者根据传统的图案,加以创造性的调整,让现代化的思想与理念融入其中,让其更加符合商品的特性,提升包装设计的人文价值。

2. 容器设计应具备的基本因素

容器应该综合起来有功能,经济,美感,生产技术,创造性五个因素。其中功能是第一性,功能决定形式,是容器设计的基本要求。其分为物理性、生理性、心理性和社会性。此外还要考虑容器的经济因素,注意容器设计与成本的关系,使设计的容器与销售价格相匹配。要以设计的合理性来减少生产、流通中的破损和浪费。在美感因素中必须将材料质感与加工工艺的美感充分体现于容器造型本身。此外必须了解工艺流程及特点要求,使设计适合工艺生产。使设计具备独特的风格、便利的功能和新颖的造型。

3. 纸包装设计的基本要求

(1)方便性。纸容器结构设计必须便于存储,便于陈列展销,便于携带,便于使用和便于运输。

(2)保护性。保护性是纸结构设计的关键,根据不同产品的不同特点,设计应从内衬、排列、外形等结构分别考虑,特别是对于易破损和特殊外形的产品。

(3)变化性。纸容器造型结构外形的更新、变化非常重要,它能给人以新颖感和美感,刺激消费者的选购欲望。

(4)科学合理性。科学性和合理性是设计中的基本原则。科学合理的纸容器,要求用料少而容量大,重量轻而抗力强,成本低而功能全。

思考与练习

一、判断题

1. 环氧乙烷只可用于粮食和食品的防霉防腐,不能用作日用工业品的防霉腐。（　　）

2. 气相防霉是在包装物中充入对人体无毒性,对微生物有抑制作用的气体,目前主要是充二氧化碳和氮。（　　）

3. 防霉包装的技术要求包括对包装质量、包装材料两方面的要求。（　　）

4. 泡罩包装是指采用透湿度为零的刚性容器包装。（　　）

5. 一般防湿包装方法有两类:一类是防止被包装的含水商品失去水分;另一类是防止被包装商品增加水分。（　　）

6. 商品的蛀蚀除了与虫害及环境的温度和湿度等有关外,还与商品的化学组成有关。（　　）

7. 商品的允许加速度是指商品运输时所能承受的最大加速度值。（　　）

8. 以内装物和外包装箱为准,在其间充填缓冲物的一种防震包装技术是就地发泡包装法。（　　）

9. 危险品包装一般包括两方面含义:①保护危险品本身的质量(与一般商品包装目的相同);②包装阻隔了危险品对包装物以外环境的危害。（　　）

10. 可剥性塑料是以塑料为基本成分,加入矿物油、防锈剂、增塑剂、稳定剂、防霉剂和溶剂配制而成的防霉材料。（　　）

11. 危险品包装作业与一般商品包装作业的最大不同是：人员必须经过培训，持证上岗。

（　　）

12. 收缩包装作业工序一般分两步进行。首先是预包装，用收缩薄膜将商品包装起来，热封必要的口与缝；然后是热收缩，将预包装的产品放在热收缩设备中加热。（　　）

13. 在危险品包装上，我国主要是参照国际上对危险货物运输的规定《国际海运危险货物规则》，制定了我国标准 GB 190—2009《危险货物包装标志》。（　　）

14. 按塑料包装材料制品形态可将其分为如下几类：塑料薄膜、中空容器、塑料箱、编织袋、塑料袋。（　　）

15. 包装用玻璃材料在低温时，主要是辐射传热，高温时则以导热为主。（　　）

二、单选题

1. 包装设计属于（　　）类型的设计。

A. 工业设计　　　B. 环境设计　　　C. 动画设计　　　D. 视觉传达设计

2. 通常在人们的视觉经验中，由绿色会联想到（　　）。

A. 雪　　　　　　B. 郁金香　　　　C. 月亮　　　　　D. 草坪

3. 包装装潢设计的最终价值是（　　）。

A. 个性突出　　　B. 适销对路　　　C. 秩序井然　　　D. 意义明确

4. 包装的最主要功能是（　　）。

A. 促销　　　　　B. 美化　　　　　C. 保护　　　　　D. 运销

5. 包装设计构图方法共有（　　）种。

①垂直式；②水平式；③倾斜式；④分割式；⑤中心式；⑥散点式；⑦边角式；⑧重叠式；⑨综合式

A. 6　　　　　　　B. 7　　　　　　　C. 8　　　　　　　D. 9

6. 灯杆广告幅面小，制作简单，它的作用主要是（　　）。

A. 整齐性　　　　B. 观看性　　　　C. 连续性　　　　D. 环保性

7. 消费者定位定义着重于产品与消费者的情感交流，强调人性化的功能性设计是（　　）。

A. 顾客的上帝　　　　　　　　　　B. 质量第一

C. 没有最好，只有更好　　　　　　D. 以人为本

8. 中国改造纸得制作工艺是（　　）。

A. 张衡　　　　　B. 蔡伦　　　　　C. 刘征　　　　　D. 刘熹

9. 包装设计中是生产者市场销售策略的充分表现，产品信息直观的传达的是（　　）。

A. 文字　　　　　B. 图形　　　　　C. 色彩　　　　　D. 广告

10. 目前市场上包装材料可塑性强、轻便等用得最多的是（　　）。

A. 木材质　　　　B. 塑料材质　　　C. 玻璃材质　　　D. 金属材质

11. 为了缓冲内装物体受到冲击和震动，保护其免受损坏所采取的一定防护措施的包装为（　　）。

A. 防震包装技术　　　　　　　　　B. 防潮、防湿、防水包装技术

C. 防锈包装技术　　　　　　　　　D. 防霉包装技术

12. 防止金属锈蚀的关键是（　　）。

　　A. 消除生锈的原因　　　　　　　　　B. 经常清洗

　　C. 使用不生锈的金属　　　　　　　　D. 制品仅一部分由金属制成

13. 在运输包装中(　　)主要制成各种大型容器,如集装箱、钢桶、钢箱等。

　　A. 低碳薄钢板　　　　　　　　　　　B. 镀锌薄钢板

　　C. 镀锡薄钢板　　　　　　　　　　　D. 镀铬薄钢板

三、案例分析

日本的食品包装

　　在日本,食品界掀起"绿色包装"革命,很有成效,一些公司采取了较好的包装做法。他们不搞华丽的外包装,而是千方百计地节约加工费用,节省材料,最终降低成本。日本90%的牛奶都是以有折痕线条的纸盒包装出售,这本身就是对使用者的很好教育,使小孩自小就接触和使用有环保功能的"绿色"产品。这种容易压扁的包装不但生产成本较低,而且能够减少占用的空间,方便送往再循环系统并减少运输成本。还有日本常见的饮料 Yakltt 健康饮品使用一种底部可以撕开、进行了特别设计的杯形容器。在撕开底部后,人们能够轻易地把容器压扁,方便回收。日本东京每年都举行包装设计比赛,获奖的包装设计将被广泛的使用。其中一种获奖的饮料包装,后来被普遍使用,这种饮料的包装由100%再循环的纸板盒和盒子内的盛饮料的袋子组成,人们能够较轻易地把纸盒和袋子分开,送去再循环时就较容易处理。另一种开始被消费者接受的新包装设计是立式装,由于开袋子比开瓶子更容易使内部液体溢出,因此袋子的开口都务必进行特别设计,以方便打开。这类袋装主要是取代塑料瓶子,比较两者,前者的塑料使用只及后者的 1/5。

　　日本味之素公司设计推出的包装,丝毫没有显现华丽的外表,而只是用白色单瓦楞进行最节省的包装,标贴印刷也是朴实无华。日本三得利公司推出的啤酒易拉罐包装,喝完以后只要按其罐体形态提示的方向,左右扭曲便可缩小体积,方便回收。

　　日本的"绿色包装"的优秀设计,大多数能减少循环时的困难,更重要的是它们有利于维护人体的健康。日本一些专家认为,许多没有包装必要的食品,完全可以放弃包装。例如一些蔬菜、水果,可以不需要销售包装,这样有助于保持蔬菜、水果的营养与新鲜。

　　思考:

　　1. 案例在包装上体现了一种什么观念?

　　2. 结合案例总结一下绿色包装的具体做法。

学习任务6.2　商品保管养护实施

任务目标

　　1. 理解商品储存的概念、分类和作用,掌握商品储运期间的质量变化、影响质量变化的外界因素及相应的控制措施。

　　2. 理解商品养护的概念和作用,熟悉不同类型商品的储存、养护方法。

学习活动 6.2.1　商品保管期间质量变化分析

想一想

1. 你经常接触的商品有哪些？你知道这些商品在保管期间质量会发生哪些变化吗？
2. 为什么商品储运中会发生损耗、质量劣变？应如何控制？

一、商品储存的概念和意义

（一）商品储存的概念及种类

商品储存是指商品在流通的各个环节中，为实现销售目的所出现的暂时停留和存放。它包括储存、管理、保养和维护等活动。商品储存分为生产储存、流通储存与国家储备。

（二）商品储存的作用

商品储存在流通领域中起着缓冲、调节和平衡作用。

1. 商品储存的积极作用

（1）创造"时间效用"。

（2）创造利润。

2. 储存的消极作用

（1）库存会引起仓库建设、仓库管理等开支增高。

（2）储存物资占用资金所付利息。

（3）陈旧损坏与跌价损失。

（4）带来保险费支出。

（5）带来进货、验收、保管、发货的成本。

二、商品储存的过程

（一）入库管理

货物入库工作，必须经过货物的接运、装卸搬运、检验、办理手续等一系列的操作过程。这一过程，要求在一定的时间内，迅速地、准确地完成。除了要切实做好货物入库前的各项准备工作之外，还必须按照一定的合理的具体操作程序来组织好入库作业。入库工作流程如下。

1. 入库验收

确认包装容许层数，地坪负载范围，库房高度。

（1）收到入库通知单

根据入库通知单中货物的品种、性能、数量、存放时间等，结合货物的堆码要求，维修、核算占用仓位的面积，进行必要的腾仓、清场、打扫、消毒、准备好验收的场地等，并核实以下信息。

货单：大数、产地、货号、品名、规格、数量、单价。

包装：材质、破损、受潮、文字清晰、牢固。

质量：开箱拆包、含水量、沉淀等。

（2）货物接运

货物接运人员,要熟悉交通运输部门及有关供货单位的制度和要求,根据不同的接运方式,处理接运中的各种问题。

（3）装卸搬运

装卸是指物品在指定地点以人力或机械装入运输设备或卸下。搬运在同一场所内,对物品进行水平移动为主的物流作业。在整个物流过程中,装卸搬运是不断出现和反复进行的活动。它的出现频率高于其他各种物流活动,同时每次装卸搬运都要占用很多的时间和消耗很多的劳动。在仓库管理中,物品装卸搬运是一项重要的活动。物品必须有人接收、分拣、组装,以满足顾客的订货需要。组织好设备、人员对货物进行装卸搬运,提高装卸搬运机械化、自动化,节省时间,降低货物的残损率。

装卸搬运作业不仅是繁重的工作,是仓储中最大劳动投入的项目,而且也是仓储物残损的高发环节。做好装卸搬运作业管理,不仅有利于降低仓储成本,也能大幅度降低仓储风险。装卸搬运合理化是装卸搬运的基本原则,装卸搬运合理化表现在以下几个方面。

① 装卸搬运次数最少。尽量减少装卸搬运次数,在作业前做好准备,制订合理的作业方案,避免货物多次倒搬,使作业尽量一次到位。

② 装卸搬运移动距离最短。选择最短的路线完成这一活动,就可避免超越这一最短线路以上的无效劳动。尽可能使运载车辆、搬运工具接近货物存放的位置,或装卸作业设备能直接进行作业的位置。尽可能消除完全采用人力的水平搬运。

③ 装卸搬运作业衔接流畅。装卸搬运是伴随进行的,如果装卸搬运脱节,会使作业量大幅增加。例如,搬运到装车场地的货物,先要卸下搬运设备,在地面堆放,然后再从地面装上车辆,这就意味着增加了一次落地和离地的作业。相反直接从车辆、船舶卸到搬运设备上,运到堆场堆垛,装卸搬运作业量就会减小。

④ 机械化作业。装卸搬运是高强度、大负荷的作业,采用人力作业不仅效率低下,而且容易产生差损。利用装卸搬运设备能提高仓库作业机械化、自动化程度,能降低劳动强度、节省人力物力,降低仓储成本,提高劳动生产率,在仓库中得到广泛的应用。

⑤ 托盘化、集成化等成组作业。托盘化作业是指将货物直接堆放在托盘上,进行必要的固定,连同托盘一起进行装卸搬运和堆垛的仓库作业方式,托盘化就是为了使用机械、进行高效率的作业。成组化作业不仅提高效率,还减少货物在作业中的耗损和散失。在成组作业时要注意使用标准化的成组设备。

⑥ 省力化作业。在装卸作业中应尽可能地利用重力作用。如采用滑板、自上向下作业等;避免重物提升,如重货放在货架下层的齐腰高度,建造与车厢同样高度的车辆作业平台;可能的话采用滚动作业等。

⑦ 系统化作业。装卸搬运作业是仓库作业的必然过程,不可缺少,同时又是仓库效率、仓储质量的重要环节,必须把装卸搬运与仓储经营、仓库管理合并成一个完整的系统来处理。通过系统化、全局化的组织和协调,实现仓储装卸搬运的合理化。

（4）检查验收

仓库要对入库的货物做全面的认真细致的验收,包括开箱、拆包、检验货物的质量和数量。

（5）办理入库手续

货物验收后,由保管员根据验收结果,在商品入库单上签收。同时办理货物入库手续,主要包括:登账、立卡、建档。

2. 分区分类(仓储布局)

分区分类是指仓储物资在仓库内的存入和堆码方式。

堆码将物品整齐、规则地摆放成货垛的作业。根据货物的包装、外形、性质、特点、重量和数量,结合季节和气候情况,以及储存时间的长短,将货物按一定的规律码成各种形状的货垛。堆码的主要目的是便于对货物进行维护、查点等管理和提高仓容利用率。

（1）堆码的基本原则

① 分类存放。分类存放是仓库储存规划的基本要求,是保证物品质量的重要手段。包括不同类别的货物分类存放,甚至需要分库存放;不同规格、不同批次的货物也要分位、分堆存放;残损货物要与原货分开,放在原货堆边上。对于需要分拣的货物,在分拣之后,应分位存放,以免又混合。不同流向的货物、不同经营方式的货物也要分类分存。

② 适当的搬运活性、摆放整齐。为了减少作业时间、次数,提高仓库周转速度,根据货物作业的要求,合理选择货物的搬运活性。对搬运活性高的货物,也应注意摆放整齐,以免堵塞通道,浪费仓容。

③ 尽可能码高、货垛稳固。为了充分利用仓容,存放的货物要尽可能码高,使货物最少占用地面面积。尽可能码高可采用货架在高处存放,充分利用空间。货物堆垛必须稳固,避免倒垛、散垛,要求叠垛整齐、放位准确,必要时采用稳固方法。同时只有在货垛稳固的情况下才能码高。

④ 面向通道,不围不堵。面向通道包括两方面意思,一是货垛以及存放的货物的正面,尽可能面向通道,以便察看,货物的正面是指标注主标志的一面。二是所有货物的货垛、货位都有一面与通道相连,处在通道旁,以便能对货物进行直接作业。只有所有货位都与通道相通时,才能保证不围不堵。因此,仓库管理人员在进货堆垛时就应当注意货物要按照操作规范统一摆放,例如货物的标签一律向外,方便出货和清点库存(后面的"英迈中国"的案例中有这样的表述:该公司运作部计算过,如果货物标签向内,即使一个熟练的库房管理人员要将其恢复标签向外,需要8分钟,这8分钟的人工成本就是0.123元人民币)。

（2）堆码的基本要求

① 合理。合理是指性质、品种、规格、等级、批次不同的货物和不同客户的货物,应分开堆放。货垛形式适应货物的性质,有利于物品的保管,能充分利用仓容和空间;货垛间距符合作业要求以及防火安全要求;大不压小,重不压轻,缓不压急,不会围堵物品,特别是后进货物不堵先进货物,确保"先进先出"。

② 牢固。牢固是指堆放稳定结实,货垛稳定牢固,不偏不斜。货垛形式要保证不压坏底层货物或外包装,不超过地面的承载能力;货垛较高时,上部适当向内收缩;易滚动的物品要固定,必要时使用绳索、绳网对货垛进行绑扎固定。

③ 定量。定量是指每一货垛的货物数量保持一致。货垛应该采用固定的长度和宽度,具为整数。如五五化堆码,以便做到过目知数。

④ 整齐。整齐是指货垛堆放整齐,垛形、垛高、垛距标准化和统一化,货垛上每件货物

都排放整齐;货物外包装的标记和标志一律朝垛外。

⑤ 节约。节约则是指尽可能堆高,避免少量货物占用一个货位,以节约仓容,提高仓库利用率;妥善组织安排,做到一次作业到位,避免重复搬运,节约劳动消耗;合理使用苫垫材料,避免浪费。

⑥ 方便。方便是指选用的垛形、尺度、堆垛方法应方便堆垛、装卸搬运作业,从而提高作业效率;垛形方便点数,查验货物,方便通风等保管作业。

（3）堆码方式

根据物品的特性、包装方式和形状、保管的需要,确保货物质量、方便作业和充分利用仓容,以及仓库的条件确定存放方式。

① 散堆法。散堆法适用于露天存放的没有包装的大宗货物,如煤炭、矿石、黄沙等,也可适用于库内的少量存放的谷物、碎料等散装物品。

散堆法是直接用堆扬机或者叉车在确定的货位后端起,直接将货物堆高,在达到预定的货垛高度时,逐步后退堆货,后端先形成立体梯形,最后成垛,整个垛形呈立体梯形状。由于散货具有的流动、散落性,堆货时不能堆到太近垛位四边,以免散落使货物超出预定货位。

② 货垛堆码法。货垛堆码法适用于存放有外包装的货物,如箱、包、桶、袋等货物,或不需要包装的大宗货物,如钢材、箱包货物等。货物的性能不同,规格不同,包装各异,外形多样,则可采用不同的货垛堆码形式。

③ 托盘堆码。托盘堆码是将散装或散件货物,用托盘或货箱或捆扎等方法,组合成若干个较大的集装单元。将货物码放在托盘上,卡板上或托箱中,便于成盘、成板、成箱地叠放和运输。这样就可使原来不能用机械作业的商品能采用机械作业,对加快堆垛、装卸、运输速度,提高仓容利用率及保管好货物等具有重要的意义。木制托盘如图 6-13 所示。

④ 货架存放。货架存放适用于小件、品种规格复杂且数量较少,包装简易或脆弱、易损害、不便堆垛,特别是价值较高而需要经常查数的货物的仓储存放。用货架堆码货物,能够提高仓容利用率,便于对货物的维护保养,使库房内外整齐美观。在使用货架堆码时,要在库房地坪、货场地面负荷能力允许的条件下,尽量向空中发展。要根据货物性能特点、设备条件,积极开展技术改造,努力设计和制作既经济方便又能充分利用仓容的各种货架,如图 6-14 所示。

(a) 阁楼式货架

(b) 货位式货架

图 6-13　木制托盘

图 6-14　货架存放

3. 货位选择(储存点)

选择货位应符合方便吞吐、节约库容、商品安全3点。

(二)在库管理

1. 环境卫生管理

存放货物的库房及周边要做好环境卫生管理。

2. 在库管理

(1)货物管理的方法

货物管理的方法是仓库物管部门业务动作的表现形式,随着生产方式和秩序的不同,货物的管理方法也会不同,但无论怎样变换,其目的都是确保货物管理的适宜性。常用的方法有以下几点。

① 批号与型号管理法。该方法管理的依据是货物的批号和型号。从开始进料到最后出货,完全是按型号和批号分批量进行采购、储存、发放、出货和核销的。

② 货物总量管理法。该方法是以货物的需求总量为依据,在控制适度库存的基础上实施货物的计划管理。

③ 货物配送管理法。该方法是货物部与配送中心建立机制,对所需的物普按计划配送。这种方法适合于部分通用性货物。

④ ABC分类管理法又称为"ABC分析法"或者"ABC重点管理法",是指将库存物品按品种和占用资金的多少的三级分类管理的方法(A指特别重要的库存(A类)、B指一般重要的库存(B类)、C指不重要的库存(C类))。然后针对不同等级分别进行管理与控制。其核心思想是找出"关键的少数和次要的多数"货物,并实行不同的管理方法。

一般地,人们将价值比率为65%~80%、数量比率为15%~20%的物品划为A类;将价值比率为15%~20%、数量比率为30%~40%的物品划分为B类;将价值比率为5%~15%、数量比率为40%~55%的物品划分C类。

根据ABC分析法,需要对不同等级的货物进行不同的管理方法。

A类货物的管理方法如下。

a. 采取定期订货方式,定期调整库存。

b. 增加盘点次数,以提高对库存量的精确掌握。

c. 尽量减小货物出库量的波动,使仓库的安全储备量降低。

d. A类货物必须保证拖延交货期。

e. A类货物是价值分析的对象。

f. 货物包装尽可能标准化,以提高库场利用率。

B类货物的管理方法如下。

a. 正常的控制,采用比A类货物相对简单的管理方法。

b. B类货物中销售额比较高的品种要采用定期订货方式或定期定量混合方式。

C类货物的管理方法如下。

a. 将一些货物不列入日常管理的范围;如对于螺丝、螺母之类的数量大价值低的货物不作为日常盘点的货物,并可规定最少出库的批量,以减少处理次数等。

b. 为防止库存缺货,安全库存要多些,或减少订货次数以降低费用。

c. 减少这类货物的盘点次数。

d. 通过现代化的工具可以很快订货的货物,不设置库存。

e. 给予最低的优先作业次序。

（2）库存品种与数量管理

库存的分类有许多种,如从库存货物的用途、存放地点、来源、所处状态或从生产角度和经营角度等来分类,这里仅介绍按库存的作用和功能分类。

① 安全库存。安全库存是为了预防随机因素造成的缺货而设置的保障性库存量。

② 最低库存。最低库存是订货周期内的需求量与安全库存量之和,最低库存量是为了满足日常生产的消耗量而设置的。

图 6-15　有效库存

③ 有效库存。有效库存是为了满足生产的有效调整而设置的库存指标,一般是最低库存量与估算的机动性宽放库存量之和。有效库存量是为了满足顾客需求的临时改变而做出的应对,实践证明很有效,如图 6-15 所示。

3. 温、湿度管理

关注库内温、湿度的变化,仓库内温、湿度变化规律和库外基本上是一致的。但是,库外气温对库内的影响,在时间上需要有个过程,同时会有一定程度的减弱。所以,一般是库内温度变化在时间上滞后于库外,在幅度上小于库外,表现为,夜间库内温度比库外高,白天库内温度比库外低。

（三）出库管理

出库作业是保管工作的结束。出库作业管理是指仓库按照货主的调拨出库凭证或发货凭证所注明的货物名称、型号、规格、数量、收货单位、接货方式等条件,进行的核对凭证、备料、复核、点交、发放等一系列作业和管理活动。

出库管理的基本原则:单随货行,当面检验,先产先出,易坏先出,不合格、不牢固、破损、标记不清楚不出。

1. 催提

仓库使有需要有良好的计划性,只有确定有空余货位,才能接受存货人的仓储委托。空余货位包括已经提空的货位和将要到期提空的货位。因而对将要到期的仓储物,要做好催提工作,以免接受了新的委托,但没有仓容不能接收货物。

（1）在合理的期限内发出

到期催提应在到期日的前一段时间进行。合同有约定的,在约定期通知,如原合同订有续期条款的,在续期日前通知。合同没有约定通知期的,仓库应在合理的提前时间内催提,以便提货人有足够的准备时间。

（2）向已知的提货人发出提货通知

催提是直接向已知的提货人发出提货通知,可以用信件、传真、电话等方式。

（3）向存货人发出提货通知

当不知道确切提货人时，可以向存货人催提。

另外对于在仓储期间发生损害、变质的货物，保质期就要到期的货物，或者剩余的少量残货，也应进行催提，以免堆积占用仓库仓容，同时减小或避免存货人的损失。

2. 备货

（1）一般按"先进先出"的方式发货

所谓先进先出，是指根据货物入库的时间先后，先入库的货物先出库，以保持库存货物质量完好状态。尤其对易变质、易破损、易腐蚀的货物、机能易老化的货物，应加快周转，对变质失效的货物不准出库。

（2）包装整理

仓库应清理原货包装、清除积尘、沾物。对包装已残损的，要更换包装。提货人要求重新包装或者灌包的，要及时安排包装作业。

（3）零星货物组合

为了作业方便，对零星货物进行组合，使用大型容器收集或者堆装在托盘上，以免提货时遗漏。

（4）根据要求装托盘或集装

若提货人要求装托盘或者集装，应及时进行相应作业，保证作业质量。

（5）转到备货区备运

将要出库的货物预先搬运到备货区，以便能及时装运。

3. 出库交接

仓库接到提货凭证（如领料单、调拨单）后，必须对提货凭证进行审核。首先要审核货主开出的提货单的合法性和真实性或审核领料单上是只有其部门主管或指定的专人签章，手续不全不予出库，如遇特殊情况，则需经有关负责人同意后方可，出库后需补办手续；其次要核对收货单位、到站、开户行和账号是否齐全和准确。如货主自提出库，则要核查提货单有无财务部门准许发货的签章。提货单必须是符合财务制度要的具有法律效力的凭证。

在提货时，仓库业务部门根据提货人的提货凭证办理提货手续，并签发出库单，指示仓库保管部门交货。仓库保管部门核实出库单，确定提货人已办妥仓库提货手续。认真核对，避免错交，并收加出库单等提货凭证。

4. 销账、存档

（1）仓储保管账上核销。货物发运后，仓库管理员应做好清理工作，及时注销账目，调整货位上的货卡，以保持物资的账、卡、物一致，及时的准确地反映货物的进出、存取的动态。

（2）将留存的提货凭证、货物凭证、记录、文件等归档，以便查验。

（3）将空出的货位进行标识，清理现场，收集苫垫，妥善保管，以待再用。

（四）特殊存储要求的货物管理

1. 贵重货物的管理

贵重货物因为价值较高，所以，一般要根据货物的贵重程度实施不同级别的管理。常见的方法是保险柜管理法和专用仓库管理法。

（1）保险柜管理法

保险柜管理法主要适合于保管金、银、水银等贵重货物。保管时实行二人管理制，具体方法如下：将保险柜放置在规定的仓库内；保险柜由二人（保管员和监督员）掌管密码，只有二人同时在场时方可开启；建立保管货物的清单，实施记账和过磅管理；仓库主任每月点检确认一次。

（2）专用仓库管理法

专用仓库管理法主要适合于保管 IC、焊锡条、羊绒等价值比较高，且数量又大的料。保管时实行专人专管的管理制度，具体方法如下：专用仓库设置成防盗型的，如配置自动报警和监视系统，安装防盗门、密码保险窗等；指定专职仓管员进行货物管理；一般至少需要每周盘点；担当人员须每周向上级报告工作主要内容；仓库主任每月点检确认一次。

2. 危险物品的管理

危险物品因为其本身存在危险性，所以，一般要根据物品的危险程度实施不同级别的管理。常见的方法有隔离管理法和专服仓库管理法。

（1）隔离管理法

隔离管理法是把存在危险性的物品与其他物品隔离开来，分别放置。如包装完好的化工原料、印刷油墨等。具体方法是：划分好需要隔离的区域；设置必要的栅栏等隔离器具；标识并指示隔离区域；按规定保管存放的隔离物品；注意加强监视被隔离物品的存放状态。

（2）专用仓库管理法

专用仓库管理法是设置专门用途的仓库，用以存放高危险性的货物。如炸药、汽油、天那水等。具体方法是：针对存放货物的特性要求建造适宜的库房；建造完成后需要得到专家的认可；制定专用库房管理细则；培训仓管人员；按规定保管存放的专门货物；加强各种环境要求的监控；随时检查专门物品的状态；仓库主任要定时监督并确认。

3. 长期库存的货物管理

长期库存的货物是不合理的，作为仓储企业客户服务的一部分，仓储企业应该协助货主尽量减少这类货物或向货主提供尽快消除的办法。长期库存的货物一般是由于一些非正常原因造成的，例如，因商务纠纷被终止出货的产品；因法律事务被禁止出货的产品；因采购失误而错购买的材料；因设计变更而无法继续使用的材料；因功能或技术等方面的原因而搁置的器械；其他无法及时处理的货物。

对长期库存物品的有效管理要从如下两个方面下手：一是要加强养护，确保这类物品不会因储存而性能下降；二是要积极采取措施，与货主一道想办法尽早处理、利用这类物品。

对长期库存的物品按如下方法实施管理：指定隔离的专门存放区域；定时检查区域的存放环境；定时确认存放物的包装状态和完好度；按月别向货主通报被存物的状况；如有可能出货或使用时要提前通知品质部重检；如有变质或不宜继续存放时要通知货主迅速处理；请货主适当考虑存储成本；长期库存的货物是一种浪费，作为增值服务，仓储企业一定要帮助客户减少这种浪费。

4. 易生锈材料的管理

易生锈材料是指那些易与空气中氧元素发生氧化反应的金属货物，这类货物中有些具有切口的成品或半成品,其切口处没有抗氧化的保护层,故而容易发生氧化生锈。如有冲口的机器外壳,有螺丝口的垫片等。对这类货物的管理按如下方法进行:设置易生锈货物仓库;按防锈标准要求实施管理;严格控制易生锈货物的库存时间;严格执行先入先出的原则;一旦发生生锈现象时要及时通报并处理;检讨导致生锈产生的原因,积极采取应对措施;记录库区管理的有关数据,分析、判断和预后;在必要时制作控制图,用以有效管制;仓库主任须按月别确认管理效果。

5. 易损物品的管理

易损物品是指那些在搬运、存放、装卸过程中容易发生损坏的物品,如玻璃和陶瓷制品、精密仪表等。对这类物品按如下的方法实施管理:严格执行小心轻放、文明作业;尽可能在原包装状态下实施搬运和装卸作业;不使用带有滚轮的储物架;不与其他物品混放;利用平板车搬运时要对码层做适当捆绑后进行;一般情况下不允许使用吊车作业;严格限制摆放的高度;明显的标识其易损的特性;严禁以滑动方式搬运。

易损坏物品的管理要点:降低搬运强度、减少单次装卸量、尽量保持原包装状态。

6. 敏感材料的管理

敏感材料是指那些材料本身具有很敏感的特性,如果控制失误就有可能导致失效或产生事故。如磷可以在空气中自燃,IC怕静电感应,胶卷怕曝光,色板怕日晒风化等。对这类物品按如下的方法实施管理:接收入库后按原制造商的要求储存;培训仓管员了解和掌握该类物品的特性,实施对口管理;有必要时要设置专人保管仓库;务必在原包装状态下搬运、保管和装卸;设置必要的敏感特性监视器具,以便有效消除敏感的环境因素;必要时向有关专家咨询管理的建议措施。

敏感材料的管理要点:遵照储存物特性要求实施管理、不能打开储存物原包装。

7. 有效期限较短货物的管理

有效期限较短的货物是指材料的有效期限不满一年,或随着时间的延长其性能下降比较快,如电池、黄胶水、PCB等。对这类物品按如下的方法实施管理:通过向货主及时通报库存量,协助货主控制订货量、尽量减少积压;严格控制库存时间,定期向货主通报库存。必须按货物的制造日期严格实施先入先出管理。

有效期限较短的材料的管理要点:协助货主实现小批量多批次订货、尽量降低库存时间。

三、商品储存期间的质量变化

(一) 商品的物理变化

1. 商品的一般物理变化

商品的物理变化是只改变物质的外表形态,不改变其本质,没有新物质的生成,并且有可能反复进行的质量变化现象。商品的机械变化是指商品在外力作用下发生的形态变化。

(1) 挥发

挥发是低沸点的液态物品或经液化的气体物品在空气中经汽化而散发到空气中的现象。常见易挥发的物品如酒精、白酒、香精、花露水、香水以及化学试剂中的各种溶剂,医药中的一些试剂,部分化肥农药、杀虫剂、油漆等。挥发的速度与气温的高低、空气流动速度的快慢、液体表面接触空气面积的大小成正比关系。

（2）溶化

溶化是指固体商品在保管过程中,吸收空气或环境中的水分达到一定程度时,就会成为液体的现象。常见易溶化的商品有食糖、糖果、食盐、明矾、硼酸、甘草硫浸膏、氯化钙、氯化镁、尿素、硝酸铵、硫酸铵、硝酸锌及硝酸锰等。物品溶化与空气温度、湿度及物品的堆码高度有密切关系。

（3）熔化

熔化是指低熔点的物品受热后发生软化乃至化为液态的现象。常见的易熔化物品有香脂、蜡烛、复写纸、圆珠笔芯、松香、胶囊、糖衣片等。熔化除受气温高低的影响外,与商品本身的熔点、商品中杂质种类和含量高低密切相关。熔点越低,越易熔化;杂质含量越高,越易熔化。

（4）串味

串味是指吸附性较强的物品吸附其他气体、异味,从而改变本来气味的变化现象。具有吸附性易串味的商品,主要是因为它的成分中含有胶体物质,以及具有疏松、多孔性的组织结构。商品串味,与其表面状况,与异味物质接触面积大小、接触时间的长短,以及环境中异味的浓度有关。易被串味的商品有：大米、面粉、木耳、食糖、饼干、茶叶、卷烟等。易引起串味的商品有汽油、煤油、桐油、腌鱼、腌肉、樟脑、肥皂、化妆品以及农药等。

（5）沉淀

沉淀是指含有胶质和易挥发成分的物品,在低温或高温等因素影响下,部分物质凝固,进而发生沉淀或膏体分离的现象。常见的易沉淀的商品有墨水、牙膏、化妆品等。

（6）玷污

玷污是指物品外表沾有其他物质,或染有其他污秽的现象。商品玷污,主要是生产、储运中卫生条件差及包装不严所致。常见的易被玷污的物品有服装、针织品、精密仪器、仪表类等。

（7）渗漏

渗漏主要是指液体商品发生跑、冒、滴、漏的现象。商品渗漏,与包装材料性能、包装容器结构及包装技术的优劣有关,还与仓储温度、湿度变化有关。

（8）脆裂、干缩

某些商品在干燥空气中或经风吹过后,会出现脆裂或干缩现象。如纸张、皮革及其制品、木制品、糕点、水果和蔬菜等。

2. 商品的机械变化

商品的机械变化是指商品在外力作用下所发生的形态上的改变。脆性较大或易变形的商品,如玻璃、陶瓷、搪瓷、铝制品等易破碎、掉瓷、变形等;塑性较大的商品,如皮革、塑料、橡胶等制品,易丧失回弹性能,从而发生形态改变。

（二）商品的化学变化

商品的化学变化是指不仅改变物质的外表形态,也改变物质的本质,并生成新物质的变化现象。商品发生化学变化,严重时会使商品完全丧失使用价值。常见的有化合、分解、氧化、聚合、老化等。

1. 氧化

氧化是指物品与空气中的氧或其他能放出氧的物质化合的反应。容易氧化的物品品种比较多,如某些化工原料、纤维制品、橡胶制品、油脂类物品等。棉、麻、丝、毛等纤维织品,长期受阳光照射会发生的变色,也是由于织品中的纤维被氧化的结果。锈蚀是金属制品的特有现象,即金属制品在潮湿空气及酸、碱、盐等作用下,而被腐蚀的现象。

商品氧化,不仅会降低商品的质量,有的还会在氧化过程中产生热量,发生自燃,有的甚至会引发爆炸事故。例如,某些化工原料、纤维制品、橡胶制品、油脂类商品等。

2. 分解

(1) 分解。分解是指某些性质不稳定的物品过氧化氢,在光、电、热、酸、碱及潮湿空气作用下,由一种物质生成两种或两种以上物质的变化。如双氧水、漂白粉等化学物品易产生分解。

(2) 水解。水解是指某些物品在一定条件下,遇水发生分解的现象。如肥皂、棉纤维在酸性溶液中容易发生水解,羊毛等蛋白质纤维在碱性溶液中容易水解。

(3) 裂解。裂解是指高分子有机物(如棉、麻、丝、毛、橡胶、塑料、合成纤维等),在日光、氧、高温条件下,发生的机械性能变差,产生发软、发黏等现象。例如,天然橡胶在日光、氧和一定温度的作用下,就会变软、发黏、变质。

3. 化合

化合是两种或两种以上物质互相作用,生成一种新物质的反应。

4. 老化

老化是指高分子材料(如橡胶、塑料、合成纤维等)在储存过程中,受到光、热、氧等的作用,出现发黏、龟裂、变脆、强力下降、失去原有优良性能的变质现象。易老化是高分子材料存在的一个严重缺陷。老化的原因,主要是高分子物在外界条件作用下,分子链发生了降解和交联等变化。

风化是指含结晶水的物品,在一定温度和干燥空气中,失去结晶水而使晶体崩解,变成非结晶状态的无水物质的现象。

5. 聚合

聚合是指某些商品组成中的化学键在外界条件下发生聚合反应,成为聚合体而变性的现象。例如,福尔马林变性,桐油表面结块都是聚合反应的结果。

(三) 商品的生理生化变化及生物引起的变化

生理生化变化是指有生命活动的有机体商品,在生长发育过程中,为了维持它的生命,本身所进行的一系列变化。如粮食、水果、蔬菜、鲜蛋等商品的呼吸、发芽、胚胎发育和后熟等。

生物引起的变化是指由微生物、仓库害虫以及鼠类等生物所造成的商品质量的变化。如工业品商品和食品商品的霉变、腐败、虫蛀和鼠咬等。

1. 呼吸作用

呼吸作用是指有机物品在生命活动过程中,不断地进行呼吸,分解体内有机物质,产生热量,维持其本身生命活动的现象。呼吸作用可分为有氧呼吸和缺氧呼吸两种类型。不论是有氧呼吸还是缺氧呼吸,都要消耗营养物质,降低食品的质量。呼吸作用产生的热量积累,往往会使食品腐败变质。如粮食的呼吸作用,产生的热不易失散,如积累过多,会使粮食变质。同时由于呼吸作用产生的水分,又有利于有害微生物生长繁殖,加速物品的霉变。但是保持正常的呼吸作用,可以维持有机体的基本生理活动,物品本身会具有一定的抗病性和耐储性。

2. 发芽

发芽是指有机体物品在适宜条件下,冲破"休眠"状态,发生的发芽、萌发现象。发芽的结果会使有机体商品的营养物质转化为可溶性物质,供给有机体本身的需要,从而降低有机体商品的质量。在发芽、萌发过程中,通常伴有发热、生霉等情况,不仅增加损耗,而且降低质量。

3. 胚胎发育

胚胎发育主要指的是鲜蛋的胚胎发育。在鲜蛋的保管过程中,当温度和供氧条件适宜时,胚胎会发育成血丝蛋、血环蛋。经过胚胎发育的禽蛋新鲜度和食用价值大大降低。

4. 后熟作用

后熟是指瓜果、蔬菜等类食品在脱离母株后继续其成熟过程的现象。瓜果、蔬菜等的后熟作用,将改进色、香、味以及适口的硬脆度等食用价值。但当后熟作用完成后,则容易发生腐烂变质,难以继续储存甚至失去食用价值。

5. 霉腐

霉腐是商品在霉腐微生物作用下所发生的霉变和腐败现象。在气温高、湿度大的季节,如果仓库在温湿度控制不好,储存的针棉织品、皮革制品、鞋帽、纸张、香烟以及中药材等许多商品就会生霉;肉、鱼、蛋类就会腐败发臭,水果、蔬菜就会腐烂;果酒变酸,酱油生白膜。无论哪种商品,只要发生霉腐,就会受到不同程度的破坏,严重霉腐可使商品完全失去使用价值。有些食品还会因腐败变质而产生能引起人畜中毒的有毒物质。

6. 虫蛀

商品在储存期间,常常会遭到仓库害虫的蛀蚀。经常危害商品的仓库害虫有 40 多种。仓库害虫在危害商品的过程中,不仅破坏商品的组织结构,使商品发生破碎和洞孔,而且排泄各种代谢废物污染商品,影响商品质量和外观,降低物品使用价值,因此害虫对物品危害性也是很大的。凡是含有有机成分的物品,都容易遭受害虫蛀蚀。

(四) 商品质量变化的控制方法

商品质量管理的基本方法可采用 PDCA 循环(戴明循环)。

PDCA 循环,即 P——计划阶段;D——执行阶段;C——检查阶段;A——处理阶段。

相关工具和技术包括排列图法、因果分析图法、直方图法、控制图法、散布图法、调查表法。

（五）商品保管保养措施

"以防为主、防治结合"是保管保养的核心，要特别重视货物损害的预防，及时发现和消除事故隐患，防止损害事故的发生。在发生、发现损害现象时，要及时采取有效措施，防止损害扩大，减少损失。具体措施有以下几个方面。

（1）严格验收入库货物。要防止货物在储存期间发生各种不应有的变化，首先在货物入库时要严格验收，弄清货物及其包装的质量状况。检查是否有异常情况，针对具体情况进行处理和采取救治措施，做到防微杜渐。

（2）适当安排储存场所。由于不同货物性能不同，对保管条件的要求也不同，分区分类、合理安排存储场所是货物养护工作的一个重要环节。例如，怕潮湿和易霉变、易锈蚀的货物，应存放在干燥的库房里；怕热易溶化、发黏、挥发或易发生自燃的货物，应存放在温度较低的阴凉场所。此外，性能相互抵触或易串味的物品不能在同一库房内混存，以免产生不良影响。

（3）科学进行堆码苫垫。阳光、雨雪、地面潮气对货物质量影响很大，要切实做好货垛和苫垫工作，如利用石块、枕木、垫板等进行防潮。存放在货场的货物，货区四周要有排水沟，以防积水流入垛下，货垛周围要遮盖严密，以防雨淋曝晒。

（4）控制好仓库温、湿度。应根据货物的保管保养要求，适时采取密封、通风、吸潮和其他控制与调节温度、湿度的办法，力求把仓库温度、湿度保持在适应货物储存的范围内。

（5）定期进行货物在库检查。由于仓库中保管的货物性质各异、品种繁多、规格型号复杂、入出库业务每天都在进行，所以要对库存货物进行定期或不定期的盘点和检查。检查货物保管条件是否满足要求、货物质量的变化动态、各种安全防护措施是否落实等。严格控制库存货物的数量和质量动态。

（6）搞好仓库清洁卫生。储存环境不清洁，易引起微生物、害虫的寄生繁殖，危害货物。因此，对仓库内外环境要经常打扫，彻底铲除仓库周围的杂草、垃圾等，必要时使用药剂杀灭微生物和害虫。对容易遭受虫蛀、鼠咬的物品，要根据货物的性能和害虫生活习性，及时采取有效的防治措施。

实战演练

请指出图 6-16 中的商品在储存期间分别易发生什么物理变化、化学变化、生理变化。

图 6-16　储存期间质量容易发生变化的商品

知识拓展

影响商品储存期间质量变化的外界因素

商品储运期间，宏观上处于静止状态，但商品本身不断发生各种各样的运动变化，这些变化都会影响到商品的质量，如不加以控制，就会由量变发展到质变。

1. 空气中的氧

空气中约含有21％的氧气，氧气可以加速金属商品锈蚀；氧气是好气性微生物活动的必备条件，易使有机体商品发生霉腐；氧气是害虫赖以生存的基础，是仓库害虫发育的必要条件；氧气是助燃剂，不利于危险品的安全储存；在油脂的酸败、鲜活商品的分解、变质中，氧气都是积极参与者。

2. 日光

日光中含有紫外线、红外线等，它对商品起着正反两方面的作用：一方面，日光能够加速受潮商品的水分蒸发，杀死杀伤微生物和害虫，在一定程度上有利于商品的保护；另一方面，某些商品在日光的直接照射下，又会发生质量变化。如日光能使酒类浑浊、油脂加速酸败、橡胶塑料制品迅速老化、纸张发黄变脆、色布褪色、药品变质、相机胶卷感光等。

3. 微生物

微生物是商品霉腐的前提条件。常见危害商品的微生物主要是一些腐败性细菌、酵母菌和霉菌。微生物的活动，需要一定的温度和湿度。没有水分，它是无法生活下去的；没有适宜的温度，它也是不能生长繁殖的。掌握这些规律，就可以根据商品的含水量情况，采取不同的温、湿度调节措施，防止微生物生长，以利商品储存。

4. 仓库害虫

仓虫在仓库里，不仅蛀蚀动植物性商品和包装，有些仓虫还能危害塑料、化纤等化工合成商品。此外，白蚁还会蛀蚀仓库建筑物和纤维质商品。仓虫在危害商品过程中，不仅破坏商品的组织结构，使商品发生破碎和孔洞，外观形态受损，而且在生活过程中，吐丝结茧，排泄各种代谢废物玷污商品，影响商品的质量和外观。

5. 空气温度

气温是影响商品质量变化的重要因素。温度能直接影响物质微粒的运动速度：一般商品在常温或常温以下，都比较稳定；高温能够促进商品的挥发、渗漏、熔化等物理变化及各种化学变化；而低温又容易引起某些商品的冻结、沉淀等变化；温度忽高忽低，会影响到商品质量的稳定性。此外，温度适宜时会给微生物和仓虫的生长繁殖创造有利条件，加速商品腐败变质和虫蛀。因此，控制和调节仓储商品的温度是商品养护的重要工作内容之一。

6. 空气的湿度

空气的干湿程度称为空气的湿度。空气湿度的改变，能引起商品的含水量、化学成分、外形或体态结构等的变化。湿度下降，将使商品因放出水分而降低含水量，减轻重量。如水果、蔬菜、肥皂等会发生萎蔫或干缩变形，纸张、皮革制品等失水过多，会发生干裂或脆损；湿度增高，商品含水量和重量相应增加，如食糖、食盐、化肥等易溶性商品结块、膨胀或进一步溶化，钢铁制品生锈，纺织品、竹木制品、卷烟等发生霉变或被虫蛀等。湿度适宜，可保持商品的正常含水量、外形或体态结构和重量。

7. 卫生条件

卫生条件是保证商品免于变质腐败的重要条件之一。卫生条件不良,不仅使灰尘、油垢、垃圾、腥臭等污染商品,造成某些外观疵点和异味感染,而且还为微生物、仓虫等创造了活动场所。因此商品在储存过程中,一定要搞好储存环境的卫生,保持商品本身的卫生,防止商品之间的感染。

8. 有害气体

大气中的有害气体,主要来自煤、石油、天然气、煤气等燃料放出的烟尘和工业生产过程中的粉尘、废气。对空气的污染,主要是二氧化碳、二氧化硫、硫化氢、氯化氢和氮化物等气体。

商品储存在有害气体浓度大的空气中,其质量变化明显。如二氧化硫气体,溶于水能生成亚硫酸,当它遇到含水量较大的商品时,能强烈地腐蚀商品的有机物。在金属电化学腐蚀中,二氧化硫是构成腐蚀的重要介质之一,因此金属商品必须远离二氧化硫发源地。

思考与练习

一、判断题

1. 控制商品储运期间质量变化。　　　　　　　　　　　　　　　　　　　　( )

2. 商品生理变化的呼吸作用是指有机体商品在生命过程中,由于氧和酶的作用,体内有机物质被分解,并产生热量的一种缓慢的生物氧化过程。　　　　　　　　　　( )

3. 发酵是商品在霉腐微生物作用下所发生的霉变和腐败现象。　　　　　　　( )

二、单选题

1. 在一年之中,相对湿度最高的月份一般是( )。
   A. 1月　　　　　　B. 6月　　　　　　C. 8月　　　　　　D. 12月

2. 库外气温对库内的影响,在时间上需要有个过程,同时会有一定程度上的减弱。表现为( )。
   A. 白天库内温度比库外高,夜间库内温度比库外低
   B. 夜间库内温度比库外高,白天库内温度比库外低
   C. 白天和夜间库内温度与库外温度相同
   D. 夏季库内温度比库外高,冬季库内温度比库外低

3. 在一日之中,日出前气温最低时,相对湿度最大,日出后逐渐降低,到午后( )时达到最低。
   A. 1~2　　　　　　B. 2~3　　　　　　C. 3~4　　　　　　D. 4~5

4. 以下属于商品物理变化的是( )。
   A. 分解、水解　　　B. 虫蛀、鼠咬　　　C. 熔化　　　　　　D. 胚胎发育

5. 鞋分成雨鞋、凉鞋、运动鞋等时,是按( )作为其分类标志的。
   A. 原材料　　　　　B. 生产加工方法　　C. 用途　　　　　　D. 主要成分

三、多选题

1. 仓库温、湿度的控制与调节包括( )。

　　A. 密封　　　　　　B. 通风　　　　　　C. 吸潮与加湿　　　　D. 升温与降温

2. 商品化学变化包括（　　）。

　　A. 发酵　　　　　　B. 氧化　　　　　　C. 老化　　　　　　D. 腐蚀

学习活动 6.2.2　商品保管、养护方法选择

想一想

不同的商品在储存期间分别应如何保养？

一、商品养护的概念和作用

商品养护是商品在储运过程中所进行的保养和维护。从广义来说，商品离开生产领域到进入消费领域之前，这一段时间的保养与维护都称为商品养护。

商品养护的基本任务是针对库存商品的不同特性，创造适宜的储存条件，按轻重缓急制定相应的措施，保证商品储存的质量和安全，最大限度地避免和减少商品损耗。

二、储存商品的质量管理与养护技术

自然环境是在库商品发生质量或数量变化的外因。自然因素是指储存环境的温度、湿度、日光以及生物、微生物等。这些因素对商品质量、数量变化的影响很大，在一定程度上，也起着决定性的作用。了解自然环境的影响是保证库存商品质量、数量和利用自然环境中的有利条件改善商品储存环境的前提。

自然环境对仓储物资的影响，主要包括空气温度的影响、空气湿度的影响、空气污染的影响、空气中氧的影响、日光的影响、生物和微生物的影响、尘土杂物的影响。

（一）针对环境影响对储存商品采取的养护措施

1. 密封

密封，就是把商品尽可能严密地封闭起来，减少外界不良气候对商品的影响，以达到安全储存的目的。采用密封方法要和通风、吸潮结合运用，如运用得当可以收到防潮、防霉、防热、防溶化、防干裂、防冻、防锈蚀、防虫等多方面的效果。长时间的密封方法有整库密封、小室密封、按垛密封、货架密封以及按件密封等。

密封保管应注意的几个事项：密封前要检查商品质量、温度和含水量是否正常，如发现生霉、生虫、发热、水淞等现象就不能进行密封；发现商品含水量超过安全范围或包装材料过潮，也不宜密封；密封的时间要根据商品的性能和气候情况来决定。怕潮、易溶、易霉的商品，应选择相对湿度较低的时节进行密封。

2. 通风

空气是从压力大的地方向压力小的地方流动的。气压差越大，空气流动就越快。通风就是利用库内外空气温度不同而形成的气压差，使库内外空气形成对流，来达到调节库内温、湿度的目的。库内外温度差距越大，空气流动就越快；若库外有风，借风的压力更能加速库内外空气的对流。但风力亦不能过大（风力超过 5 级灰尘较多）。正确地进行通风，不仅

可以调节与改善库内的温、湿度,还能及时地散发商品及包装物的多余水分。

按通风的目的不同,可分为利用通风散热(或增温)和利用通风散潮两种。

3. 吸潮

在梅雨季节或阴雨天,当库内湿度过高,不适宜商品保管,而库外湿度也过大,不宜进行通风散潮时,可以在密封库内用吸潮的办法降低库内湿度。吸潮方法,常采用去湿机吸潮和吸湿剂吸潮。

(1)去湿机吸潮,是用吸湿机把库内的湿空气通过抽风机吸入吸湿机冷却器内,使它凝结为水而排出。吸湿机一般适宜于储存棉布、针棉织品、贵重百货、医药仪器、电工器材和烟糖类的仓库的吸湿。

(2)吸潮剂吸潮,是利用一些具有强烈吸湿性能的物质,吸收空气中的水分而达到去湿的目的。仓库中通常使用的吸潮剂有生石灰、氯化钙、硅胶等。

(二)防虫、鼠害作业

仓库内虫、鼠害的防治,是搞好商品维护保养工作的一个重要组成部分。防虫、鼠害作业应贯彻"预防为主,防治结合"的原则,要求做到商品进库无虫、仓内无虫。货物中发生虫、鼠害如不及时采取措施进行杀灭,常会造成严重损失。具体防治方法有以下几种。

(1)杜绝仓库虫、鼠害来源程序,清洁卫生防治法。要杜绝仓库害虫的来源和传播,必须做好以下几点。

① 货物原材料的杀虫、防虫处理。

② 入库货物的虫害检查和处理。

③ 仓库的环境卫生及各种用具的卫生、消毒。

要求库内经常保持清洁。有孔洞缝隙要进行密封,堵塞鼠洞。库外要做到三不留,即不留垃圾、杂草和污水,杜绝害虫的滋生条件。

(2)物理机械防治法。高温杀虫法,主要是日光曝晒、烘烤、热蒸和远红外线照射等。低温杀虫法,利用天然条件进行仓库通风,使库内货物的温度降低到仓虫至死温度范围,将仓虫冻死。对鼠的防治,可采用捕鼠机械,库门设档门板等方法。

(3)药物防治。使用各种化学杀虫剂,通过胃毒、触杀或熏蒸等作用杀灭害虫,是当前预防仓库害虫的主要措施。

(三)防霉防腐作业

货物霉腐是指商品在储存期间,由于受到某些微生物的作用所引起的生霉、腐烂、腐败和腐臭等质量变化的现象。在高温、高湿环境中,大多数商品都有可能出现这种现象,如纺织品、食品、皮革、纸张、竹、木、塑料、橡胶等。防霉防腐采取常用的方法,消除适宜微生物生长发育的条件,以达到防霉腐的目的。常用方法有以下几种。

(1)加强入库验收。易霉腐货物入库,首先检查包装是否潮湿,商品的含水量是否超过安全水分。一定要杜绝已经发生霉腐的货物或含水量过高的货物入库;对在库的易霉腐的货物,应建立并严格执行在库检查制度,及时发现货物霉腐迹象,随时处理,以免造成严重损失。

(2)加强仓库温、湿度管理。要根据不同性能的货物、正确地运用密封,吸潮及通风相结合的方法,管好库内温、湿度,特别是在梅雨季节,要将相对湿度控制在不适宜霉菌生长的范围内。

(3) 选择合理的储存场所。易霉腐货物应尽量安排在空气流通、光线较强,比较干燥的库房,并应避免与含水量大的货物同储在一起。

(4) 合理堆码,下垫隔潮。货物堆垛不应靠墙靠柱。

(5) 商品进行密封。

(6) 做好日常的清洁卫生。仓库里的积尘能够吸潮,容易使菌类寄生繁殖。同时,仓库还可采用药物防霉腐和气调储藏防霉腐。常用的防腐剂有五氯酚钠、水杨酰苯胺、环氧乙烷等。由于防腐剂具有一定的选择性,因此,一种防腐剂不可能对所有菌类都有效,而且,长期使用后,还可能产生免疫力,使防腐剂失效,这时就要及时更换药剂。气调储藏防霉腐是一种调整环境气体成分的储藏方法,通常由减少环境中的氧气,增加二氧化碳含量及降低环境温度等三方面综合而成。对于大多数水果、蔬菜来说,适宜储藏的气体条件是:氧 3% 左右,二氧化碳 0~5%。

仓储货物一经发现霉腐,就应立即采取有效措施,防止其继续发展,造成更大损失。救,是指翻垛挑选,将霉腐货物与正常货物进行隔离,以免蔓延;治,就是将已霉腐货物,根据其霉腐程度、货物的性质、设备条件因地制宜地采取适当方法进行处理。防霉腐方法主要有熏蒸、晾晒、烘烤、加热消毒和紫外线灭菌。

(四) 防老化作业

化是指塑料、橡胶、化学纤维、涂料、油漆等人工合成高分子货物,在加工、储存和使用过程中,由于受种种因素的影响,性能降低,质量变化,以致使用价值丧失的现象。对于仓储中的货物的老化防护,应采取以下措施。

(1) 包装应完整,使货物在储运过程中保持整洁、完整和减少外界因素对货物的影响。

(2) 库房应清洁、干燥、凉爽,避免阳光直射。同库不能存放油类、潮解性、腐蚀性、含水量大的易燃货物。

(3) 货物堆码要符合隔潮、安全、方便原则。

(4) 控制库房温、湿度,避免库温过高和相对湿度太高,及时采取通风、吸潮、密封等措施调节到货物适宜储存的温、湿度。

(5) 按时检查,发现货物有潮、热、霉以及变形、发黏等老化现象,要及时采取措施进行处理。

(6) 贯彻先进先出、易坏先出的原则。

(五) 防锈蚀作业

金属制品的防锈,主要是针对影响金属锈蚀的外界因素进行的。主要的方法有以下几点。

1. 控制和改善储存条件

(1) 选择适宜的保管场所。保管金属货物的场所,无论是库房还是露天场所,都应尽可能远离有害气体和粉尘的厂房,都不应与酸、碱、盐类及其气体混存,储存场所应该具有良好的排水系统。货场要用碎石或炉灰等垫平,增强地表层的透水性,以保持库区干燥。

(2) 保持库房干燥。保持库房相对湿度在临界湿度(一般为 70% 左右)以下,就可以防止金属材料表面凝结水分,从而减少电化学腐蚀的可能性。较精密的五金工具、零件等金属制品必须在库房储存,并禁止与化工货物或含水量较高的货物同库储存。

(3) 保持货物及其储存场所清洁。

(4) 妥善存放码垛和苫盖。不同的金属材料应采用不同的存放方法。不同种类的金属材料存放同一地点时,必须有一定的间隔距离,防止接触发生腐蚀。码垛时应注意垫高垛底,加强垛下通风能力,促使垛下阴暗潮湿的地面能快速干燥。

(5) 保持材料防护层或包装完整。如果包装损坏,应予以修复或更换;包装受潮时,对包装材料应进行干燥处理;如果发现原出厂时涂的防锈油已破损或干涸,应及时予以清理,重新涂油。

(6) 坚持定期质量检查,并做好质量检查记录。

2. 涂油防锈

在金属制品表面涂一层防锈油脂薄膜。防锈油都具有易燃成分和一定的毒性,应妥善使用、保存。

3. 气相防锈

利用一些具有挥发性的化学药品,在常温下迅速挥发,并使空间饱和,它挥发出来的气体物质吸附或沉积到金属制品的表面并阻碍金属的腐蚀,气相防锈技术应用十分广泛。

三、不同类型商品的储存、养护技术方法

(一) 食品

常见食品包括食糖、乳制品、饮料、烟酒茶、冷冻食品与休闲食品。

1. 食品储存与保鲜的基本方法

(1) 食品储存中的质量变化

① 腐败多发生在那些富含蛋白质的动物性食品中,如肉类、禽类、鱼类、蛋品等,在植物性食品中的豆制品也容易发生腐败。

② 发酵是在微生物的酶作用下,使食品中的单糖发生不完全氧化的过程。食品储存中常见的发酵有酒精发酵、醋酸发酵、乳酸发酵和酪酸发酵等。

③ 霉变是霉菌在食品中繁殖的结果。霉菌能分泌大量的糖酶,因此富含糖类的食品容易发生霉变,如粮食、糕点、面包、饼干、淀粉制品、水果、蔬菜、干果、干菜、茶叶、卷烟等。

(2) 食品储存的原理

① 维持食品最低生命活动。

② 抑制食品生命活动。

③ 运用发酵产物抑制腐败微生物的活动。

④ 利用无菌原理。

（3）食品的储存方法

① 低温贮藏。食品低温保藏，即降低食品的温度，并维持低温或冻结状态，以便阻止或延缓食品的腐败变质，从而达到较长时期地保藏食品的目的。分为食品低温贮藏与食品的冻藏。

② 加热灭菌储存。利用加热杀灭食品中的绝大部分微生物和破坏食品中酶的活性储存食品的方法，被称为加热灭菌储存法。

高温灭菌法主要用于罐头食品和蒸煮袋装食品，其加热温度一般为100～120℃，也有超高温达135℃以上的。

巴氏消毒法一般常用于不适于高温加热或作短期储存的食品，如鲜奶、果汁、果酒和清凉饮料等。按照加热温度和时间的不同，又可分为高温短时间灭菌和低温长时间灭菌。

③ 干藏。食品脱水干制，是为了能在室温条件下长期保藏，以便延长食品的供应季节，平衡产销高峰，交流各地特产，贮备供救急、救灾和战备用的物资。食品脱水后，重量减轻，容积缩小。最常见的干燥方法有滚筒干燥、喷雾干燥、架式真空干燥、输送带式真空干燥、柜式干燥、窑房式干燥、隧道式干燥等。以上这些均属人工干制法，它们都需要专用的干燥设备。此外还有自然干制法，即晒干、风干和阴干等。

④ 化学防腐保鲜。食品的化学保藏就是在食品生产和贮运过程中使用化学制品（化学添加剂或食品添加剂）来提高食品的耐藏性和尽量保持其原有品质的措施。其优点是：只需在食品中添加化学制品如化学防腐剂、生物代谢物或抗氧剂等，就能在室温下延缓食品的腐败变质，与罐藏、冷冻保藏、干藏等相比具有简便而又经济的特点。食品采用化学保藏所用的防腐剂或添加剂必须对人体无毒害。这些化学制剂可分为抗生剂和生物代谢产物，有二氧化硫、山梨酸及其钾盐、苯甲酸和苯甲酸钠、抗生素、植物杀菌素等。

⑤ 气调贮藏。气调贮藏是通过改变库内气体成分的含量，利用比正常空气的氧含量低、二氧化碳和氮的含量高的气体环境，配合适宜的温度，来显著地抑制果蔬的呼吸作用和延缓变软、变质及其他衰老过程，从而延长果蔬的贮藏期限，减少干耗和腐烂，保持鲜活质量。气调方法主要有：自发或自然气调法，人工气调法，混合法或半自然降氧法。

⑥ 减压贮藏。减压贮藏是气调冷藏的进一步发展，它把贮藏场所的气压降低，造成一定的真空度。其原理是，通过降低气压，使空气中各种气体组分的分压都相应地降低，创造出一个低氧分压的条件，从而起到类似气调贮藏的作用。

减压贮藏库的气密性要求比气调贮藏库更高，否则达不到减压的目的，这样将使减压贮藏库的造价提高。虽然当前生产上还未普及应用，但由于它能克服气调贮藏中的许多缺点，所以仍为是果蔬贮藏中的一种先进而理想的方式。

⑦ 辐射保藏。食品辐射保藏就是利用射线的辐射能量，对新鲜肉类及其制品、水产品及其制品、蛋及其制品、粮食、水果、蔬菜、调味料，以及其他加工产品进行杀菌、杀虫、抑制发芽、延迟后熟等处理，使其在一定期限内不发芽、不腐败变质，不发生品质和风味的变化，以增加食品的供应量和延长保藏期，从而可以最大限度地减少食品的损失。

辐射保藏食品与其他保藏方法相比有其独特的优点：和化学药物保藏法相比，它无化学残留物质；和加热处理法相比，它能较好地保持食品的原有新鲜品质；和食品冷冻保藏相比，能节约能源。所以辐射是一种较好的保藏食品的物理方法之一。

⑧ 电子保鲜贮藏。电子保鲜贮藏器，就是运用高压放电，在贮存果品、蔬菜等食品的空间产生一定浓度的臭氧和空气负离子，使果品、蔬菜生命活体的酶钝化，从而降低果品的呼吸强度。其从分子生物学角度看，果品、蔬菜可看成是一种生物蓄电池，当受到带电离子的空气作用时，果品、蔬菜中的电荷就会起到中和的作用，使生理活动出现似假死现象，呼吸强度因此而减慢，有机物消耗也相对减少，从而达到贮藏保鲜的目的。

2. 不同食品的储存与保鲜

（1）食糖

在包装方面，食糖的包装材料宜选用聚丙烯和聚乙烯塑料袋等，食糖包装封口必须严密，防止缝口糖粒漏出。

在保管方面，保管人员必须认真负责，做好经常性的检查工作，应及时掌握食糖的水分变化情况，发现水分升高，必须立即采取相应的措施加以控制。

（2）乳制品

不同的乳制品保管方法也不同。

鲜乳：巴氏消毒后的及时灌装和冷藏，运送过程乳温适宜。

奶粉：必须密封包装。

炼乳：包装卫生严密，温度保持在 $8\sim10℃$。

奶油：低温且保温条件良好，不串味，注意避光。

（3）茶叶

茶叶的保管分仓库保管与零售保管，抽氧充氮，避免冷藏保管。

（4）冷冻食品

做好入库前速冻食品的准备工作，严格掌握库房的温、湿度，认真掌握储藏安全期限，加强冷藏库的卫生管理。

（二）日用工业品

1. 玻璃制品

分类存放，防碎防压、防水、防潮。

2. 纸张

分类存放，防潮、防晒、防热、防火、防折。

3. 塑料制品

分库存放，防溶剂和化学药品的侵蚀，防热、防冻、避光，防裂、防压，注意卫生，保持干燥。

4. 日用化妆品

（1）肥皂

在储存时应注意防潮、防冻、防压。使用时应注意只能用来洗涤棉麻及化纤制品，不宜洗涤丝毛制品；不能直接浸在水中；不要频繁使用。

（2）合成洗涤剂

防潮、防压、防冻、防热。

（3）化妆品

化妆品入库：要分类/单独存放，轻装轻卸。

化妆品在库：要控制好温、湿度。

化妆品出库：要及时出库销售，遵守先进先出原则。

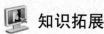 **实战演练**

请指出图 6-16 中的商品在储存期间分别应采取什么样的养护技术。

知识拓展

保证储存商品的物理、化学、生物性能不发生改变采取的措施

储存在仓库里的物品，表面上看是静止不变的，但实际上每时每刻都在发生着变化。在一段时间内，物品发生的轻微变化，凭人的感官是察觉不到的，只有发展到一定程度后才会被人发现。物品在仓储过程中的变化形式归纳起来有物理变化、化学变化、生物性能变化等。

1. 物理变化

物理变化是指只改变物质本身的外表形态，不改变其本质，没有新物质的生成，并且有可能反复进行的质量变化现象。物理变化的结果不是数量损失，就是质量降低，甚至使物品失去使用价值。物理变化主要有挥发、溶化、熔化、串味、沉淀、玷污等形式。

（1）防止物品挥发的主要措施是增强包装、控制仓库温度。高温季节要采取降温措施，保持较低温度条件。

（2）对易溶化的物品按性能应分区分类存放在干燥阴凉的库房内，不适合与含水分较大的物品存放一起。在堆码时要注意底层物品的防潮和隔潮，垛底要垫高，并采取吸潮和通风相结合的管理方法。

（3）预防物品的熔化应根据物品的熔点高低，选择阴凉通风的库房储存。在保管过程中，一般可采用密封和隔热措施，加强库房的温度管理，防止日光照射，尽量减少温度的影响。

（4）预防物品的串味，应对易被串味的物品尽量采取密封包装，在储存和运输中不与有强烈气味的物品同车、船混载或同库储藏。

（5）预防物品的沉淀，应根据不同物品的特点，防止阳光照射，做好物品冬季保温工作和夏季降温工作。

（6）预防物品玷污主要是要注意在生产、储运中的卫生条件以及包装严密。

（7）针对商品的机械变化，要注意妥善包装，轻拿轻放。堆垛高度不能超过一定的压力限度。

2. 化学变化

物品的化学变化与物理变化有本质区别，它是构成物品的物质发生变化后，不仅改变了物品的外表形态，也改变了物品的本质，并有新物质生成，不能恢复原状的变化现象。物品化学变化过程即物品变质过程，严重时会使物品失去使用价值。物品的化学变化形式主要有氧化、分解、水解、裂解、风化、老化等。

（1）对于易产生分解变化的物品的储存，要注意包装物的密封性，库房中要保持干燥、通风。

（2）对于易发生水解的物品，在物流过程中，要注意包装材料的酸碱性，要清楚哪些物品可以或不同库储存，以便防止物品的人为损失。

（3）对于易发生裂解的物品，在保管养护过程中，要防止受热和日光的直接照射。

（4）对于容易老化的物品，在保管养护过程中，要注意防止日光照射和高温的影响，不能在阳光下曝晒。物品在堆码时不宜高，以防止在底层的物品受压变形。

（5）对于易风化的物品，在储存中要注意库房内的温度和湿度。

3. 生物性能变化

生物性能变化是指生命活动的有机体物品，在生长发育过程中，为了维持它的生命，本身所进行的一系列生理变化。如粮食、水果、蔬菜、鲜鱼、鲜肉等有机体物品，在储存过程中，受到外界条件的影响和其他生物作用，往往会发生一些变化。这些变化主要有呼吸、发芽、胚胎发育、后熟、霉腐、虫蛀等。

（1）对于物品的呼吸作用影响，鲜活物品的储存应保证它们正常而最低的呼吸，利用它们的生命活性，减少物品损耗，延长储存时间。

（2）对于能够萌发、发芽的物品，必须控制它们的水分，并加强温、湿度管理，防止发芽、萌发现象的发生。

（3）为抑制鲜蛋的胚胎发育，应加强温、湿度管理，最好是低温储藏或截止供氧条件。

（4）对于后熟鲜活食品，应在其成熟之前采收并采取控制储存条件的办法，来调节其后熟过程，以达到延长储存期、均衡上市的目的。

（5）对易霉腐的物品在储存时必须严格控制温、湿度，并做好物品防霉和除霉工作。

思考与练习

一、判断题

1. 化学杀虫法是利用人工合成的昆虫激素类似物来控制和杀灭害虫。　　　（　　）

2. 低温可以防止商品发生霉腐。　　　　　　　　　　　　　　　　　　（　　）

3. 干燥能够防霉。　　　　　　　　　　　　　　　　　　　　　　　　（　　）

4. 高、低温可以杀虫。　　　　　　　　　　　　　　　　　　　　　　（　　）

5. 金属形成电化学锈蚀不如形成化学锈蚀的可能性大。　　　　　　　　（　　）

6. 空气中的有害气体对金属锈蚀有加速作用。　　　　　　　　　　　　（　　）

7. 微生物、昆虫对商品的老化有一定影响。　　　　　　　　　　　　　（　　）

8. 霉腐微生物需要在氧气重组的地方才能生长。　　　　　　　　　　　（　　）

9. 防霉腐剂不降低商品性能，在储存、运输中稳定性好。　　　　　　　（　　）

二、单选题

1. 下列商品在存储中最不容易老化的是（　　）。

A. 纯棉制品　　　　B. 聚乙烯制品　　　C. 新闻纸　　　　D. 硅酸盐制品

2. 下列(　　)方法不可用于防虫。

A. 高温　　　　　　B. 低温　　　　　　C. 真空包装　　　　D. 通风

3. 下列方法(　　)不可用于金属商品防锈。

A. 干燥　　　　　　B. 涂防锈油　　　　C. 紫外线照射　　　D. 用气相缓蚀剂

4. 能用于做吸潮剂的是(　　)。

A. 生石灰　　　　　B. 熟石灰　　　　　C. 铁粉　　　　　　D. 维生素 C

5. 下列选项中是易霉腐的商品的是(　　)。

A. 糖果　　　　　　B. 饼干　　　　　　C. 罐头　　　　　　D. 香烟

6. 不属于化学防腐剂的是(　　)。

A. 二氧化硫　　　　B. 山梨酸　　　　　C. 山梨酸钾　　　　D. 三氧化二铝

参 考 文 献

[1] 唐彬文,郭伟洪.速卖通跨境电商平台的选品策略研究[J].产品可靠性报告,2023(1):62-64.

[2] 王启东.跨境电商平台商家选品策略研究[J].对外经贸,2022(11):13-16.

[3] 李瑾,刘云鹏,邱虹.基于外卖数据的社区团购选品系统研究与应用[J].计算机应用与软件,2022,39(11):43-48;118.

[4] 刘秀娟,周霞.山东省电商平台农产品经营主体的选品种类及影响因素研究[J].江苏商论,2022(11):31-34;38.

[5] 冯畅.信息时代 TPACK 框架下高职课程教学研究——以跨境电商选品基础课程为例[J].广西教育,2022(30):115-118;138.

[6] 陈昱冰.连锁零售企业采供选品策略分析——以 C 品牌便利店为例[J].商展经济,2022(15):100-103.

[7] 苗丽,唐新梅."德·知·行"三元目标下高校课程思政教学改革路径研究——以"选品与采购"课程为例[J].广西教育,2022(15):51-54.

[8] 曾婧.东南亚跨境电商平台卖家选品策略分析[D].天津:天津商业大学,2022.

[9] 覃海宁.高职选品与采购课程思政教育的设计与实践[J].绿色包装,2022(2):43-45.

[10] 叶晗塱.电子商务智能管理与运营[M].南京:南京大学出版社,2020:20.

[11] 魏荣荣.基于亚马逊平台的 A 公司出口选品策略研究[D].南京:东南大学,2019:44-48.

[12] 邹若琦.DM 公司跨境电商运营的选品策略研究[D].上海:华东理工大学,2018:10-12.

[13] 伊长松.数据分析挖掘在 V 公司采购选品平台应用研究[D].成都:电子科技大学,2015:8-10.